BRUNO JONAS
Totalschaden

BRUNO JONAS

TOTALSCHADEN

Die neuesten Unfälle aus Politik,
Gesellschaft und Kultur

PIPER
München Berlin Zürich

Mehr über unsere Autoren und Bücher:
www.piper.de

MIX
Papier aus verantwor-
tungsvollen Quellen
FSC® C083411

ISBN 978-3-492-05802-5
© Piper Verlag GmbH, München/Berlin 2016
Gesetzt aus der Minion Pro
Satz: Kösel Media GmbH, Krugzell
Druck und Bindung: CPI books GmbH, Leck
Printed in Germany

*Ich sag es Ihnen gleich: Ich bin eine ironische Person!
Ich will nur darauf hingewiesen haben, damit Sie sich
keine falschen Vorstellungen machen. Es steht Ihnen
selbstverständlich frei, alles, was ich hier zwischen diesen
beiden Buchdeckeln aufgeschrieben habe, bierernst zu
nehmen. Bedenken Sie dabei aber bitte immer, dass alles
anders gemeint sein könnte.*

Inhalt

Ohne Worte

Man soll nicht viele Worte machen. Der Satz ist vielleicht als Einstieg in ein Buch, das im Wesentlichen aus Worten besteht, nicht gerade ideal. Aber sinnvoll ist er schon, weil er auf den Titel *Totalschaden* verweist. Jeder, der vom Totalschaden erzählen will, muss über ein passendes Vokabular verfügen, um das ganze Ausmaß des Schadens in allen Facetten beschreiben zu können. Das geht nicht mit ein paar gesetzten Worten. Dazu braucht es schon ein Buch!

»Ach was!«, sagt Rosi. »Laber nicht rum, komm auf den Punkt, und vor allem rede nicht so gescheit daher!«

»Das kann ich nicht versprechen. Ich kann mich nicht dümmer stellen, als ich bin!«

»Doch!«, beharrt sie. »Ich erinnere mich an Situationen, da ist es dir sehr gut gelungen.«

»Kann ich mich nicht erinnern!«, erwidere ich.

»Probier es wenigstens! Das Gescheitdaherreden kommt nie gut an.«

»Da hast du vollkommen recht. Dummdaherreden kommt immer besser an. Das ist auch meine Erfahrung.«

»Soll das jetzt eine Anspielung auf bayerische Politiker sein?«

»Auf keinen Fall! Die sind dermaßen begabt, da kann man nur noch von Ausnahmeintelligenz sprechen. Das ist auch der Grund dafür, warum sie so erfolgreich sind.«

»Demnach müsstest du Spitzenpolitiker sein.«

»Ich weiß«, halte ich dagegen, »aber ich bin halt auch ein Wortkünstler. Daraus erwächst eine gewisse Verpflichtung.«

»Ironie hilft auch nicht immer!«, winkt Rosi ab.

»Mein Publikum kennt mich und erwartet das Spiel mit Worten. Ich habe einen Ruf zu verlieren.«

»Redundanz!«, murmelt Rosi. »Verbales Geröll!«

Sie behauptet, ich würde oft zu viele Worte machen. Die Leute seien schließlich nicht begriffsstutzig.

»Manche schon!«, insistiere ich. »Denen muss man alles zweimal sagen.«

»Aber die kaufen dein Buch nicht. Dein Publikum ist intelligent und weist eine hohe Sprachkompetenz auf.«

In diesem Punkt muss ich ihr recht geben. Ich habe neulich bei meinem Publikum eine Umfrage gemacht. »Halten Sie sich für intelligent?«, habe ich gefragt. Und es haben alle ohne Ausnahme mit »Ja« geantwortet. Das hat mich zu einer weiteren Frage ermutigt: »Halten Sie sich für humorvoll?« Und auch darauf gab es nur positive Antworten! Ich habe allen Grund, auf mein Publikum stolz zu sein! Wer kann schon auf ein solch humorvolles und vernünftiges Publikum verweisen? Ich hab dann kühn auf Kosten meines Publikums einen Witz gemacht. Um die Probe aufs Exempel zu machen. Ich habe gesagt: »Wenn ich Sie so anschaue, habe ich den Eindruck, dass man mit Ihnen schon über die Rente sprechen muss.« Es hat keiner gelacht. Alle haben sehr vernünftig reagiert. Ich habe ein sehr kluges und vernünftiges Publikum.

»Schon wieder!«, sagt meine Frau.

»Was denn?«, stutze ich.

»Klug und vernünftig! Und vernünftig – zwei Mal!«

»Wie bitte??«

»Es reicht einmal vernünftig! Und wer vernünftig ist, der ist normalerweise auch klug.«

»Ich weiß nicht, ob das stimmt. Grade in der Politik gibt es vernünftige Leute, die sich ziemlich dumm verhalten können.«

»Ich sehe da einen Widerspruch«, sagt Rosi. »Wer dumm handelt, kann nicht vernünftig sein.«

»In der Politik schon. Da geht es oft gar nicht anders. Auch das Dumme kann vernünftig sein für einen Politiker, wenn es ihm und seiner Machtposition nützt. Andererseits kann der unbegrenzte Ausbau einer Machtposition zum Totalschaden eines ganzen Volkes führen. Deshalb warne ich schon seit Jahren davor, die Frauenquote auszubauen.«

»Ach was! Immer diese Spitzfindigkeiten! Das ist typisch für dich!«

»Das ist mein Job.«

Wer den Schaden hat

Zugegeben, der Titel hat wenig Romantik, kaum Konstruktives, dafür aber ganz viel Nihilismus. Wer vom Totalschaden spricht, zieht eine Reparatur nicht mehr in Erwägung.

Es gibt eine Lust am Scheitern. Mit Vollgas an die Wand! Und dann sehen wir weiter. Es sollte um Schadensbegrenzung gehen, dennoch läuft es im Politikbetrieb immer wieder auf eine Schadenserweiterung hinaus. Im parteipolitischen Kampf um Wählerstimmen und Machterhalt will jede Seite der anderen möglichst großen Schaden zufügen, um daraus den größtmöglichen Nutzen für sich und das eigene Fortkommen zu ziehen. Das Schadensprinzip ist Teil der politischen Handlungsethik. Der Flughafen in Berlin, »das europäische Haus«, der Euro, die Staatsfinanzierung, die Asylpolitik, der Länderfinanzausgleich, die deutsche Sozialdemokratie, die CSU und auch die CDU, das deutsche Parteienwesen, alle interpretieren das *Prinzip Schadenserweiterung* immer wieder neu. Jeder strebt den größtmöglichen Schaden zum eigenen Vorteil an. Selbstverständlich ausschließlich zum Wohle aller! Und jedes Mal übersteigen die Reparaturkosten den Restwert.

Der Totalschaden eröffnet dabei eine Perspektive, die vielen Menschen immer plausibler erscheint. Es gibt eine große Sehnsucht nach dem Nichts. Der Nietzsche hat damit angefangen und ist darüber wahnsinnig geworden. Was ich hoffe, vermeiden zu können. Nur gehört es zum Wesen des Wahnsinns, dass der davon befallene Mensch es nicht mehr merkt – tröstlich! Und immer mehr wollen auch mal in den Genuss eines Totalschadens kommen.

Es gibt eine Faszination des Nichts. J.-P. Sartre hat sich auch daran delektiert und einen fetten Wälzer dazu vorgelegt, dem er den Titel *Das Sein und das Nichts* gab. Ich hab es mal gelesen und nichts davon behalten. Gar nichts. Ein voller Erfolg, das Buch!

Benutzeroberfläche

Wir sitzen am Küchentisch unserer alten Küche. Die neue kriegen wir frühestens 2025. Die Spülmaschine bläst mächtig. Sie befindet sich im Trockenmodus. Zitronenduft weht mich an.

»Was fiept denn da?«, frage ich.

»Der Wäschetrockner!«, stellt Rosi trocken fest.

Der müsste ausgeschaltet werden. Möglicherweise ist der Wasserbehälter voll? Ich sag es nicht. Ich denke es für mich. Ich sage: »Rosi, ich muss dir ein Geständnis machen.«

Sie blickt von ihrem iPhone auf und hebt eine Augenbraue. Sie macht sich auf etwas gefasst. »Du machst den Trockner aus?«

»Nein, aber du bestätigst, was ich gerade gedacht habe. Ich bin eine Benutzeroberfläche.«

Sie haucht ein erstauntes »Aha« und wendet sich wieder ihrem iPhone zu.

Stille.

Schließlich nimmt sie nach einer angemessenen Verzögerung den Gesprächsfaden wieder auf und überrascht mich ganz nebenbei mit einem kleinen, charmanten Seitenhieb. »Nimm es mir nicht übel«, sagt sie, »wenn du eine Benutzeroberfläche bist, solltest du einige Apps mal updaten.«

»Ich weiß, meine Namens-App zum Beispiel ist total kaputt. Ich versuche schon seit Stunden, auf einen Namen zu kommen, ich sehe die Person vor mir, doch der Name dazu fällt mir nicht ein. Ich habe die Stimme im Ohr. Eine ganz berühmte Synchronstimme.«

»Wen siehst du denn vor dir?«

»Kann ich dir nicht sagen, weil mir der Name nicht einfällt. Du kennst sie auch, die Person.«

»Mann? Frau? Schauspieler? Sänger?«

»Ja.«

»Wie alt?«

»Schwer zu schätzen. Älter. Könnte aber auch jünger sein. Eher jünger als älter. «

Rosi verliert die Lust an dieser Recherche und googelt stattdessen »deutsche Schauspieler – jünger, aber auch älter«.

»Es liegt an meinem Akku«, sage ich. »Ich muss dauernd ans Netz und mich aufladen. Ich leide unter einer energetischen Unterversorgung. Mir fehlt ein super-schnelles Datenprotokoll. Beispielsweise ein Datenproto-koll, wie es das neue Samsung Galaxy Edge 7 bereitstellt.«

Rosi bleibt der Mund offen stehen: »Woher kennst du das Samsung Galaxy Edge 7?«

»Ich kenne es nicht, ich habe nur eine Werbung zur Kenntnis genommen und gedacht, Donnerwetter, das neue Samsung Galaxy Edge 7 ist vielleicht ein Produkt, das zu mir passen könnte.«

»Nein«, sagt Rosi, »dich überfordert schon das Aus-schalten des Wäschetrockners!«

»Sehr witzig«, antworte ich. »Weißt du, dass das neue Samsung Galaxy Edge 7 über Bluetooth 4.0. verfügt, ebenso über diverse Protokolle zum multimedialen Da-tenaustausch?«

Rosi staunt: »Nein, weiß ich nicht.«

»Das überrascht mich«, sage ich. »Hätte ich nicht ge-dacht. Wo du doch sonst immer auf dem Laufenden bist, wenn es um technische Erneuerungen geht. Ich kann dir sagen, das neue Galaxy Edge 7 von Samsung hat auch Wifi Direkt, All Share Play, Grafikspeicherplatz 50 Gigabyte in der Dropbox-Cloud, und weißt du, was das Galaxy Edge 7 von Samsung so attraktiv macht? Es ist dem S6 von Apple haushoch überlegen.«

»Ich bin sicher«, sagt Rosi, »dass du all diese Funktio-nen dringend brauchst.«

»Selbstverständlich«, antworte ich.

»Aber was machst du, wenn Apple ein S8 oder S9 auf den Markt bringt, gegen das dein Galaxy Edge 7 alt aus-schauen wird?«

»Das müssen wir abwarten«, meine ich selbstbewusst. »Aber aus heutiger Sicht fühle ich mich diesem Konkurrenzkampf gewachsen. Könnte sein, dass ich dann das neue Apple S9 kaufen muss. Ich glaube, dass ich beide haben muss.«

»Unbedingt«, sagt Rosi, »du hast mich überzeugt. Du bist eine Benutzeroberfläche. Die Unternehmen spielen mit dir.«

»Ich habe auch schon dran gedacht, ob ich zusätzlich zur Benutzeroberfläche nicht auch noch eine Spielkonsole bin.«

»Eine PlayStation!?«, fragt Rosi.

Ich nicke.

»Aber so, wie ich dich kenne, laufen auf dir nur uralte Spiele.«

»Uralte Spiele? Wie darf ich das verstehen?«

»WOW läuft bei dir nicht. Und Diablo auch nicht.«

»Doch, Heldenspiele hab ich auch im Angebot. Kitchen Hero! Kennst du dieses Spiel? Kitchen Hero, das ist der Typ, der den Müll aus dem Eimer zieht und runterbringt zum Container und jede Menge Abenteuer dabei bestehen muss. Er ist ein Held der Entsorgung. Er arbeitet ohne Mundschutz. Um die Abfälle am Geruch aussortieren beziehungsweise fachgerecht trennen zu können.«

»Langweilig. Dein Spiel braucht dringend ein Add-on. Da musst du ein paar neue Items einbauen. Extended Version mit Staubwedel und Laubbläser! Da bieten sich ganz neue Herausforderungen.«

»Ich weiß nicht, ich leide jetzt schon an Overuse!«

»Was? Du und Overuse? Kann ich mir nicht vorstellen!«

»Doch, ich leide an Übernutzung! Dieser permanente Leistungsdruck macht mich fertig! Ich werde den Eindruck nicht los, dass sich das Verhältnis vom Konsumenten zum Kaufprodukt umgekehrt hat, vielleicht noch nicht total, aber der Akzent hat sich zum Produkt verschoben. Früher hatte man als Kunde das Gefühl, Herr über das Produkt zu sein.«

Rosi winkt ab: »Das war bei dir nie der Fall. Erinnerst du dich an unseren ersten Computer?«

»Natürlich. Sehr gut sogar. Es war ein Dings, ein äh … na, hilf mir, ein Amerikaner, ich komm nicht drauf, eine Riesenkiste. Der Marktführer war es. Ich sehe ihn vor mir stehen, aber ich komme nicht auf den Namen. Compaq? Hewlett Packard?«

»IBM war's.«

»Aber egal, was es war, es kann auch ein Fernseher, ein Geschirrspüler, eine Waschmaschine gewesen sein, die Macht über das Gerät lag bei mir, beim Käufer. Ich wusste, wo man das Teil einschaltet und wo man es ausschaltet.«

»Auch damit hattest du manchmal Probleme«, kontert Rosi. »Aber worauf willst du hinaus?«

»Jetzt ist es umgekehrt. Die Geräte haben die Macht über die Kunden übernommen. Die Dinge sind stärker als wir. Wir werden von den elektronischen Geräten beherrscht. Das iPhone kann mehr als ich. Nicht ich benutze das iPhone, es benutzt mich.«

Die Feng-Shui-App auf meinem iPhone fordert mich jetzt schon wochenlang auf, die Wohnung umzuräumen. Außerdem komme ich nicht hinterher mit den Updates, die ich zulassen soll. Ich habe den Verdacht, es gibt bereits eine spezielle Update-App, die mich beim Updaten berät. Das Feld meiner freiwilligen Selbstentmündigung nimmt immer größere Ausmaße an.

»Du, ich glaub, ich bin eine produktorientierte Persönlichkeit. Ich bin nicht sicher, ob ich ohne mein iPhone überhaupt noch lebensberechtigt bin.«

»Das ist der Fortschritt«, bemerkt Rosi lapidar. »Irgendwann wird das neue Samsung Galaxy Edge 7 eine Rechenleistung anbieten, die das Unmögliche möglich macht.«

Ich nicke eifrig. »Was immer das sein wird. Bestimmt kann man das neue Galaxy Edge 7 auch als mobile Kochplatte benutzen, um die ›Suppe to go‹ auf dem Weg zur Arbeit zu wärmen. Per Drohne werden die Lebensmittel angeliefert, egal, wo du dich grade befindest, ob daheim oder irgendwo im unwirtlichen Draußen. Hier, das ist auch interessant, das Galaxy Edge 7 macht Fotos.«

»Nein! Das ist jetzt aber mal was Neues! Ich bin beeindruckt!«

»Moment! Es macht Fotos, die niemand gemacht hat. Es erfindet selbstständig Bilder von Menschen.«

»Was?«, fragt Rosi. »Erfindet Bilder von Menschen? Unglaublich. Die Menschen gibt es aber schon?«

»Zum Teil«, antworte ich. »Es gibt sie, aber das Galaxy Edge 7 gestaltet sie neu. Quasi Schönheits-OP per App!«

»Ja, aber das ist doch sinnlos. Die Menschen schauen ja trotzdem in Wirklichkeit so aus, wie sie ausschauen.«

»Wirklichkeit? Was ist das denn? Das neue Galaxy Edge 7 ist die Wirklichkeit. Wirklichkeit ist ein überholtes Konzept aus dem 19. Jahrhundert. Die Wirklichkeit wurde irgendwann in den letzten Jahren abgeschafft. Samsung hat die Urheberrechte daran. Und seitdem ist immer nur das wirklich, was das Galaxy Edge 7 als wirklich erfasst. Und diese Wirklichkeit nimmt ständig zu. Je mehr Nutzungsmöglichkeiten, desto mehr Wirklichkeit.«

Rosi betrachtet mich und sagt: »Ich mach dir einen Termin beim Arzt.«

»Brauche ich nicht. Das neue Galaxy Edge 7 hat kostenlos eine Medical App vorinstalliert. Davon träumt jeder Arzt. Mit dieser App kannst du dir deine Krankheiten individuell zusammenstellen. Mit Disease Optimum 7.0 findet der Mensch die Beschwerden, die er braucht, bis er ratlos vor seinen Symptomen resigniert. Aber Samsung Galaxy Edge 7 hat auch für diesen Fall vorgesorgt. Du kannst dir zusätzlich die Diagnostic App und die Therapy App herunterladen und die sind automatisch mit der Website der *Apotheken Umschau* verlinkt ... – Sky du Mont! Jetzt ist er mir eingefallen. Der Schauspieler. Er heißt Sky du Mont. Die Namens-App funktioniert wieder.«

»Das ist nicht die Namens-App, das ist dein Arbeitsspeicher«, entgegnet Rosi. »Der hat ein ziemliches Delay, der müsste mal aufgerüstet werden. Obwohl, das packt dann wahrscheinlich dein Prozessor nicht.«

»Ich mach jetzt den Wäschetrockner aus!«

Müll to go

Mich hat es erwischt. Ich weiß nicht, warum, aber ich trage den Müll raus. Nicht nur raus, auch runter. Wir wohnen im zweiten Stock! Anfangs hat mich das schon gewundert, aber inzwischen hab ich mich daran gewöhnt. Es gibt Notwendigkeiten, die erledigt werden müssen. Denke ich jedes Mal, wenn ich die Mülltüte aus dem Eimer ziehe. Natürlich habe ich mich gefragt, warum wir diese verantwortungsvolle Tätigkeit nicht zwischen uns aufteilen. Offen gesagt, haben Rosi und ich die Mülldebatte nie explizit geführt und deshalb ist die Entsorgungsfrage zwischen uns bis zum heutigen Tag nicht eindeutig geklärt. Wir operieren mit unausgesprochenen Annahmen und Erwartungen. Im Großen und Ganzen hat sich dieses Modell bewährt.

Da Rosi eher zum Aufheben und Bewahren neigt, ich von meinem Naturell her der Wegwerfer bin, ergab es sich mehr oder weniger zwangsläufig, dass mir die Müllkompetenz zufiel.

Anfangs war ich natürlich unsicher. Klar, ich hatte ja keine Erfahrung. Ich war unbeholfen. Habe mich ungeschickt angestellt und jede Menge Fehler begangen. Beispielsweise habe ich anfangs die Tüte überstopft und damit die Reißfestigkeit des Materials überstrapaziert, was zur Folge hatte, dass die Tüte im Treppenhaus auf halbem Weg nach unten riss. Faules Obst, Essensreste, Milchtüten, alles kullerte über die Stufen unaufhaltsam nach unten. Nachbarn, die grade im Haus unterwegs waren, bedauerten mich zwar und kommentierten dieses Missgeschick mitfühlend mit einem »Oh« oder etwas intensiver mit einem »Ach du liebe Güte«, aber es war doch eine ziemlich peinliche Situation.

Mit der Zeit allerdings entwickelte ich eine an der Müllentsorgung orientierte Kompetenz, die sich in der täglichen Routine verfestigte. Ich bin da irgendwie reingewachsen. Je länger ich diese wichtige Aufgabe nun schon erfülle, desto selbstbewusster nehme ich diese tägliche Herausforderung an. Ich habe mir inzwischen im Viertel einen Ruf als Entsorgungsfachmann für Hausmüll erarbeitet. Wildfremde Menschen sprechen mich auf der Straße an, um sich von mir in Müllfragen beraten zu lassen. Ich überlege daher, eine Gebrauchsanleitung für die fachgerechte Entsorgung als Buch herauszubringen. Nachbarn fragen mich nämlich immer wieder, welche Mülltüten ich empfehlen könne. Ich gebe immer bereitwillig Auskunft, füge aber hinzu, dass die Lage inzwischen komplex sei und man je nach Bedarf die Tütenfrage entscheiden müsse. Es komme eben darauf an, ob mehr Plastikmüll anfalle oder weniger. »Schinken vegan« zum Beispiel wird in einer Plastikverpackung angeboten, die meiner Meinung nach eine sehr hohe Wegwerffreundlichkeit aufweist.

Die Trennungsfrage sollte man überdies dabei nie aus den Augen verlieren. Ich habe auch schon mit alternativen Wegwerfstrategien experimentiert, um das Müllverhalten der Nachbarschaft besser einschätzen zu können.

Zu diesem Zweck habe ich eine mit normalem Mischmüll gefüllte Mülltüte im Treppenhaus vor unserer Wohnungstür deponiert, um zu sehen, wie die Nachbarn darauf reagieren. Ich hatte die Hoffnung, dass ein Nachbar einer spontanen Regung nachgibt und die prall gefüllte Tüte beherzt mitnimmt, um sie im Container unten im Hof zu entsorgen. Und tatsächlich ist genau das zweimal passiert. Jemand aus dem Haus griff sich auf dem Weg nach unten unseren Müll, um ihn zu entsorgen. Soziologisch ist dieses Phänomen hochinteressant. Es sieht so aus, als gäbe es eine Gesamtverantwortung für Müll bei uns in der Nachbarschaft. Das ist sicher erfreulich. Dennoch blieb die Tüte auch immer wieder stehen. Es gibt wohl auch Mitmenschen, denen es an der nötigen Achtsamkeit fehlt. Was sind das bloß für Nachbarn? Ich habe Bernadette, Andreas' Frau, im Verdacht, dass sie es ist, die unsere Mülltüte mit nach unten nimmt, um sie in den Container zu werfen. Sie ist eine achtsame Frau, die mit offenen Augen durch das Leben geht und tut, was getan werden muss. Doch diese soziale Einstellung ist nicht bei allen Hausbewohnern in ausreichendem Maße vorhanden. Leider!

Manchmal werden Kisten voll abgelesener Bücher auf

dem Bürgersteig vor unserer Hofeinfahrt abgestellt, zu-sammen mit Stühlen, Tischen, Möbeln, die man für Sperr-müll halten könnte, ausgediente Fernseher, Monitore und anderes Elektrogerät finden sich auch immer wieder auf dem Gehsteig. Irgendwo klebt dann ein Zettel: »Zum Mitnehmen!« Ich habe deshalb schon überlegt, ob ich nicht auch einmal unseren Müll dort deponiere, in der Hoffnung, dass irgendeiner ihn als Geschenk erkennt und kurz entschlossen mitnimmt.

Ich als Weißer

Eine Hörerin schickt mir eine Mail nach Ausstrahlung meines Programms im Radio. »Man soll erst einmal da-rüber schlafen«, schreibt sie, »wenn man sich ärgert, und dann mit Abstand die Sachlage und die Kritik daran ob-jektiv und neutral bewerten.«

Ach du liebe Güte. Scheint so, als hätte ich jemand um den Schlaf gebracht. Tatsächlich ist es so, denn die auf-merksame Hörerin bekennt: »Das gelingt mir nicht, und das ist genau der Grund, warum ich Ihnen schreibe.«

Um Gottes willen, das war nie meine Absicht, jemanden so zu ärgern, dass er nicht mehr einschlafen kann. Ande-rerseits besteht die Aufgabe von Satirikern nicht darin, den Leuten in den Schlaf zu helfen. Es soll eher der gegen-teilige Effekt entstehen. Wenn man den vielen Kritikern unserer Kunst glauben will, muss Satire vor allem aufrüt-teln. Und nun musste jemand wegen ein paar Formulie-rungen, die ich geäußert habe, eine Nacht oder, was noch schlimmer wäre, mehrere Nächte wach liegen.

Um was geht es also? Ich habe das N-Wort gebraucht.

Ja, das stimmt. Ich habe darüber sinniert, warum man das Wort *Neger* nicht mehr gebrauchen darf. Ich habe öffentlich darüber nachgedacht, wie es zu diesem Missbrauch des N-Wortes kommen konnte.

»Seit vielen Jahren«, schreibt die Hörerin, »bin ich antirassistisch motiviert und lehne Äußerungen in diesem Kontext ab.«

Ich lehne Rassismus ebenfalls ab. Vorsichtshalber füge ich das hier gleich ein, um dem Verdacht vorzubeugen, ich hätte absichtlich, aus reiner Effekthascherei, rassistische Formulierungen gebaucht.

»Nein, Herr Jonas, es geht überhaupt nicht darum, was Sie als Mensch weißer Hautfarbe empfinden und denken, wenn Sie sich mit dem anachronistischen, nicht mehr legitimen N-Wort auseinandersetzen, es geht auch nicht *darum,* was *Sie* fühlen und denken.«

Aha! Darum geht es also nicht. Und nun bin ich gespannt, um was es geht.

»Rassismus ist, wenn man wie Sie das N-Wort weiterhin legitimiert, schon allein dadurch, wenn Sie als Mensch weißer Hautfarbe über Negerküsse aus der Kindheit erzählen.«

Das habe ich getan. Aber wie sollte ich sonst davon erzählen?

Statt von Negerküssen könnte ich von Mohrenköpfen schwärmen. Nur ist das bestimmt nicht weniger rassistisch, als von Negerküssen zu sprechen. Ja, aber wie soll ich denn nun sprachlich verfahren? Ich könnte von Schokoladenküssen berichten. Nur sprachlich entspricht das nicht dem, was wir in meiner Kindheit damit verbunden haben. Es gab keine Schokoladenküsse in meiner Kindheit! Ich weiß schon, es geht nicht darum, was ich »als Mensch weißer Hautfarbe« dabei empfinde, »es geht darum, was ein Mensch schwarzer Hautfarbe dabei empfindet«, schreibt mir diese Hörerin ins Gewissen. »Und solange Sie, Herr Jonas, das nicht verinnerlicht haben, reproduzieren Sie Rassismus!«

Schlimm ist das! Na ja, versuche ich mich zu rechtfertigen, wenn der Gebrauch des Wortes *Negerkuss* rassistisch sein sollte, ist es bestimmt nur eine milde, liebevolle Form von Rassismus, wenn überhaupt, weil ich mit Negerküssen nur die besten Erinnerungen verbinde und überhaupt nichts Abwertendes oder Diffamierendes.

Kommt es auf die Bedeutung an oder das Wort? Worte bestehen aus Zeichen. Das böse N-Wort besteht aus Buchstaben, N, E, G, E, R, die in dieser Abfolge lange Zeit das Wort *Neger* darstellten. Für sich genommen, ist daran nichts Böses. Die fünf Buchstaben sind Zeichen, die in der obigen Reihenfolge hingeschrieben, das Wort *Neger* bilden. Linguistische Klugscheißer, zu denen ich auch gehöre, würden uns jetzt vielleicht etwas vom Verhältnis der Semiotik/Semantik erzählen. Eventuell auf die bedeutungstragende Einheit des Morphems, der Wortgrenze, der Isolierbarkeit und anderer Formelemente des Wortes verweisen, und wir würden in den Schlaf fallen, den meine Hörerin leider nicht gefunden hat. Ganz Schlaue würden möglicherweise noch aus Sicht der Dekonstruktion das Phänomen *Neger* analysieren wollen. *Neger* wäre dann ohnehin nur eine soziale Konstruktion, die zu dekonstruieren wäre, um zu verstehen, was damit gemeint sein könnte. Und wenn wir uns darauf einließen, würde sich der Schlaf wie von selbst einstellen. Das Wort *Schlaf* ist übrigens auch nur eine soziale Konstruktion, die auf jenen Zustand verweist, den wir so dringend brauchen, um uns beispielsweise von des Tages Mühen zu erholen.

Neger ist also zunächst nur ein Wort, das von zwei Seiten gelesen werden kann.

Von rechts nach links stoßen wir auf die soziale Konstruktion *Regen*, mit der wir die Bedeutung von nassen Schauern verbinden. Es kommt beim Gebrauch von Wörtern vor allem auf die Bedeutung an, die man beim Aussprechen damit verbindet. Man kann diesen Bedeutungszusammenhang auch als Semantik bezeichnen. Wenn wir von *Negern* sprechen, betreten wir den semantischen Hof der Bedeutungen, die wir damit in unserem Bewusstsein aufrufen. Ich denke bei *Negern* an Menschen. Vielleicht zähle ich in diesem Fall als »Mensch weißer Hautfarbe« zu den Ausnahmen. Sicher gibt es mehr Menschen, die das Wort *Neger* in rassistischer und herabsetzender Weise in ihrem Sprachgebrauch verwenden. Wie aber wollen wir mit jenen Menschen umgehen, die von *Regen* sprechen, dabei an *Neger* denken und damit nichts anderes als Rassismus produzieren? Schwierige Frage!

Tja, die Gedanken sind frei, wer will sie erraten …

Brauchen wir Sprachpolizisten, die in unseren Köpfen Streife gehen, um unseren Sprachgebrauch zu kontrollieren? Sie könnten uns jederzeit zur Rede stellen und fragen, was wir denken, wenn wir Wörter wie *Neger* gebrauchen.

Dazu fällt mir ein Witz ein, der einem Comedian, dessen Name mir entfallen ist, passiert ist: Er stand auf der Bühne und sagte zu einem dunkelhäutigen Mann in einem auffallend weißen T-Shirt, der unten in der ersten Reihe saß: »Schickes T-Shirt!« Worauf der Mann schlagfertig antwortete: »Tja, wer's pflückt, der darf's auch tragen!«

Ist das jetzt rassistisch, wenn ich darüber herzhaft lachen kann? Oder beinhaltet schon die Verbindung von dunkelhäutigem Mann und weißem T-Shirt versteckten

Rassismus? Hallo, liebe Zuhörerin, vielleicht können Sie mich mal – während einer Ihrer vielen Wachphasen – darüber aufklären, selbstverständlich nur, nachdem Sie »objektiv und neutral« die Sachlage bewertet haben!

Hallo Nachbar

Ich neige immer noch dazu – ich weiß, das ist naiv –, Sprache als Verständigungsmöglichkeit zu nutzen. Ich glaube daran, mich durch Sprache mitteilen zu können, ich hoffe, in meinem von mir beabsichtigten Sinn verstanden zu werden. Aber ist das noch erlaubt? Oder anders gefragt, ist es nicht geradezu doof, auf ein Verstehen im beabsichtigten Sinn zu hoffen? Wenn etwas gesagt wurde, ist es zur Interpretation freigegeben. Es darf nicht nur jeder sagen, was er kann. Jeder darf auch verstehen, was er will!

Das demonstriert auf selten bizarre Weise die Debatte, die durch ein Zitat des AfD-Spitzenmannes Alexander Gauland ausgelöst wurde. Ich fühle mich dazu angehalten, erst einmal zu versichern, dass mich nichts mit dieser Partei verbindet. Warum eigentlich? Weil ich daran zweifle, richtig verstanden zu werden.

Es geht mir um die Interpretation eines Satzes, der von Alexander Gauland in die Welt gesetzt wurde. Er sagte angeblich, so stand es in der *Frankfurter Allgemeinen Sonntagszeitung*, während eines Gesprächs mit Redakteuren über Jérôme Boateng: »Die Leute finden ihn als Fußballspieler gut, aber sie wollen einen Boateng nicht als Nachbarn haben.«

Angenommen, ich hätte diesen Satz gesagt, so hätte

man ihn nur so verstehen können, wie *ich* ihn gemeint hätte. Nämlich als Satz, mit dem ich, falls ich ihn gesagt hätte, auf den latent verbreiteten Rassismus in der Bevölkerung hätte aufmerksam machen wollen.

Da der Satz aber nun von dem AfD-Spitzenmann Alexander Gauland unter Zeugen in einem »Hintergrundgespräch« mit Journalisten der *FAS* ausgesprochen wurde, kam niemand auf die Idee, den Satz als *antirassistische* Äußerung zu verstehen. Ich halte inne und überlege, ob ich mich damit in die Nähe der AfD manövriere? Lieber stelle ich noch einmal klar, dass ich mit dieser Partei nichts zu tun habe! Ich schätze die AfD in ihrer Eigenschaft als satirisches Stoffangebot. Das ist alles.

Worte richtig zu gebrauchen ist aber auch sehr schwer geworden. In den USA ist es noch komplizierter als bei uns, berichtet Adrian Kreye im *SZ*-Feuilleton anlässlich des Boateng-Zitats: »Wer dort einem Afroamerikaner das Kompliment macht, er sei ›sehr eloquent‹, wie man das Barack Obama öfter nachsagte, unterstellt ihm ja, dass er sich qua Herkunft nicht so gewählt ausdrücken könne.«

Da habe ich neue Herausforderungen vor mir. Ich neige immer wieder zu solchen Komplimenten. Wenn ich demnächst einer Frau das Kompliment machen sollte: »Sie sind nicht nur sehr eloquent, Sie sind auch in der Lage, kluge Gedanken vorzutragen!«, werde ich mich dafür entschuldigen müssen. Im Subtext könnte meine Aussage als Unterstellung decodiert werden, ich hielte Frauen generell für Wesen, die mit minderer Intelligenz ausgestattet seien.

Frau? – Ich halte inne, wegen des Wortes. Ich bin nicht sicher, ob es noch korrekt ist, dieses Wort zu gebrauchen. Es könnte sein, dass *Frau* inzwischen verpönt ist. Die Philosophin Judith Butler vertritt die These, dass es »wirkliche Frauen« nicht gibt. Bei der »wirklichen Frau« handele es sich um »eine zwanghafte gesellschaftliche Fiktion«. Ach so! Ich bin also mit einer zwanghaft gesellschaftlichen Fiktion verheiratet!

Ich rechne immer damit, nicht richtig verstanden zu werden. Sprache ist wahnsinnig kompliziert geworden. Vielleicht war sie das immer schon, aber inzwischen wissen wir sehr viel mehr darüber. Es kommt auf den Subtext an und auf das, was einer hört beziehungsweise nicht hört, hören kann und vor allem hören will! Die relevanten Botschaften werden immer im Subtext transportiert und dabei spielt der Kontext die entscheidende Rolle. Es geht also bei sprachlichen Botschaften um den Subtext im Kontext, der wiederum vom Subtext unterstützt wird. Nicht auf das Gesagte kommt es an, nur das Unausgesprochene zählt. Am schlimmsten ist es, wenn einer gar nichts sagt – dann entfaltet der Subtext seine verheerendste Wirkung!

Andrian Kreye ist ein schlauer Mensch. Doch, sonst wäre er nicht bei der *SZ*. Er hat die politische Strategie der AfD durchschaut. Gauland und andere AfD-Spitzenpolitiker laden die Alltagssprache mit Subtexten auf, um auf diese Weise eine schleichende Radikalisierung des Bürgertums zu erreichen und die Politik der Ausgrenzung voranzutreiben. Mit dem Boateng-Zitat habe die AfD den Fußball politisiert. Das auch noch!

»Ein wichtiger Schritt für eine Partei der Ausgrenzung, denn weniges besitzt in Deutschland so viel integrative Kraft wie der Sport.« Das ist scharf beobachtet. Nur dummerweise verhält sich die Wirklichkeit nicht so, wie sie der Kreye sieht. Das Publikum auf den Rängen in den Fußballstadien solidarisierte sich mit Transparenten, auf denen sich die Menschen zur Nachbarschaft mit Boateng bekannten. Also hat die AfD das Gegenteil von dem erreicht, was sie beabsichtigte mit der von Kreye so scharf »herausgearbeiteten Strategie«.

Außerdem habe die AfD das Wort *Nachbar* politisch aufgeladen, indem sie die nationale Verteidigungshaltung ihres Parteiprogramms ins Persönliche gezogen hat. Aha. Das Wort *Nachbar* ist meines Wissens schon immer politisch aufgeladen, und zwar in vielerlei Hinsicht. Wie oft haben uns unsere Politiker die Formel von »unseren Nachbarn in Europa« ins Ohr gepfiffen! Immer wieder hat man uns auf »unsere Nachbarn im Westen« aufmerksam gemacht.

Nachbar ist ein grundsätzlich ausgrenzendes Wort, weil das Wort im Kern klarmacht, dass der Nachbar in der Nachbarschaft lebt und wohnt und nicht hier bei uns! Vorsichtshalber versehe ich »Nachbar« ab sofort immer mit Gänsefüßchen. »Nachbar« enthält zu viel politisches Gift. »Nachbar« wird aus dem deutschen Vokabular gestrichen. Das Wort hat gute Chancen, als Unwort des Jahres verpönt zu werden. Vielleicht ein anderes Wort für »Nachbar« einsetzen? Anwohner? Oder Beiwohner? Anrainer? Mitbewohner! Das ist es!

Selten hat jemand in Talkshows öffentlich seine Dummheit so offensiv eingestanden wie Alexander Gauland. Er hat keine Ahnung, von wem er spricht, sagt er. Boateng kennt er lediglich, weil der Reporter der *FAS* ihn nach diesem Boateng gefragt hat und seine Parteigenossin Frau von Storch ihm mitgeteilt hat, dass Boateng ein Deutscher ist, und er jetzt erst weiß, dass er nicht sein »Nachbar« ist. So ähnlich lautete seine Argumentation.

Und wenn Gauland mein »Nachbar« wäre, wüsste ich, was ich tun würde: Ich würde rübergehen zu ihm und ihn bitten, einfach mal den Mund zu halten. Sollte er sich da-

ran halten, würde das unseren Deutungsspielraum ungeheuer erweitern.

Frei laufende Gänsefüßchen

ARD-Tagesthemen: In Hannover musste wegen einer Ter-
rorwarnung ein Fußballstadion geräumt werden. Die
deutsche Nationalmannschaft konnte nicht auflaufen. Das
Spiel gegen Frankreichs Equipe wurde vor dem Anpfiff
abgepfiffen. Aufregender Abend.

Die Berichterstatter »vor Ort« sind ganz aus dem Häus-
chen. Judith Rakers gibt das Terrormodel der ARD und
bemüht sich, ihrer Überforderung Herr zu werden. Rapun-
zel lässt ihr Haar herunter. Sie fragt einen Kollegen, wo
sich die Menschen nun befinden, nachdem sie das Stadion verlassen haben. Selten doofe Frage. Ja, wo sollen sie
denn sein? Auf der Straße? Zu Hause? In der Kneipe? Na
ja, sie ist aufgeregt, normalerweise liest sie Meldungen aus
dem Teleprompter vor, und nun soll sie selber denken.
Gemein ist das.

Journalisten interviewen sich gegenseitig und versichern glaubwürdig, nichts zu wissen, versprechen aber,
»sich sofort zu melden, falls es neue Informationen gibt«.
Im Minutentakt wird gefragt: »Wie ist die Lage vor Ort?«
Öffentlich-rechtliches Getue. Sie sind live drauf! Wir wissen nichts, aber das teilen wir allen mit, weil wir »live
drauf sind«. Und das Nichtwissen ist eben auch live zu
haben. Die ARD ist ein Informationssender.

Zu den gesicherten Nachrichten dieses Abends gehört
die Mitteilung, dass ein »herrenloser Koffer« gesichtet
wurde. Ich frage mich sofort, woran man einen »herren-

losen Koffer« erkennt? Wie unterscheidet sich der herren-
lose Koffer vom damenlosen Koffer? Tut sich hier eine
neue, bisher komplett vernachlässigte Genderproblematik
auf? Eine Diskriminierung von Herren mit und ohne Koffer? Warum sind Koffer nie damenlos? Wo bleiben unsere
überzeugten GenderInnen, die Kämpferinnen für eine geschlechtsneutrale Sprache!

Ich frage mich, ob es korrekt ist, von einer »geschlechts-
neutralen« Sprache zu sprechen, ohne sie in Anführungszeichen zu setzen. »Geschlechtsneutrale Sprache« sieht
mit Gänsefüßchen ziemlich gut aus.

Die Anführungszeichen zeigen an, dass ich darüber
nachgedacht habe. Ich reihe mich damit ein in die Com-
munity derjenigen, die mit Gänsefüßchen kenntlich machen, dass sie den Gebrauch bestimmter Formulierungen
reflektiert haben.

»Neger« in Gänsefüßchen stellt das Wort unter Quarantäne, damit es sein Gift nicht verbreiten kann. »Behinderte« setze ich auch grundsätzlich in Anführungszeichen,
damit jeder sofort merkt, dass ich gegen Diskriminierung
von Menschen mit Handicaps bin. Englische Ausdrücke
sind schon besser als das deutsche Wort, das von »Behinderten« spricht, oder? Besser spreche ich von »Menschen
mit besonderen Bedürfnissen« und meine damit »Behinderte«. Behinderte sind außerdem nur behindert, weil die
Welt nicht »behindertengerecht« ist. In einer behinder-
tengerechten Welt sind dann möglicherweise die nicht
behinderten Menschen die eigentlich Behinderten. Ist
kompliziert, was? Und komplex! – Oder einfach nur unbedacht?

Auch vermeide ich den Ausdruck »Flüchtlinge«, um
diese »Menschen in Not« nicht alle auf einmal, pauschal,
ihrer Individualität zu berauben. Ich spreche nur noch

von »Individualreisenden«, um ihre Einzelschicksale nicht zu verallgemeinern. »Flüchtling« klingt grundsätzlich negativ, habe ich gehört, weil das -ing eine abwertende Funktion hat. So wie in Schönling! Klingt auch nicht sehr wertgeschätzt. Was soll man stattdessen sagen? Flüchtl? Und was machen wir jetzt mit Wörtern wie Lehrling? Hering? Fiesling, Kümmerling, Mittlerer Ring, Trauring, Setzling, Fingerling, Ding? Alles sehr negativ besetzt. Mein Gott, die deutsche Sprache ist ein Kreuz.

Was machen wir mit Israel? Aus linker Sicht ist »Israel« nicht korrekt. Wer keimfrei sprechen möchte, muss »Palästina« sagen.

»Dritte Welt«? Sollte man vorsichtshalber auch mit Gänsefüßchen versehen, weil »Dritte Welt« eine Zurücksetzung gegenüber der »Ersten« und der »Zweiten Welt« ausdrückt.

Es gibt Wörter, die müssen in Quarantäne. »NegerInnen« (Achtung – Rassismus), »Hausfrau« (herabsetzend und konservativ rückwärtsgewandt), »Gutmensch« (ganz schlechtes Wort – rechtspopulistisch), »Nation« (europafeindlich, nationalistisch, Ausgrenzung der anderen), »der Islam« (Pauschalisierung, Unwissenheit, Einschränkung der Religionsfreiheit), »ich« (Abgrenzung), »du« (Ausgrenzung), »er«, »sie« (Genderproblematik), besser »es«? Mit Anführungszeichen wird auf Distanz gegangen. Ich mache lieber ein Gänsefüßchen mehr als eines zu wenig.

Am besten, »ich« schreibe nur noch in »Gänsefüßchen«, dann kann »man« »mich« nicht mehr »falsch verstehen«, weil »es« immer auch »anders« gemeint sein kann. (Aber vielleicht ist »Gänsefüßchen« schon wieder ein despektierliches Wort für den »Gänseliebhaber«?)

Ich bin ein frei laufendes Gänsefüßchen! Ich setze Wörter in Gänsefüßchen, wenn ich nicht weiß, ob der Gebrauch bestimmter Formulierungen politisch korrekt ist. Damit bin ich auf der sicheren Seite.

Lacher im Treppenhaus

Habe gerade Kollege Rebers im Treppenhaus getroffen. Er war wie immer guter Stimmung. »Onkel Andi«, wie wir ihn nennen, wirkte geradezu aufgekratzt, sodass ich dachte, was ist mit dem los? So eine Fröhlichkeit kann bei Kabarettisten viele Ursachen haben. Auslöser dafür ist in Bayern oft der CSU-Generalsekretär, aber auch die Talente der bayerischen SPD tragen viel zur guten Laune bei, der Toni Hofreiter tut auch immer sein Bestes, die Schneelage am Spitzing und der Wasserstand der Tiroler Ache haben ebenfalls großen Einfluss auf Onkel Andis Seelenzustände. Man muss das verstehen. Der Untergang des Abendlandes ist ihm ein Anliegen. Er ist Islamexperte, er kennt die Unterschiede der verschiedenen islamischen Glaubensrichtungen und gleicht unermüdlich meine religiösen Wissenslücken aus, die ohne Zweifel groß sind.

Ich frage: »Du strahlst so, was ist denn los mit dir?«

Er: »Ich hab der dummen Sau da unten«, er deutet auf ein imaginäres Fahrzeug, das in unserer Hofeinfahrt steht, »eine Warnung auf die Windschutzscheibe geklebt: ›Sie stehen bei uns in der Einfahrt und machen damit Ihr Problem zu unserem! Bitte unterlassen Sie das zukünftig!‹«

Wir kommen ins Gespräch. »Und sonst?«

Er erzählt mir von einem Interview, das er gerade gegeben habe. Ein Reporter des MDR habe ihn gefragt, wie er die politische Haltung beschreiben würde, die er vertrete?

»Interessant!«, sage ich. »Und was hast du geantwortet?«

Er sei gegen geschlossene ideologische Systeme. Er lehne den Kommunismus ab ebenso wie den Faschismus, den Stalinismus, und der Kapitalismus sei ihm immer ein würdiger Gegner gewesen. Ich sage: »Kollege, in diesem Punkt sind wir uns einig. Voller Konsens! Die parteipolitischen Schmetterlinge, die über die Wiesen fliegen, um die Blüten zu bestäuben, sind mehr oder weniger unbedeutend.« Er lacht zustimmend und geht weiter nach oben, um an seinem neuen Programm zu arbeiten. Unsere Wohnungstüren fallen in die Schlösser. Keine Minute später setzt sich Andreas an seinen Flügel und ich höre Akkorde, die anfangs nach einem irischen Sauflied klingen, später in eine melancholische Balkanballade übergehen. Jetzt weiß jeder Nachbar im Haus, dass Andreas zu Hause ist.

Was mir an Andreas besonders gut gefällt, er ist kein Konsenskabarettist, der sein Publikum mit Erregungsangeboten füttert, um sich mit ihm gemeinsam zu empören. Er nennt Kabarettisten, die sich dieser Masche bedienen, Empörungsdienstleister und hat sich damit in der Szene ein paar Freunde gemacht.

Ich halte Andreas für einen lustvollen Querdenker, der keine Verwandten kennt, wenn er eine provokante Pointe absetzen kann. Er macht auch Witze, die aus dem Rahmen fallen. Ich finde das wunderbar.

Es gibt Leute, die er an ihre Humorgrenzen führt. »Selbstmordattentäter, komm ein bisschen später«, sang er fröhlich in einem Lied und wurde prompt von der NPD vereinnahmt. Auf ihrer Website versuchten sie, ihn als einen Zeugen für ihre ideologischen Zwecke zu missbrauchen. Er ging gerichtlich dagegen vor, und doch gab es

Kollegen in der Satire-Community, die glaubten, ihn davor warnen zu müssen, doch bitte keine »Lacher von der falschen Seite« zu produzieren.

Auch in der Kritik zu seinem Programm »Amen« meinte der Kritiker der *SZ*, den Kabarettisten Rebers auf die falschen Lacher hinweisen zu müssen. Die Bevormundung des Publikums hält dieser Schreiber offensichtlich für selbstverständlich. Ich bin der Meinung, dass es keine Lacher von der falschen Seite gibt. Es gibt immer nur Lacher. Satiriker sollten ihr Publikum nicht entmündigen, sondern die Entscheidung darüber, was sie verlachen wollen, ihrem Publikum überlassen. Kabarettisten machen immer nur Pointenangebote, die Verantwortung für den Lacher muss jeder Einzelne im Publikum schon selber tragen.

Andreas musste sich von »Kollegen« vorhalten lassen, dass er »falsche Feindbilder« habe. Andreas hat wohl die zentrale Feindbildausgabe geschwänzt! Er hatte es gewagt, sich über den übertriebenen Eifer einiger »Flüchtlingsaktivisten« lustig zu machen.

Es gibt schon seit einiger Zeit in der Satireszene frei flottierende Zensoren, die umgehen und beurteilen, was gesagt werden soll und muss und was auf keinen Fall satirisch bearbeitet werden darf. Der Andi hält sich nicht dran. Sie haben ihn deshalb, wahrscheinlich um das Publikum nicht der Gefahr auszusetzen, an der falschen Stelle zu lachen, von Veranstaltungen und aus Sendungen, für die er gebucht war, wieder ausgeladen.

Es gilt selbstverständlich auch das Recht auf freie Meinungsäußerung unter Kabarettisten! Sowieso! Und Toleranz gilt unter Satirikern als ein unantastbarer Wert. Und die künstlerische Freiheit kann jeder auf seine Weise interpretieren. Nur gilt eben auch das Recht auf Exklusion, vor allem, wenn die künstlerische Freiheit zu weit geht.

Andreas komponiert, die Akkorde ergeben noch keine Komposition. Das klingt schräg. Gut so. Demnächst, wenn wir uns im Treppenhaus treffen, werde ich ihn fragen, was es mit den Akkorden auf sich habe, welchen gemeinsamen parteipolitischen Nenner er damit bedienen wolle. (Hoffentlich keinen!) Ich werde ihn darauf hinweisen, dass Kunst von Können kommt, und Johann Nepomuk Nestroy zitieren: »Kunst ist, wenn man's nicht kann; denn wenn man's kann, ist's keine Kunst.«

Trotzdem denken

Gibt es eine Satire jenseits aller parteipolitischen Zuordnung? Darf es sie geben? Offenbar gibt es beim Publikum eine Erwartungshaltung, die Kabarettisten immer parteipolitisch einordnen will. Und da kommen eigentlich nur drei Parteien infrage, die SPD, die Grünen und die Linke. Niemand kommt auf die Idee, einen Kabarettisten in der FDP zu beheimaten, bei der CDU oder gar der CSU anzusiedeln.

Woher kommt diese Selbstverständlichkeit? Die Satire ist wesentlich älter als unsere staatstragenden Parteien. Die satirische Schreibweise wurde unter anderem von Seneca eingesetzt, um den verstorbenen Kaiser Claudius zu verunglimpfen. Die Vergöttlichung des Claudius beschrieb Seneca als Verkürbissung des Kaisers. Da er tot war, konnte Claudius ihn nicht mehr wegen Majestätsbeleidigung verklagen. Und was noch viel wichtiger ist, weder der Kaiser noch Seneca waren Mitglieder in der

SPD, bei den Grünen oder der Linken. Auch die alten Griechen pflegten die satirische Form und kamen dabei ganz ohne SPD, Grüne und Linke aus. Einer der größten Satiriker überhaupt, ein gewisser Diogenes, so wird berichtet, bot Alexander dem Großen die Stirn. Er möge ihm bitte aus der Sonne gehen, forderte ihn der Kollege von der Tonne auf und verweigerte ihm den Respekt beziehungsweise zollte ihm den Respekt, den er verdient hatte. Das war Haltung unabhängig von jeder parteipolitischen Richtung. Aber wir müssen uns heute bei jeder Gelegenheit einordnen lassen. Wo stehst du? – Und gleich wird klar, dass die Frage nur eine Antwort innerhalb des vorgeschriebenen Korridors zulässt – irgendwo links muss es sein.

Sieht so aus, als käme eine Haltung außerhalb der Sichtweise dieses linken Parteienspektrums gar nicht in Betracht.

Wo befindet sich der Ausgang aus der selbst verschuldeten Unmündigkeit?, fragte einst Kant, der Immanuel. In welcher Partei war der eigentlich?

Ich suche ein Reclamheftchen von Odo Marquard, *Skepsis in der Moderne. Philosophische Studien.* Es gibt in diesem Bändchen den Beitrag »Wie politisch muss ein Schriftsteller sein?« Es geht um das Verhältnis von Kunst und Politik. Marquard beginnt auf Seite 25 mit dem schönen Bonmot: »Philosophie ist, wenn man trotzdem denkt.«

Marquard versucht in seinem Vortrag, die These zu begründen, warum »die moderne Welt die gebundene Kunst in eine ästhetische Kunst entlässt«. Das klingt geschwollen, ist es aber nicht. Er will damit sagen, dass die Künste, die einst theologisch gebunden waren, sich durch aufklärende Prozesse von diesen religiösen Gebundenheiten trennen konnten und schließlich frei wurden. Künstler waren ursprünglich verpflichtet, ausschließlich religiöse Bilder zu gestalten. Kunst war immer kultisch und religiös bestimmt. Daneben entwickelten sich vermutlich auch distanzierende Kunstformen wie die Satire, die verständlicherweise nicht geduldet werden konnte, weil sie Fragen stellte, die Zweifel säten und zersetzend wirkten. Sagen wir so: Kunst musste im Einklang mit der herrschenden Ideologie stehen. Wer im Besitz der Wahrheit ist, hat keinen Bedarf an kritischer Kunst, die diese Wahrheit hinterfragt. Deshalb haben zu allen Zeiten alle Religionen versucht, Zweifler mundtot zu machen. Da brauchen wir nicht zu reden. Der Satz »die Kunst ist frei« kann den Glaubenswächtern nicht gefallen. Ganz gleich, ob es sich um die römisch-katholische Glaubenskongregation handelt oder um die obersten muslimischen Glaubenshüter, die in jeder Moschee zu finden sind.

Mit den Wächtern der politischen Wahrheiten verhält es sich nicht anders. Selbstverständlich geben sie sich alle zunächst diskussionsoffen und tolerant. Man versichert sich einer gepflegten Streitkultur und garantiert sich gegenseitig die freie Meinungsäußerung. Selbstverständlich!

Kritisch wird die Angelegenheit bei den Linken – ich beziehe mich auf sie, weil es letztlich um sie geht –, sobald Machtfragen zur Debatte stehen. Odo Marquard zitiert in seinem Beitrag Lenin, der bereits 1905 offen ausgesprochen hat, was sich bis in unsere Tage bei der Linken (SPD, Grüne, Linke, Kommunisten) als Maxime erhalten hat: »Die Literatur darf keine Angelegenheit des Individuums sein. Sie kann nicht von den allgemeinen Aktivitäten des Proletariats unabhängig sein. Nieder mit den unparteiischen Schriftstellern! Nieder mit den literarischen Übermenschen! Literatur muss ein Bestandteil der organisierten, geplanten und auf einen Nenner gebrachten Parteiarbeit sein.«

Hier wird es ernst. Die Kulturkommissare der Revolution fackeln deshalb nicht lange, wenn ein Künstler die Linientreue verweigert.

Am besten und weitreichendsten gelang das übrigens in der DDR, in der die Satire vom Staat gefördert wurde, die im Einklang stand mit der Staatsführung, um den kapitalistischen Westen auch von dieser Plattform aus zu bekämpfen. Wie erfolgreich diese Zusammenarbeit war, kann jeder, der Lust dazu hat, in einschlägigen Kabarettgeschichten nachlesen.

In Abwandlung zu Marquards »Philosophie ist, wenn man trotzdem denkt« möchte ich daher auf die »kleine Kunst« des Kabaretts bezogen sagen: »Kabarett ist, wenn man trotzdem denkt.«

Richtig falsch

Mann, hab ich ein Durcheinander auf dem Schreibtisch! Schön! Bezaubernd schön ist dieses Chaos, das Einzige, was hier noch fehlt, ist die Ode ans Chaos!

Kreativ ist es schon, doch, das muss ich zugeben, wirklich sehr kreativ, kreativer ist kaum noch denkbar, man findet nur ganz schwer, was man sucht. Nur was suche ich noch mal? Wenn ich etwas suche, und das ist das wirklich Schöne daran, finde ich immer etwas, was ich nicht gesucht habe. Einerseits ist das beruhigend, andererseits auch überraschend. Ich suche zum Beispiel ein Buch von Richard Ford, den ich als Autor sehr schätze, finde aber eines von Richard Yates, das ich gar nicht gesucht habe, ja, von dem ich nicht einmal wusste, dass ich es besitze. Da ist die Freude natürlich groß. Gleichzeitig nimmt aber auch der Frust darüber zu, das gesuchte Buch nicht gefunden zu haben. Vielleicht sollte ich die umgekehrte Strategie verfolgen. Nichts suchen und stattdessen oberflächlich drüberschauen, um zu entdecken, was ich nicht suche? Oder aufräumen? Ordnung halten? Wäre auch eine Möglichkeit. Doch das entspricht nicht meinem Naturell. Außerdem, wer sagt denn, dass mein sogenanntes Chaos keine Ordnung enthält? Es kann sie nur nicht jeder erkennen.

Im Moment bin ich auf der Suche nach einem Gedanken, von dem ich hoffe, dass er in meinem Hirn entstanden ist: Es ging um das Richtige und das Falsche! Unabhängig von parteipolitischen Ideologien wollte ich sinngemäß fragen: Wird das Richtige falsch, wenn es der Falsche sagt? Kann Frauke Petry etwas Richtiges sagen, oder wird es allein dadurch, weil sie es sagt, falsch? Wobei der oder die Falsche der oder die jeweils Richtige des politischen Gegners ist. Wer ist dann der oder die Falsche, wer ist der oder die Richtige?

Im Konsens der Demokraten sind erst einmal alle die Richtigen. In diese gedankliche Richtung ging es. »Die falsche Seite« stand obendrüber. Man darf nicht das sagen, was der falschen Seite in die Hände spielt, selbst wenn es richtig sein sollte? Jeder, der das Richtige verschweigt, weil er der falschen Seite nicht in die Hände spielen will, weiß, was richtig ist, diffamiert aber das Richtige, indem er es verschweigt, aus Angst, die falsche Seite könnte das Richtige für ihre Zwecke nutzen. Auf diese Weise wird das Richtige falsch und das Falsche richtig.

Das Richtige im Falschen gibt es nicht! Meinte Kollege Adorno, feststellen zu müssen. Tja, wer das Ganze in den Blick nimmt, will die Details nicht sehen.

Ich habe mir dazu einige Anmerkungen notiert und jetzt finde ich sie nicht. Das ist ärgerlich. Ich bin sicher, dass ich so ähnliche Gedanken oben auf die erste Seite einer Zeitung geschrieben habe. Es kommen eigentlich nur die *SZ* oder die *FAZ* infrage. Ich habe diese Zeitung zur Seite gelegt und gedacht, die brauche ich noch, und jetzt ist sie weg. Stattdessen finde ich ganz andere Zeitungen mit Notizen und Gedanken, die ich mir ebenfalls zur Bearbeitung vorgenommen habe. »Populismus«, lese ich, mit einem Fragezeichen versehen. Was hab ich mir denn da wieder aufgeschrieben? Da steht als Memo: Unbedingt über den Populismus nachdenken! Selbstverständlich denke ich jetzt sofort über den Populismus nach. Es wird eindeutig zu wenig darüber nachgedacht.

Das Wort taucht in letzter Zeit oft in Debatten auf. Immer schwingt ein Vorwurf mit. Meistens ist dieser Vorwurf auf die AfD gemünzt. Nur die Rechten verführen das Volk mit populistischen Parolen. Die Linken nie! Die AfD versuche, mit »billigem Populismus« Wähler zu gewinnen. Heißt es. Aha. Es gibt also einen billigen Populismus! Der ist mit Sicherheit rechts bis nationalsozialistisch angesiedelt und damit schlecht. Logischerweise muss es auch den teuren Populismus geben. Der ist links und damit gut. Da müssen wir genau unterscheiden. Wo gibt es den günstigsten Populismus? Im Supermarkt der politischen Meinungen! Die Linken wollen aus der NATO raus, weil sie für Frieden sind. Das ist Biopopulismus und damit sehr gut. Im Regal bei der SPD und den Grünen steht das realpolitische Produkt, Markenpopulismus vom Feinsten, links und gut. Bei der CDU wird's billiger, da gibt's ab und zu schon mal Sonderangebote. Bei der CSU ist Ausverkauf, und bei der AfD wird der Laden gerade neu aufgefüllt mit rechtem und billigem Ramsch.

Ach, da ist er ja, der Gedanke auf der *FAZ*! Liegt hier auf den Büchern im Regal neben meinem Schreibtisch. »Die fürsorgliche Bevormundung durch die Medien – die Pädagogik der richtigen Informationen –, man darf nicht alles sagen, wir sind möglicherweise nicht reif genug, lassen uns zu falschen Reaktionen hinreißen«, habe ich am Rand stichwortartig notiert. Ich erinnere mich an den Artikel, in dem sich der Autor Christian Geyer mit der vorgeschiebenen, politisch korrekten Wortwahl in den Medien beschäftigte und folgende Überlegung anstellte:

»Soll man den orientierenden Konjunktiv von Zusammenhängen leugnen, nur weil sie von Rechtspopulisten im desorientierenden Indikativ benutzt werden?« Nein! – Das ist der Gedanke, den ich gesucht habe.

Anlass waren »die Vorkommnisse« der Kölner Silvesternacht. Wie soll und muss die Berichterstattung formuliert sein, um einer Instrumentalisierung von der falschen Seite vorzubeugen? Sollen Vermutungen, die mit »es könnte« beginnen und einen Zusammenhang zwischen der Herkunft, der Erziehung und dem Verhalten der nordafrikanisch aussehenden Männer herstellen, vermieden werden, oder sind solche Gedankenspiele zumindest erlaubt? Sollen Spekulationen im Konjunktiv, also Thesen, über die man diskutieren könnte, in jedem Fall vermieden werden, da sie von Populisten im Indikativ, als vermeintliche Tatsachen, wiedergegeben werden könnten. Das wäre in jedem Fall ein Missbrauch des Konjunktivs. Der Konjunktiv ist die Möglichkeitsform, und das Mögliche muss möglich sein, weil es das Mögliche wie auch das Unmögliche miteinschließt, vielleicht sogar möglich macht. Wird der Konjunktiv allerdings zum Zwecke der Spekulation über das Unmögliche eingesetzt, so befinden wir uns im Bereich des Irrealis. Beispiel: Wenn ich nordafrikanisch aussehen täte und Silvester in Köln auf der Domplatte verbracht hätte, dann hätte ich dort ein Kölsch getrunken. Da ich aber weder nordafrikanisch aussehe, noch Silvester in Köln war und daher auch kein Kölsch getrunken haben kann, handelt es sich bei diesem Konjunktiv um einen Irrealis, der nichts zur Orientierung beiträgt.

Jetzt muss ich einmal ausnahmsweise eine Frage auf niederbayerisch formulieren: Was datst jetzt du sogn, wenn i di frogn dat, ob der Irraelis erlaubt ist? – Dann dat i sogn, frog mi net.

Links herum

Es gehört zum Wesen der Demokratie, dem Volk eine gewisse politische Reife zuzugestehen. Zu reif sollte das Volk allerdings auch nicht sein, weil es dann zu Unverschämtheiten neigt und den regierenden Herrschaften vorschreiben will, was sie tun und lassen sollen. Es ruft in völliger Überschätzung der tatsächlichen Gegebenheiten »Wir sind das Volk«. Solche Parolen sind nicht immer passend. In Unrechtsstaaten mögen sie hilfreich sein, in Rechtsstaaten nicht. Es ist gar nicht so einfach mit der politischen Reife des Volkes. Einmal ist sie bis zu einem gewissen Grad erwünscht, ein anderes Mal ist sie unerträglich. Sagen wir so: Die politische Reife eines Volkes darf in der freiheitlichen Demokratie einen gewissen Grad nicht überschreiten! Sie muss gerade ausreichen, um das Volk an Wahlen teilnehmen zu lassen, bei denen es der Machtergreifung der durch die Parteien aufgestellten Kandidaten zustimmt. Politisch reif ist immer, wer an den Wahlen teilnimmt, seinen Volksvertretern vertraut, die Vorzüge des Verhältniswahlrechts preist und den guten Populismus unterstützt.

Beispiel Energiewende. Sie ist vernünftig, weil »nach Fukushima« Grüne, SPD und CDU/CSU erkannt haben, dass es im breiten Volk eine breite Mehrheit für den sofortigen Ausstieg aus der Kernenergie gibt. Es gab eine »irrationale Nuklearphobie« – wo habe ich diese Formulierung aufgeschnappt? – im Lande. Den Parteien blieb gar nichts anderes übrig, als diese Ängste für ihre konkrete Politik zu nutzen. Hätten sie sich diesen Ängsten verweigert, sie wären nicht gewählt worden. Also waren alle Parteien bereit, ihren Wählern den sofortigen Ausstieg zu versprechen. Es ging nicht mehr um rationale Überlegungen zur Energiepolitik, es ging nur noch um Emotionen, die von panischen Ängsten vor der »nicht beherrschbaren Technologie der Atomkraft« befeuert wurden. Eine Debatte über Für und Wider fand nicht statt. Merkel und Seehofer setzten sich an die Spitze der Kernkraftgegner und verteufelten alle, die gegen den sofortigen Ausstieg waren. Niemand nannte sie Populisten. Sie durften sich als gute, zukunftsorientierte Politiker betrachten.

Ein ähnlich populistisches Bild ergibt sich beim Thema Eurokrise. Wer nicht sieht, dass die Europapolitik der führenden Europäer Merkel, Holland, Schulz, Junker und allen anderen EU-Fans alternativlos ist, der ist doof, unvernünftig, rechts und ein übler Populist, der auf allzu »einfache Lösungsansätze reinfällt«.

Wie Populismus in Reinform funktioniert, zeigt die Flüchtlingskrise. Es braucht nur einer oder eine den »humanitären Imperativ« auszurufen und schon sind alle Überlegungen zu alternativen Handlungskonzepten vom Tisch gewischt. »Wir schaffen das!« – »Dann ist das nicht mehr mein Land!« Deutschland spielt sich als humanitäre Großmacht auf und kann endlich der Welt beweisen, dass die Menschenrechte in Deutschland ganz besonders intensiv gelten. Die Kanzlerin konnte sich der größtmöglichen Zustimmung sicher sein. Können wir diese Politik populistisch nennen? Ja, können wir. Daran ist aber nichts Negatives, weil damit Gutes getan wird. Guter Populismus setzt auf Vereinfachungen, die aber gerechtfertigt sind, weil sie einen guten Zweck verfolgen. Gut, dass ich da noch draufgekommen bin.

Rechts herum

Immer wieder sagt man uns, dass die AfD eine rechtspopulistische Partei sei, die mit arg vereinfachenden Botschaften das Volk verblöden will. Nur, welcher Vertreter einer anderen Partei wagt denn, uns mit differenzierten Botschaften zu behelligen? Sigmar Gabriel vielleicht, wenn er Flüchtlinge und deutsche »sozial Schwache« gegeneinander ausspielt und ein »Sozialpaket für die ärmeren deutschen Schichten« schnüren will. Ist das noch Populismus oder schon Volksverhetzung? Oder lotet er Gemeinsamkeiten mit der AfD aus, um eine mögliche Koalition vorzubereiten? Denn alle demokratischen Parteien müssen koalitionsfähig bleiben! Irgendeine Laberbacke hat das von sich gegeben. Ich weiß nur nicht mehr, welche.

Für Satiriker bietet diese AfD in jeder Hinsicht reichlich Stoff. Schönen Dank auch dafür. Vieles spricht dafür, dass die AfD »rechtspopulistisch« auftritt. Und deshalb sage ich es jetzt auch. Die AfD ist eine rechtspopulistische Partei. Rechtspopulistisch ist sie vor allem auch deshalb, weil sie möglichst viele Wählerstimmen bekommen will. Und die meisten Stimmen kriegt eine Partei mit einfachen Parolen. Frieden, Freiheit, Gerechtigkeit blabla. Das hören die Leute gern. Das Nähere regelt die Debatte in einer Talkrunde, wo immer einer sitzt, der weiß, was gerecht und was populistisch ist.

Ganz abgesehen davon, dass ich nicht genau sagen kann, was nun wirklich als rechtspopulistisch gilt. Rechtspopulismus entdecke ich bei allen Parteien, selbst bei der Linken finde ich Übereinstimmungen mit der AfD. Aber wenn etwas links ist, kann es nicht gleichzeitig rechts sein. Oder? Sahra Wagenknecht und Oskar Lafontaine haben von »Kapazitätsgrenzen für Flüchtlinge« gesprochen. Tja, ist das noch links oder schon rechts? Oder nur ganz gewöhnlicher Populismus? Wenn der Seehofer von Obergrenzen für Flüchtlinge spricht, ist das auf jeden Fall fremdenfeindlich und schwer rechtspopulistisch. In Schweden, das rot-grün regiert wird, hat sich Seehofer mit seiner Forderung schon durchgesetzt, denn dort wurden Obergrenzen eingeführt. – In dem einen Fall handelt es sich um eine weltoffene, rot-grüne Obergrenze und im anderen um eine reaktionär-populistische, wie sie nur in der Engstirnigkeit des Freistaates Bayern entstehen kann.

Möglicherweise kommen wir mit solchen Einordnungen nicht weiter. Vielleicht ist es einfach nur richtig, von Kapazitätsgrenzen für Flüchtlinge zu sprechen? Das Richtige wird aber falsch, wenn es von den Falschen gefordert wird! Falsch ist es, von Kapazitätsgrenzen zu sprechen, wenn sie die AfD fordert. Richtig sind sie, wenn sie die Linke fordert. Hoffentlich habe ich das richtig verstanden. Wahrscheinlich nicht. Ich bin ein bisserl durcheinander. Der Oskar Lafontaine, dieser große Denker der Linken, antwortet im *Spiegel* auf die Frage, was den Populismus von der Linken von dem der AfD unterscheide: »Ich bezweifle, dass das, was manche in der AfD betreiben, Populismus ist. Das ist eher Volksverhetzung.« Gott sei Dank! Also doch: Es kommt darauf an, wer es sagt.

Populus und Ismus

Woher kommt eigentlich dieses Wort, das immer so negativ daherkommt, Populismus?

Und jetzt profitiere ich von meiner guten Schulbildung und weiß, warum ich in meiner Jugend lateinische Vokabeln gebüffelt habe und damit ein großes Latinum erworben habe. Populus ist lateinisch und heißt auf Deutsch Volk; und -ismus (jetzt zitiere ich Wikipedia) ist ein Suffix zur Wortbildung durch Ableitung, dabei weisen Worte, die auf -ismus enden, oft auf eine Tendenz, Richtung oder eine (oft auch extreme) Geisteshaltung hin.

Populismus gab es, man möchte es nicht glauben, bei den alten Römern noch nicht. Es gab ein römisches Volk, das der römischen Herrscherschicht zur Beherrschung diente. Eine politische Elite, die steinreich war, durfte sich mit ihrem Geld alle Posten und Ämter kaufen. Das römische Volk wurde, sprechen wir es offen aus, an der Politik finanziell beteiligt. Der Stimmenkauf war bei römischen Wahlkämpfen normal und beim Volk sehr beliebt. Das Volk war wählerisch! Nach unserem Demokratieverständnis undenkbar. Wenn heute etwas gekauft wird, dann höchstens Politiker, die übrigens gar nicht so teuer sind. Stimmen werden durch verbale Überzeugungsarbeit gewonnen. Dass dabei im Wahlkampf meist einfache Schlagworte gebraucht werden müssen, liegt an der Begriffsstutzigkeit der Wähler. Diese Art des Wahlkampfs nennt der politisch intellektuelle Gegner dann Populismus. Aber was, bitte schön, ist daran negativ?

Es reicht

Die Waschmaschine meldet freundlicherweise, dass sie den Waschgang beendet hat. Seit zehn Minuten nervt der Signalton extrem. Und wenn ich rufe: »Es reicht!«, dann reagiert die Maschine nicht. Kruzitürken noch mal! Wann endlich wird es Haushaltsgeräte geben, die auf Zuruf reagieren? Eine freundliche Frauenstimme meldet: »Ihr Sechzig-Grad-Waschgang wurde soeben beendet. Bitte legen Sie die Wäsche in den Trockner.« Es reicht! Wo ist Rosi, wenn man sie mal braucht?

Ich rufe: »Kann denn nicht mal jemand diese Scheißwaschmaschine ausschalten?«

Rosi antwortet aus dem Off: »Geht grad nicht!«

Sie ist verhindert, sie kämpft mit einem Boss bei einem Onlinespiel.

»Ich kann auch nicht«, rufe ich. »Ich kämpfe gerade mit meinem Computer und ich glaub, ich verliere.«

Bei diesem Gepiepse kann kein Mensch konzentriert arbeiten. Ich sitze über einem Text, der meine volle geistige Kraft verlangt. Ich denke über linkes und rechtes Denken nach und versuche, die Unterschiede herauszuarbeiten. Ich will meine Gedanken einfach und verständlich formulieren. Das fällt mir gar nicht so leicht. Kompliziert ist einfacher. Wütend mache ich mich auf den Weg zur Waschmaschine, die bedrohlich blinkt. Ich öffne die Frontklappe.

Die Maschine piepst beharrlich weiter.

»Rosi, wo schaltet man diese verdammte Maschine aus?«

»Mann«, ruft Rosi, »du wirst doch eine Waschmaschine ausschalten können!«

»Eben nicht.«

»Jonas, stell dich nicht dümmer, als du bist.«

Ich gebe mir größte Mühe. Schließlich gelingt es mir, die Maschine zum Schweigen zu bringen. Auf dem Weg zurück an den Laptop lege ich einen Zwischenstopp bei Rosi ein, die konzentriert vor dem Fernseher sitzt und kämpft. Es blitzt und kracht. Fantasiefiguren flitzen durch irgendwelche Welten. Ein bunter Kampf ist im Gange. Höchst dramatisch sieht das alles aus.

Ich: »Bitte, Rosi, kannst du mir den substanziellen Unterschied von links und rechts mal erklären?«

Rosi: »Mein Vater hat immer gesagt: Links ist da, wo der Daumen rechts ist.«

Ich: »Ja, im Ansatz richtig, aber nicht differenziert genug.«

Rosi: »Ich habe da drüber noch nicht nachgedacht. Du bist der Politologe, der intellektuelle Überbau ist dein Fachgebiet. Ich bin für die normalen Wissensgebiete zuständig, Bügelweisheiten, Kochkunde und Putzen. Meine Welt ist die Praxis.«

Ich: »Verstehe, ich bin für die Theorie zuständig, und du für die Praxis. Liebe Rosi, es gibt auch eine linke Praxis. Ich darf dich an die elfte These über Feuerbach erinnern.«

Rosi: »Lieber nicht.«

Ich: »Karl Marx sagt: Bisher haben die Philosophen die Welt verschieden interpretiert, es kommt darauf an, sie zu verändern.«

Rosi: »Guter Mann, der Marx! Also, verändere du die

Wirklichkeit, nimm die Wäsche aus der Maschine und leg sie in den Trockner!«

Ich murmle: »Das auch noch.«

Rosi: »Klar gibt es auch linke Praxis. Nur dass die Linken oft nicht zum Handeln kommen, weil sie noch mal drüber reden müssen.«

Ich will jetzt nicht widersprechen. Ich müsste dann weit ausholen. Bei der Französischen Revolution beginnen. Lieber nicht. Sage stattdessen nur: »Ach was!« Und fahre fort mit der Frage: »Worin besteht der grundlegende Unterschied im rechten und linken Denken?« Ich will versuchen, diese spannende Frage zu beantworten. »Rosi, hörst du mir eigentlich zu?«

»Logisch, ich bin ja multitaskingfähig«, sagt sie, während sie gleichzeitig irgendwelche Knöpfe auf dem Controller der PlayStation drückt und gebannt auf den Bildschirm blickt, auf dem es ordentlich zur Sache geht. Sieht aus wie der Endkampf von Gut und Böse, das Geschehen wirkt aber auf mich auch lustig. Und nachdem Rosi schweigt, rede ich. Schließlich bin ich der Theoretiker:

»Also, Rosi, wesentlich für rechtes Denken ist meiner Meinung nach, dass die Rechten Komplexität in der Realität reduzieren.«

Rosi: »Aha. Das heißt auf Deutsch?«

Ich: »Sie vereinfachen. Je einfacher, desto rechter, behaupten die Linken. ›Die Welt ist komplexer! Sie ist komplizierter!‹, halten die Linken den Rechten entgegen. Solche Sätze haben immer eine hohe Plausibilität.«

Rosi: »Ja, stimmt irgendwie. Die Welt ist vielschichtig. Man muss immer alle Aspekte miteinbeziehen, bevor man ein Urteil fällt. Nennt man in der Medizin Differenzialdiagnose. Es gibt Leute, die haben Läuse und Flöhe, Schweißfüße und Bluthochdruck. Kriegt einer einen Herzinfarkt, kann der auch mehrere Ursachen haben, physische und psychische. Oder nimm Depressionen, die haben häufig multikausale Ursachen. Es gibt Krankheiten, bei denen kann niemand genau sagen, durch was sie hervorgerufen werden.«

Ich: »Und was macht der Arzt in so einem Fall?«

Rosi: »Er beobachtet.«

Ich: »Beispielsweise der Krieg in Syrien. Die verschiedenen Interessen der kämpfenden Parteien auseinanderzuhalten, das ist doch fast unmöglich! Die syrische Armee, der Assad, die Türken, die Russen, die Franzosen, die Engländer, die Deutschen, die Kurden, die guten Kurden, die bösen Kurden, die guten Saudis, der böse Iran, der von den Amerikanern befreite Irak, die IS-Kämpfer, das Böse, das Gute, wer soll da durchsteigen?«

Rosi: »Der Steinmeier! Unser Außenminister, der kennt sich in diesem Dickicht bestimmt aus. Es stimmt schon, die Welt ist komplex. Einerseits. Andererseits kann sie auch sehr einfach sein. Wie in diesem Spiel. Da kämpfen die Guten gegen die Bösen. Aber egal, auf welcher Seite du spielst, du gehörst in jedem Fall zu den Guten. Die Bösen sind immer die anderen. Wie im richtigen Leben.«

Ich: »Assad ist ein Diktator, der sein Volk unterdrückt. Punkt. Also haben alle Demokraten dieser Welt das Recht, den Assad wegzubomben. Die Rechten analysieren die Linken so: Die Linken nehmen in der Realität eine größtmögliche Komplexität an. Sie sehen komplexe Zusammenhänge, wo gar keine sind. Sie *komplexitieren*, könnte man sagen, die Wirklichkeit. Finden in ihren Erklärungen der Phänomene ›ein Bündel von Gründen und Ursachen‹ und überfordern damit das Publikum.«

Rosi: »Hältst du grad ein Referat? Schlechter Zeitpunkt!«

Ich rede unbeirrt weiter: »Die Welt ist gar nicht so komplex, wie ihr immer tut, rufen die Rechten. Zum Beispiel bei den Flüchtlingen. Wir sind nicht schuld an diesem Krieg in Syrien, sagen die Rechten. Was haben wir Deutschen damit zu tun? Außerdem bringen sie eine Religion mit in unsere Kultur, die nicht zu uns passt. So einfach können politische Analysen sein. So stehen sich in den aktuellen Debatten immer linke Überforderung auf der einen Seite und rechte Vereinfachung auf der anderen Seite gegenüber. Die Linken werfen den Rechten vor, zu sehr zu vereinfachen. Die Rechten halten den Linken unnötige Komplexität vor. Der Himmel über den Debatten ist mit einer allgültigen, nicht mehr zu hinterfragenden Moral überwölbt, in der Sätze wie ›Wir schaffen das‹ oder ›Dann ist das nicht mehr mein Land!‹ oder ›Es geht um Menschen, nicht um Zahlen‹ oder ›Grenzen sind unmenschlich‹ wie Imperative vorgetragen werden, an die sich alle zu halten haben. Moralextremisten dulden keinen Widerspruch. Die Linken bestehen auf ihrem universalistischen Menschenbild, das vom Gleichheitstheorem zusammengehalten wird – also einer Vereinfachung, die sie den Rechten vorwerfen. Vereinfachungen werden also auch von den Linken vorgenommen, wenn sie dem eigenen Weltbild dienen. Vereinfachungen sind immer erwünscht, wenn sie der eigenen Position zum Vorteil gereichen. Die Linke argumentiert unterkomplex, wenn sie dem politischen Gegner damit schaden kann. Die Rechten wollen, was das Menschenbild angeht, differenzieren und Unterschiede zwischen den Menschen anerkennen. In dieser Position vermuten Linke den Anfang allen Übels, weil es vom Individuum über die Gruppe bis zur Volksgemeinschaft immer nur ein paar Schritte sind. Für Linke gibt es keine Völker, sondern nur Menschen, die zufällig in eine Volksgemeinschaft hineingeboren wurden. Der Zufall der Geburt kann keine Ungerechtigkeit auf der Welt begründen. Linke sehen das Glück der Menschheit im sozialistischen Menschen, der seine individuellen Prägungen (der Wunsch nach Eigentum!) zurückstellt, um der sozialistischen Gesellschaft zu dienen, in der dem Ideal gemäß alle gleich sind. Die Menschen haben sich dem politischen System anzupassen. Rechte hingegen betonen die individuellen Bedürfnisse des Menschen, seinen Wunsch nach Eigentum, die Zugehörigkeit zu einer Kultur, die eine Identifikation mit den Traditionen einer Gruppe von Menschen ermöglicht und die letztlich ein Volk in einer Nation zusammenleben lässt. Rechte streben eine liberale Gesellschaft mit größtmöglicher individueller Entfaltung an. Das politische System hat sich nach den Menschen zu richten. So, das musste wieder mal gesagt werden.«

Rosi legt erleichtert den Controller zur Seite und meint: »Hört sich klug an, was du da gerade referiert hast.«

Ich: »Hast du überhaupt zugehört? Du hast ja die ganze Zeit gezockt.«

Rosi: »Ich habe alles ganz genau gehört. Ob ich es verstanden habe, ist eine andere Frage. Ich versuch es mal mit meinen Worten: Wenn du als Philosoph tatsächlich die Welt verändern möchtest, könnest du einmal versuchen, Wäsche zu waschen, selbstverständlich nur, sofern es deine philosophischen Studien zulassen. Dann würdest du vielleicht zu der Erkenntnis gelangen, dass man eine Hose rechts- und linksrum waschen kann. Aber egal, wie du es machst, es bleibt immer dieselbe Hose.«

Ich: »Soll das so etwas wie eine Quintessenz sein?«

In dem Moment ertönt wieder der nervtötende Signalton der Waschmaschine.

Rosi: »Bist du sicher, dass du sie ausgeschaltet hast?«
Ich: »Sie widerspricht.«
Rosi: »Das ist die zwölfte These über Feuerbach. Die Realität wehrt sich.«

Selbstgespräch mit anderen

»Wer hat den eigentlich gewählt?«, sag ich halblaut beim Frühstück zu mir. Mir bleibt nichts anderes übrig. Ich bin ein kommunikativer Mensch. Ich muss mit mir selber reden, weil Rosi heute wieder in der Arztpraxis Menschenleben retten muss. Das ist nicht meine Ironie, das ist ihre. Also sitz ich vor meinem Kaffee und studiere das satirische Angebot in der *Süddeutschen*. Als Kabarettist bin ich immer auf der Suche nach verwertbaren Ereignissen, die sich für einen »satirischen Stoß« eignen, den ich ins Programm nehmen kann.

Grundsätzlich bietet sich alles zur Verarbeitung an. Es gibt tatsächlich nichts auf der Welt, was sich der satirischen Betrachtungsweise verschlösse. (Schöner Konjunktiv! Der Konjunktiv wird viel zu wenig eingesetzt. I gangat gern auf d' Kampenwand, wenn i mit meiner Wampn kannt. Noch dazu ein klassischer Schüttelreim.) Hier in meiner Küche darf die Satire wirklich alles. Draußen in der Öffentlichkeit darf sie nicht alles, sie darf aber immer behaupten, alles zu dürfen. Holocaust leugnen darf sie ganz bestimmt nicht, um ein Beispiel anzuführen. Staatspräsidenten Ziegenficker nennen darf sie auch nicht. Obwohl man das nicht mit Sicherheit behaupten kann. Damit befassen sich jetzt deutsche Richter. Die sollen auch mal ihren Spaß haben. Daneben gibt es noch jede Menge anderer Themen, die jeder »anständige« Satiriker, der immer auf der Seite der Richtigen agiert, angesichts einer immer weiter um sich greifenden *political correctness* besser vermeidet.

Es gibt Tage, an denen auf mich alles, wirklich alles lächerlich wirkt. Die Politik mit ihren selbstverliebten Vertretern sowieso, das Heer der Narzissten, die in allen Foren und Blogs ihre Pfauenräder schlagen. Die Wirtschaft, sie steht der Politik in nichts nach mit ihren »Sorgen ums Wachstum«, um »die Lohnstückkosten«, um »die Märkte«, um »die Konjunktur«, und für mich mit am bizarrsten in dieser Hinsicht ist das Verhalten religiöser »Würdenträger«, das fromme Getue gepaart mit dem Ernsthaften. Nehmen die sich wirklich alle ernst? Die muslimischen Imame? Die orthodoxen Christen? Die katholischen Kardinäle? Allein die weibischen Gewänder! Und die zunehmende Gilde der Wirtschaftsexperten erst, die Fratzschers, Bofingers und alle Nachfolger des Sinns? Sie kommen mir auch immer komischer vor. Alle sind sie ausgewiesene Experten! Aber interessanterweise sind sie komplett verschiedener Meinung. Es gibt Statistiken, die diese Experten mit exakt denselben Zahlen erstellt haben, deren Ergebnisse aber zu völlig konträren Erkenntnissen geführt haben. Sehr ernst, sehr komisch, sehr seltsam!

Und ich? Was berechtigt mich, den »moralischen Feldherrenhügel« zu erklimmen, wie ein Journalist vom Zentralrat des deutschen Humors, den ich bei der SZ vermute, schrieb? Muss ich mich wirklich ernst nehmen als Satiriker? Als Kabarettist? Muss ich mich aufspielen als »moralische Instanz«? Offensichtlich gehört das zu meiner Rolle. Ich selber komme mir in manchen Momenten auch ziemlich komisch vor. Aber nur, wenn ich über mein Kabarettdasein nachdenke, was Gott sei Dank nicht allzu oft vorkommt. Andernfalls würde ich es längst lassen.

Ich sehe mich über die Zeitung gebeugt auf der Suche nach den Missständen – oder wie die Kollegen vom Feuilleton sich gerne auszudrücken pflegen, nach »der gesellschaftlichen Wunde, in die ich meine Finger legen« kann, damit es wehtut. Wenn es ganz kritisch hergeht, fordern irgendwelche Gschaftlhuber von uns, die Grenzen der Satire auszuloten, um »den Mächtigen am Zeug zu flicken«.

Manchmal fragt mich ein besonders mutiger Journalist, und ich merk schon in der auf Zustimmung zielenden Art, wie er seine Frage vorträgt, dass er die Antwort bereits kennt, ob es nämlich früher für uns Kabarettisten nicht einfacher gewesen sei, »scharfes« Kabarett zu machen, als heute, weil doch die Politiker alle miteinander »so glatt« und »ohne Kanten und Ecken« daherkämen?

Die Frage ist dermaßen banal, dass es sich kaum lohnt, darauf einzugehen. Aber was soll's? Ich kann meistens ruhig bleiben und cool antworten, dass ich keine Unterschiede zu früher erkennen kann, was Unsinn ist, weil es selbstverständlich Unterschiede zu früher gibt, aber diese ganz anderer Natur sind, als sie in dieser arg vereinfachenden Fragestellung zum Ausdruck kommen. Natürlich gefällt es dem Fragesteller gar nicht, dass ich seinen Eindruck, »früher sei für das Kabarett wegen so kantiger Typen wie Strauß und Wehner alles besser gewesen«, nicht bestätigen kann. Es wäre zu schön, wenn ich auf sein Konsensangebot in dieser Sache eingehen würde. Nein, keine Lust! Das Stoffangebot war zu allen Zeiten immens, sodass für alle Kollegen der »satirischen Zunft« genug zu tun wäre. Nur die Fragen zu diesem Sachverhalt sind leider früher … Nein! Keine Retourkutsche jetzt!

Wieder habe ich mit mir selber laut gesprochen und so

getan, als säße ich tatsächlich einem Journalisten gegenüber, der mir seine wenig durchdachten Fragen stellt. Ich rede mit mir selber! Da widerspricht wenigstens keiner.

Peter Altmaier, Merkels Minister im Kanzleramt, um einmal mehr einen gewählten Vertreter des Volkes ins Spiel zu bringen, mit dem möchte ich nicht reden müssen. Altmaier ist einer, der nur sich selber reden hören kann. Sagt ein anderer etwas, fragt er sich sofort, warum redet der nicht mit sich selber? Ich brauch doch auch niemanden, der mir zuhört! Peter Altmaier ist nur auf sich angewiesen. Deshalb ist er in Talkshows kaum zu bremsen. Er wirkt auf mich wie ein Formel-1-Redner aus dem Rennstall VW-Merkel-McLaber. Er dreht eine Runde nach der anderen, um als Erster den großen Preis von Laberheim zu gewinnen! Wenn er einmal angefangen hat zu sagen, was halt gesagt werden muss, das Thema ist wirklich scheißegal, wenn er einmal Fahrt aufgenommen hat, knallen seine Wortkaskaden wie permanente Fehlzündungen in die Gesprächsrunde. Dieser Mann ist nicht daran interessiert, was andere sagen, er will nicht hören, was andere zum Thema beitragen, weil er im Vorhinein weiß, was andere sagen würden, und darum redet er unaufhörlich ohne Punkt und Komma, um nicht hören zu müssen, was andere äußern würden, wenn sie zu Wort kämen. Altmaier gehört zu jenen Vertretern des Politikbetriebs, die niemanden brauchen außer sich selbst. Und doch brauchen wir sie. Ich hab den nicht gewählt!

Reisen bildet

Ich bin unseren Politikern sehr dankbar, dass sie uns nicht verkommen lassen. Sie beliefern uns unaufhörlich mit Material, das nach kabarettistischer Verarbeitung schreit.

Ich habe gerade einen Artikel im Bayernteil der *Süddeutschen Zeitung* gelesen, den ich mir sofort rausreiße, weil er wieder einmal zeigt, wie verantwortungsvoll unsere bayerischen Abgeordneten mit den Steuergeldern umgehen. Kurz blitzt in meiner Erinnerung die Verwandtschaftsaffäre auf. Bayerische Abgeordnete hatten Ehefrauen und sogar Kinder bei sich im Abgeordnetenbüro auf Staatskosten angestellt. Mit dieser Selbstbedienungsmentalität hat die Geschichte in der *SZ* nicht viel zu tun. Ein bisschen aber schon. Ich bleibe an der Überschrift hängen: »Reisen bildet«. Die Ironie dieser Zeile springt mich sofort an. Darunter stellen die engagierten Schreiber der vierten Gewalt eine sarkastische Frage: »Warum immer nur im eigenen Wahlkreis herumtouren, wo es doch so viel reizvollere Ziele auf der Welt gibt?« Das ist wohl wahr.

Im Artikel erfahre ich, dass unsere bayerischen Abgeordneten verreisen. Sie gehen auf Auslandsreise – nicht nach Hessen oder Niedersachsen, nein, richtig weit weg müssen sie fliegen, nach Kuba, Japan und in die Vereinigten Arabischen Emirate. Selbstverständlich sind das keine Lustreisen, die sie zum Spaß unternehmen. Nein! Es handelt sich um harte Arbeit. Sie wollen sich informieren in Vertretung des Volkes. Lese ich. Aha. Andernfalls müsste das gesamte bayerische Volk verreisen, um an die Informationen zu kommen, an die unsere Abgeordneten nur gelangen, wenn sie sich selber vor Ort ein Bild machen.

Der Ausschuss für Gesundheit und Pflege des bayerischen Landtags fliegt darum für fünf Tage nach Abu Dhabi in die Vereinigten Arabischen Emirate. Ich lese es noch mal, weil es mir schwerfällt, zu glauben, was da steht. Tatsächlich, der Ausschuss für Gesundheit und Pflege fliegt in die VAE. Warum? Was haben unsere bayerischen Abgeordneten mit den Emiraten zu tun? Die Ausschussvorsitzende, Frau Kathrin Sonnenholzner von der SPD, rechtfertigt die Reise: »Wir möchten uns vor Ort ein Bild machen, wie wir mit den Vereinigten Arabischen Emiraten im Gesundheitsbereich kooperieren können.«

Ach so ist das. Bayern will mit den Vereinigten Arabischen Emiraten kooperieren. Wie könnte diese Kooperation aussehen? Ich habe keine Ahnung! Das wird eine der Fragen sein, die Frau Sonnenholzner dem Scheich vor Ort stellen wird. Vermute ich. Wenn sie zum Scheich vorgelassen wird. Ohne Schleier! Und wenn, dann wird er ihr nicht die gesundheitskooperative Hand geben, weil es ihm sein Glaube verbietet. Frau Sonnenholzner wird sich aber nicht abbringen lassen und eruieren, was der Scheich wünscht, wenn er nach Bayern kommt, um hier gesundheitspolitisch zu kooperieren. Und er wird vielleicht vorschlagen, die Kreuze in den Kliniken abzunehmen, die für alle Muslime, die nach Bayern kommen, eine ungeheure Provokation darstellen. Und Frau Sonnenholzner wird alles mitschreiben, damit sie zu Hause berichten kann, wie der Scheich sich die Kooperation vorstellt. Die Zusammenarbeit mit den VAE wäre dienlich und förderlich, wenn Patienten aus den Vereinigten Arabischen Emiraten Mitglied bei der AOK würden. Vielleicht ist das einer der Vorschläge, die Kathrin Sonnenholzner dem Scheich während ihres Informationsbesuchs vorträgt, wenn er sie denn, wie gesagt, überhaupt empfängt in seinen Gemächern. Und sicher hat Frau Sonnenholzner während ihres Besuchs auch in Erfahrung gebracht, was wir hier in Bayern vor Ort tun könnten, um Patienten aus den Vereinigten Arabischen Emiraten einen optimalen Aufenthalt zu gewährleisten. Einen Moscheeraum in der Klinik anbieten, arabisch sprechende Ärzte, Minarett vor dem Behandlungszimmer aufstellen?

Frau Sonnenholzner hat es bereits gesagt: »Dabei geht es einerseits um die Gewinnung von Fachkräften, andererseits auch um die Behandlung von Bürgern der Emirate in Deutschland.« Ach so, es geht um neue Gesundheitsmärkte, um Kundenwerbung. Das ist selbstverständlich Grund genug für die Abgeordneten des bayerischen Landtags, in die Emirate zu fliegen, um sich vorher über Krankheiten zu informieren, die wir nachher in Bayern kurieren könnten.

Der Bildungsausschuss reist nach Finnland, um sich über das Thema Inklusion kundig zu machen. Belgien wäre da weniger geeignet. Zu diesem Thema muss man nach Finnland. Ganz klar! Nirgends ist Inklusion besser gelungen als in Finnland. In Finnland dürfen wahrscheinlich alle zusammen in die Sauna, wo könnte man sich besser über Inklusion unterhalten als bei einem gepflegten Aufguss, wenn der Schweiß aus allen Poren quillt. Es wird nicht nur gemeinsam geschwitzt und abgekühlt, sondern auch gelernt, wie die Finnen Kinder integrieren, die anderswo in die Sonderschule gehen.

Die finnische Inklusion ist vorbildlich. Die interfraktionelle Arbeitsgruppe holt sich in Finnland Anregungen, um Lösungen für Bayern zu erarbeiten. Und ich glaube, ich weiß schon, mit welcher Erkenntnis unsere Abgeordneten zurückkehren werden, nämlich dass Gesunde und Nichtbehinderte gemeinsam unterrichtet werden können.

Der Verfassungsausschuss fliegt nach Kuba. Da geht es offensichtlich um bayerische Interessen in Kuba. Franz Schindler, MdL, ist Ausschussvorsitzender und begründet die Reise: »Kuba steht vor der wohl tief greifendsten Veränderung der letzten Jahrzehnte. Deshalb benötigt Kuba dringend internationalen Austausch, Expertise und Kontakte, die wir gerne von bayerischer Seite anbieten.« Diese Selbstlosigkeit ist kaum zu toppen. Der Schindler Franzi hilft den Kubanern auf den Weg und sagt, wo es langgeht. Der Dobrindt macht Vorschläge für eine kubanische Maut, und der Ramsauer Peter entwickelt einen Zwei-Punkte-Katalog für Verkehrssünder.

Kuba und Bayern! Da bahnt sich was an. Aber was? »Uns interessieren besonders die rechtlichen Rahmenbedingungen für bayerische Unternehmen, die sich in Kuba neue Geschäftsfelder erschließen wollen.« Das ist schön. Nur welche bayerischen Unternehmen könnten sich in Kuba neue Geschäftsfelder erschließen? Vielleicht erwägt ein bayerischer Lederhosenfabrikant, seine Fabrikation nach Havanna zu verlagern? BMW baut ein Werk in Kuba und lässt den neuen Fünfer zu kommunistischen Lohnstückkosten in der Nähe Havannas bauen. Auch der Kubaner soll Freude am Fahren haben.

Die Arschkarte haben die Mitglieder des Haushaltsausschusses gezogen. Sie müssen nach Japan, um sich über den innerjapanischen Finanzausgleich zu informieren. Das ist in der Tat ein hartes Los. Die Strapazen einer Reise nach Asien in Kauf zu nehmen, um zu erfahren, was man jederzeit im Internet nachlesen könnte. Bei dieser Reise scheint mir eine gewisse Bosheit des Ältestenrats des Bayerischen Landtags offensichtlich, wo die Verantwortlichen sitzen, die diese Reise angeordnet beziehungsweise genehmigt haben und damit die Abgeordneten zwingen, in Fernost zu studieren, was sie auch hier im japanischen Konsulat erfahren könnten.

Natürlich trieft der Artikel nur so von Ironie und Häme. »Die sind doch alle korrupt!«, rufe ich als Bürger nach der Lektüre des Artikels. »Die suchen doch alle nur ihren eigenen Vorteil!« Ich frage mich, ob die Kritik auch so hart ausgefallen wäre, wenn die gewählten Volksvertreter die Journalisten mitgenommen hätten auf ihre Reisen.

Ich möchte an dieser Stelle darauf hinweisen, dass ich schon länger mit einer Reise aufs Matterhorn liebäugle. Vielleicht steht ja in absehbarer Zeit eine offizielle Dienstreise des bayerischen Fremdenverkehrsausschusses dorthin an? Wirtschaftliche Vorteile sehe ich am Matterhorn zwar nicht, verkehrstechnisch ist es auch voll erschlossen, aber eventuell könnten bilaterale Gespräche über eine Zugverbindung aufgenommen werden. Ich melde mich vorsorglich schon mal als persönlicher Berichterstatter an. Ich werde dann auch ganz lieb satirisch darüber berichten. Versprochen.

Die Chinesen kommen

Die Kanzlerin ist im Ausland unterwegs und kämpft für die Menschenrechte. Jetzt ist sie in Georgien und setzt sich für die Georgier ein, die selbstverständlich auch in die Europäische Union aufgenommen werden müssen. Vorher war sie in China, die auch in die EU – nein, die wollen nur mit uns Geschäfte machen. Da kann man nichts sagen. Ich weiß nicht, ob die Merkel auch ein paar Flüchtlinge angeboten hat in China? Wahrscheinlich nicht. Solange wir diesen Deal mit der Türkei haben. Diese

Flüchtlingsabwehr kostet offiziell um die drei Milliarden. Gut angelegtes Geld. Die Integration mit Geld klappt sehr gut.

Nur mit den Menschenrechten gibt es immer wieder Probleme mit den Chinesen. Die Merkel hat keine Probleme damit, nein, sie nicht, die Chinesen schon, aber wir, also die Merkel, die hat der chinesischen Führung nicht zum ersten Mal ins Gewissen geredet. Ja, das kann sie sehr gut, anderen ins Gewissen reden. Wenn eins vorhanden ist! Die Chinesen haben auch eins, in das sie sich gern reinreden lassen. Vor allem von der Merkel.

Seit der Flüchtlingswelle sind wir Deutschen sehr angesehen in der Welt. Jahrzehntelang hielt man die Deutschen für Nazis. Das hat sich durch Merkels Willkommenskultur geändert. Deutschland ist zur führenden Menschenrechtsmacht aufgestiegen. Die Deutschen sind Humanimperialisten. So werden wir inzwischen auch genannt. Wir können jetzt weltweit allen etwas von den Menschenrechten erzählen. Da braucht uns keiner mehr blöd zu kommen.

Aber die Chinesen sind höfliche Menschen, die kennen die Merkel ja jetzt auch schon eine Weile, die war schon öfter in China, und immer wieder ermahnt sie die chinesische Führung zur Einhaltung der Menschenrechte. Die wären enttäuscht, wenn sie das auf einmal unterlassen würde. Die würden sich wundern und sich fragen: Ja, was ist denn mit der Merkel los? Also haben sie gelacht und der Merkel einen Doktortitel verpasst. Da hat sie sich artig bedankt. Das gehört sich so.

Vielleicht hat die Merkel ihnen auch gedroht, China zu einem sicheren Herkunftsland zu erklären. Die Grünen werden zwar wie immer dagegen sein, aber das ist der Merkel egal, wenn es um Menschenrechte geht. Na ja, weil es nicht auszuschließen ist, dass durch diese Menschenrechtsverletzungen auch noch eine Million Chinesen zu uns kommen. Es gibt ja so viele Chinesen! Über eine Milliarde! Leck mich am Arsch! Und dieses Gerede, dass dort die Menschenrechte nicht eingehalten werden, muss ja auf die Chinesen wie eine Einladung wirken, bei uns Asyl zu beantragen. Und wenn die erst einmal da sind, müssen wir sie integrieren.

Aber bei den Chinesen muss man höllisch aufpassen, die kaufen nämlich schon seit Längerem gute deutsche Unternehmen auf. Diese Augsburger Roboterfirma, Kuka, die haben sie sich schon geschnappt. Und wenn sie genügend Firmen gekauft haben, schicken sie uns Asyl suchende Chinesen, um sie in den ehemals deutschen Unternehmen arbeiten zu lassen. Selbstverständlich unter Beachtung der Menschenrechte. Raffiniert!

Nie wieder

Drei Tage vor unserem Wochenendtrip nach Barcelona finden wir uns in einer ziemlich unübersichtlichen Lage wieder. Von einer Minute auf die andere kippt die Stimmung, nachdem uns von Gerd mitgeteilt wurde, dass wir doch bereits am Mittwoch fliegen und nicht wie angenommen am Freitag. Rosi ist außer sich.

Das geht auf keinen Fall, wehrt sie sich vehement. Sie sei immer davon ausgegangen, dass wir am Freitagnachmittag nach Barcelona aufbrechen. Ich halte dagegen, dass wir bereits am Donnerstagabend Karten für die Oper in Barcelona haben. Sie deutet auf den Kalender, in dem wir unsere gemeinsame Agenda eintragen, und dort steht schwarz auf weiß, Freitag Flug Barcelona und zurück am Montag.

Am Mittwochabend spiele Bayern München gegen Atlético Madrid, das Spiel wolle sie auf jeden Fall zu Hause anschauen. Das passe ihr überhaupt nicht. Barcelona liegt in Spanien, sage ich, dort gibt es auch Fernseher! »Aber unsere Jugend kommt doch zum Fußball! Der Bredl hat auch schon zugesagt! Nein! Das geht gar nicht. Außerdem habe ich schon vor zwei Monaten bei Sabine für Donnerstag einen Friseurtermin ausgemacht, den ich unmöglich verschieben kann. Schau mich an, wie ich ausschaue!« – Ich schaue sie an, wie sie ausschaut, und finde, dass sie sehr gut ausschaut. »Du siehst sehr gut aus«, sage ich. »So kann ich nicht mehr unter die Leute!«, sagt sie.

Außerdem habe sie für Mittwoch, Donnerstag und Freitag in der Praxis zugesagt. Sie könne jetzt nicht einfach alles über den Haufen schmeißen. »Ich kann die Anschi nicht hängen lassen. Wir haben die Tage voll gebucht mit Patienten! Was glaubst du denn?«

Ja, was glaube ich eigentlich?

Ich glaube an die Auferstehung und das ewige Leben! Habe ich als guter Katholik oft gebetet. An Erstere immer weniger, an das Leben hingegen schon. Und das Leben ist manchmal schwer erträglich. Und bietet Überraschungen. Denn als wir versuchen, unsere Flugtickets umzubuchen, stellt sich heraus, dass Ver.di freundlicherweise einen Streik am Münchener Flughafen anberaumt hat. Diesmal sind die Piloten unschuldig, das Bodenpersonal fordert mehr Bezüge. Also wird am Mittwoch von dort nicht abgeflogen. Sehr zu unserer Freude, weil wir den Flug jetzt tatsächlich kostenlos auf den Donnerstagnachmittag umbuchen können. Was zur Folge hat, dass Rosi am Donnerstagvormittag doch in die Praxis gehen und auch noch das Bayern-Spiel am Mittwochabend in voller Länge mit Familie und Bredl genießen kann.

Aber kurz vor dem Spiel stellt Rosi fest, dass sie ihr Halskettchen mit »ihrem Stein«, einem Rhodochrosit, verloren hat. Das Ding ist unauffindbar. Das ist nicht nur ärgerlich, das tut weh. Sie bemerkte nicht einmal, wie er ihr vom Hals glitt. Offenbar führten rätselhafte Umstände zu diesem schmerzlichen Verlust, der nie ganz aufgeklärt werden wird können. Und außerdem ist Vollmond. Im Allgäu schneit es. Und erst nach dem dritten Weißbier ist das Ergebnis des Spiels Bayern gegen Atlético erträglich, denn »die Jungs kacken 1:0 ab« (Diktion Rosi). (Damit es keine Missverständnisse gibt: Die Weißbiere waren mein Beitrag zum Spiel.) Kompetente Analysen über die nicht genutzen Chancen im Hinspiel und das vergeigte Rückspiel bessern unsere Laune auch nur minimal. »Der Pep stellt immer falsch auf«, konstatiere ich. »Ein komplett überschätzter Trainer!«, wirft Michi, unser Sohn, ein. »Dann ist jetzt wenigstens Ruhe, brauchen wir uns nicht mehr übers Endspiel aufregen!«, versucht Franzi, unsere Tochter, zu beruhigen. »Aber das hätten wir gewonnen!«, ruft der Bredl überzeugt. »Ich halte jetzt zu Real, grad zum Fleiß!«, verkündet Ruslan, der Freund unserer Tochter. – »Auf keinen Fall, das gönne ich dem Ronaldo, dieser Heulsuse, nicht!«, entgegnet Steffi, die Freundin unseres Sohnes. – Woraufhin Rosi zu verstehen gibt: »Ich gönn es keinem! Für mich ist jetzt Schluss mit der Championsleague!«

Und als ob das alles noch nicht genug an Ärger wäre, kam Rosi dann auch noch eine Kontaktlinse abhanden. Sie fiel ihr aus der Hand ins Waschbecken und verschwand im Abfluss. Sie wollte nicht wahrhaben, dass sie weg ist, und montierte kurz entschlossen den Siphon ab in der

Hoffnung, die Linse ließe sich im Knierohr finden. Natürlich vergeblich! Alles sehr mysteriös, das müssen Sie zugeben.

Es ist dieser Mix aus Unklarheiten, der mich seit Tagen kaum zur Ruhe kommen lässt. Immer wieder blitzen abwechselnd die Linse und der Rhodochrosit auf. Telefonate und Hotel-Websites kommen mir in den Sinn. Gespräche mit Gerd und Rosi klingen mir in den Ohren. Ich kann mir einfach nicht erklären, wie es zu diesem terminlichen Durcheinander kommen konnte. Wir haben diese Reise doch mit der Geli und dem Gerd abgesprochen. Es war wie immer. Die Geli sucht normalerweise die Hotels aus, die wir dann auch gerne mal wieder umbuchen. Der Gerd bucht die Flüge, weil der Gerd ein Organisationsgenie ist. Der Gerd ist Diplom-Mathematiker, der kann mit Zahlen umgehen. Flüge buchen gehört zu seinen täglichen Routinen. Der macht so etwas nicht zum ersten Mal, rede ich laut mit mir. Dennoch, der Flug ist definitiv für den Mittwochnachmittag gebucht worden. Das steht fest. Die Lufthansa hat den Flug bestätigt. Ich habe aber in unserem Kalender den Freitag als Abreisetag eingetragen. Ich bin zwar kein Mathematiker, aber Termine in Kalender eintragen, das beherrsche ich.

In diesem ziemlich unübersichtlichen Panorama überlagern sich die Dinge in mehreren Schichten. Es gibt darin einerseits genaueste Planungen, präzise aufgeführte Termine, Mails und Bestätigungen, ein überprüfbares Hin und Her, andererseits finden sich darin auch emotionale Wirbel und Seelenaufschwünge, Chaos, Druck, Stress, Selbstverständlichkeiten, Schuldzuweisungen, Unbegreifliches, und in alldem wirkt eine geheimnisvolle Kraft, so scheint mir, irgendetwas Übersinnliches, weil ohne diese irrationale Komponente gar keine Erklärung der rätselhaften Vorgänge möglich ist. Ein Gesetz, das die Abfolge der Ereignisse in einen Sinnzusammenhang stellt, gibt es nicht. Und wenn, dann kann ich es nicht erkennen. Auch der Gerd, der über einen kühlen analytischen Geist verfügt, kann die Lage nicht schlüssig herleiten.

Einen vagen Verdacht habe ich: Es könnte sein, dass diese Ungereimtheiten auf die Charaktere der beteiligten Personen zurückzuführen sind. In jedem Fall ist die Häufung von Unstimmigkeiten rätselhaft. Am auffallendsten in diesem Ereignisstrom sind die Selbstverständlichkeiten, von denen jeder annimmt, dass sie selbstverständlich sind. Wobei gerade das Selbstverständliche von seinem Wesen her naturgemäß (um einen Lieblingsausdruck Thomas Bernhards zu benutzen) das Unausgesprochene schlechthin ist und damit als das Nicht-Selbstverständliche begriffen werden muss.

Wie nennt man so etwas? Ich weiß es nicht. Vielleicht Schicksal? Als vorläufige Erklärung für das Geschehen ist das ausreichend. Es ist eine Übelkeit über uns hereingebrochen. Anders kann ich es nicht sagen.

Die Frau ist ungehalten, also die meinige, sie spricht von Stress und Druck, den sie nicht haben kann, und gebraucht Worte und Sätze, die mit »nie wieder« anfangen und mit »nie wieder« enden. »Das sind starke Ansagen«, sage ich. Es folgen Imperative von meiner Seite: »Jetzt stell dich nicht so an!« und sie reagiert mit Befehlsverweigerung. Es herrscht die Stimmung der ehelichen Vertrautheit. Schließlich verstummt das Gespräch und es breitet sich bedrohliche Ruhe aus. Von Gelassenheit kann weiterhin keine Rede sein.

Ich versuche eine Rekonstruktion der Ereignisse, was schwierig genug ist. Denn ich kann im Rückblick das Geschehen nur aus meiner verengten Sichtweise schildern.

Dieser Trip nach Barcelona hält für alle Beteiligten besondere Herausforderungen bereit, für Rosi und mich aber fordert er das Letzte an Kraft, und zwar in mehrfacher Hinsicht. Charakterlich, physisch und psychisch, weil das Bayern-Spiel vom Vorabend extrem an unseren Nerven zerrte und wir, das heißt eigentlich mehr ich, dieser Belastung nur mit einigen Weißbieren Herr werden konnte. Rosi überließ sich dieser Aufregung ohne beruhigende Substanzen, was zur Folge hatte, dass sie nicht einschlafen konnte. Ich hatte keine Einschlafschwierigkeiten, konnte aber aufgrund der Biere nicht durchschlafen. Nachdem ich mich vom Klo zurückgeschleppt hatte, konnte ich nicht mehr einschlafen. Ich musste einige besonders misslungene Spielzüge der Bayern noch einmal analysieren und bekam einen gewaltigen Grant auf Pep Guardiola, der meiner fachkundigen Analyse nach zum wiederholten Mal total falsch gewechselt hatte. Als ich endlich wieder in den Schlaf finden konnte, klingelte Rosis Wecker. Sie hatte auf ihrem iPhone »Eine Reise ins Glück« als Aufwachmusik gewählt. Sehr passend. 7:00 Uhr! Na super! Jetzt war die Nacht rum. Ich konnte auch nicht mehr schlafen.

Ich verbrachte den Vormittag mit der permanenten Erfahrung von Müdigkeit und stellte immer wieder fest, dass ich sehr müde war. »Mensch, bin ich müde!«, sagte ich mir immer wieder, was wie selten den Tatsachen entsprach. Im Sitzen, im Stehen, im Gehen, immer wieder musste ich gähnen und sprach aus, was ich fühlte, Müdigkeit, nichts als Müdigkeit.

Ich überlegte, wen ich anrufen könnte, um mitzuteilen, dass ich müde bin. Wer sollte das wissen?, fragte ich mich. Gerd? Andreas? Was ist eigentlich mit dem los? Normalerweise spielt der schon auf dem Akkordeon. Schläft der am Ende noch? Den könnte ich anrufen und fragen, ob er noch schläft. Ich versuchte trotzdem, am *Totalschaden* weiterzuschreiben, was mir kaum gelingen wollte.

Ich ging an den Briefkasten, holte die Zeitungen in der Annahme, ich könnte daraus ein paar Stoffanregungen beziehen. Doch diese Hoffnung war eine trügerische. Nichts Neues. Das übliche Angebot. AfD, Flüchtlinge, Flüchtlinge, Flüchtlinge. Türkei, Erdoğan, Steinmeier, Merkel, Gabriel, Trump, Clinton.

Das Telefon klingelt. Wer ruft denn jetzt an? Am Ende ist es Sky Deutschland und will mir ein neues Packet andrehen? Nein! Ich schau auf die Nummer. – Ah, Gerd ruft an, um mir zu versichern, dass wir uns sehen. »Ja«, stimme ich zu, »wir sehen uns dann im Hotel in Barcelona.«

Gerd und Geli nehmen den Mittagsflieger, Rosi und ich fliegen mit der Maschine um 15:30 Uhr und hoffen, pünktlich in Barcelona zu landen, um noch rechtzeitig in die Oper zukommen. *Simon Boccanegra* von Giuseppe Verdi steht auf dem Spielplan, eine Oper, die wir noch nie gesehen haben und der wir deshalb mit besonderer Neugier entgegensehen. Um was geht es in dieser Oper eigentlich? Keine Ahnung. Wo ist denn unser Opernführer? Wir haben doch einen! Nur wo?

Unsere Koffer sind gepackt. Haben wir auch alles dabei? – Flohsamen? Müsliriegel? Kontaktlinsenflüssigkeit? Und die Kontaktlinsenbehältnisse dürfen wir auf keinen Fall vergessen! Muss ich Rosi unbedingt noch dran erinnern!

Ich schau auf die Uhr. Es ist 12:54 Uhr. Allmählich sollte Rosi eintreffen. Sie wollte eigentlich um ein halb eins da sein. Ich hör den Schlüssel in der Tür. Endlich.

»Nie wieder!«, sagt Rosi. »So ein Stress.« Rosi verzieht

sich ins Bad, um schnell noch zu duschen. Ich sage: »Lass dir Zeit. Das Taxi ist für halb zwei bestellt.«

Ich höre die Dusche rauschen. Ich schau auf die Uhr. Es ist Viertel nach eins. Rosi kommt aus dem Bad. Duftet angenehm. Geht an den Kühlschrank. »Ich habe Hunger«, sagt sie, »ich muss was essen.« Sie greift sich einen Joghurt und schlingt ihn hinunter. Sie öffnet den Kühlschrank, um noch einen Joghurt in sich hineinzulöffeln. »Wann fliegen wir?«, fragt sie mich. »Um 15:30 Uhr.« – »Nie wieder«, schimpft sie, »nie wieder!« Es klingelt.

Wir schauen uns an. Ich schaue auf die Uhr. Zu früh! Das Taxi ist zu früh. Es ist erst fünf vor halb zwei. Es klingelt noch mal. Ich öffne. Ein DHL-Mitarbeiter hastet die Treppen bis zu mir in den zweiten Stock und fragt mich total außer Atem, ob ich ein Paket für Martin annehmen könne.

Kann ich. Er hält mir ein Gerät hin, auf dem ich mit dem Zeigefinger meine Unterschrift nachahme. Es klingelt erneut. Das Taxi! Wir nehmen unsere Koffer, die im Flur bereitstehen. Ich müsste eigentlich noch mal aufs Klo, lasse das aber. Wir verlassen die Wohnung, und ich überlege, ob die Herdplatten abgedreht sind. Ich denke, absurd, natürlich hab ich die abgedreht. Hoffentlich. Ich frage mich, ob ich mir nicht doch noch einen Espresso gemacht habe. Wenn, dann habe ich die Herdplatte abgedreht. Und wenn nicht?

Ich schließe die Wohnung ab, ohne Kontrollgang, heute bin ich risikobereit. Wir steigen ins Taxi und fahren zum Flughafen. »Wo geht es hin?«, fragt der Fahrer, der bester Laune ist. »Barcelona. Flughafen. Lufthansa! Terminal 2.« – »Wann geht der Flieger?« – »15:30 Uhr.«, antworte ich. Wir haben Zeit. Mir fällt ein, dass ich unheimlich müde bin. Rosi sagt, dass sie kaum geschlafen habe und unheimlich müde sei. »Wir schlafen im Flieger«, bestimme ich.

Wir kommen tatsächlich rechtzeitig am Terminal an, checken ein und haben Zeit, um in aller Ruhe unser Gate zu erreichen. Rosi fällt ein, dass sie vergessen hat, ihre Nachtcreme einzupacken, und wir absolvieren einen Streifzug durch die Kosmetikangebote. Dann machen wir uns auf den Weg zum Abfluggate, das sich wie so oft am äußersten Ende des Terminals befindet. Kurz bevor wir dort ankommen, wird uns über das iPhone eine Abfluggateänderung mitgeteilt. Unser Gate liegt jetzt in der anderen Richtung etwa auf halber Strecke, die wir bereits zurückgelegt haben.

Schließlich sitzen wir im Flugzeug auf unseren Plätzen, und welche Freude, der Mittelplatz bleibt frei. Endlich Ruhe und Entspannung. Der Schlaf meldet sich. Da meldet sich auch der Kapitän aus dem Cockpit und teilt mit, dass wir pünktlich in Barcelona landen werden. Wir sind beruhigt. Augen zu und schlafen, wenigstens ein paar Minuten. Aber es gelingt mir nicht. Unfreiwillig darf ich ein Gespräch mitanhören, das in der Reihe vor uns stattfindet. Als das Wort Sextoy-Designerin fällt, mach ich die Augen auf und sehe durch die Lücke der Kopfstützen hindurch einen knallroten Gummipenis. Meine Müdigkeit ist plötzlich wie weggeblasen. Die Frau am Fensterplatz präsentiert stolz dieses Sexspielzeug ihren Sitznachbarn zur Linken, die dem Akzent nach zu urteilen Österreicher sind. Es hört sich an wie Englisch, klingt aber auch ein bisserl nach Wiener Vorstadt. Es ist eine lustige Szene, wie sie der Manfred Deix nicht besser hätte zeichnen können. Austromaskuline Geilheit trifft Londoner Sextoy-Designerin, die nach Barcelona zu einer Sexmesse fliegt.

Schlafen ist jetzt nicht mehr möglich, ich muss meine

Ohren spitzen, um dem Porno vor uns folgen zu können. »Do you test the sex toys by yourself?« Ob sie ihr Sexspielzeug selber ausprobiert, will einer der Ösis wissen. »Yes, of course!«, antwortet die Sexspielzeug-Designerin und lacht dabei fröhlich. »This is interesting. Do you think I can test it too?« – »Yes, why not!« – »Can I have your number?«, fragt der Ösi direkt. – »No.«

Die Sextoy-Designerin verstaut daraufhin das erigierte Gummiglied wieder in ihrer Tasche, was Rosi mit einem leisen »Schade!« kommentiert. Leider lässt die Erotik unheimlich nach, als die beiden Österreicher sich als Waschmaschinenexperten zu erkennen geben. Immerhin kommen wir für den Rest des Flugs in den Genuss einer kostenlosen Einführung in die Problematik des Großwaschmaschinenanlagenbaus in Kreuzfahrtschiffen. Die Zeit vergeht dadurch tatsächlich wie im Flug.

Ich sage: »Was haben wir doch für ein Glück!«

»Reisen bildet«, stellt Rosi fest.

Wir landen pünktlich mit einer halben Stunde Verspätung in Barcelona, und da wir nur mit Handgepäck unterwegs sind, verlassen wir auf schnellstem Weg den Flughafen, nehmen ein Taxi, das uns bitte so schnell wie möglich ins Hotel im Hafen bringen möge. Der Taxifahrer brettert los und erreicht schon nach kurzer Zeit einen Stau, der, so kommt es uns vor, für den Taxifahrer das normalste Ereignis der Welt ist. Ich kommentiere dieses Phänomen in meinem besten Italienisch mit einem »Molto traffico!« und stelle überrascht fest, dass wir in Spanien sind. Er nickt. Ich schaue zu Rosi rüber, sie hat ihre Augen geschlossen. Der Taxler gibt uns irgendwelche Erklärungen der Verkehrslage auf Spanisch. Ich verstehe nicht ein Wort und antworte auf Englisch. »Let's take another way.« Er fährt von der Autobahn runter und düst durch viele kleine

Straßen, fährt am Olympiastadion vorbei und bringt uns endlich zum Hotel. Wir haben noch Zeit, aufs Zimmer zu gehen, um uns kurz frisch zu machen und umzuziehen. Rosi stellt fest, dass sie ihren Kontaktlinsenbehälter vergessen hat, was mich zu der Bemerkung veranlasst: »Jetzt, wo du es sagst, daran sollte ich dich erinnern.« – »Vielen Dank!«, goutiert Rosi mein Versagen, und schon nehmen wir wieder den Aufzug nach unten, wo Gerd und Geli freudestrahlend auf uns warten. Es ist 19:30 Uhr. Die Oper beginnt erst um 20:00 Uhr. Wir haben noch jede Menge Zeit, teilt uns Gerd mit. Beruhigend, denke ich. Wir nehmen wieder ein Taxi, um zur Oper zu gelangen, die zu Fuß in zehn Minuten zu erreichen wäre. Der Taxifahrer wählt diesmal eine Route, die uns einen ersten Eindruck von Barcelona vermittelt. Er fährt uns durch ein Viertel, vor dessen Besuch er dringend warnt, weil dort angeblich nur Islamisten wohnen. Ganz gefährliche Gegend! Alternativ zeigt er uns ein Viertel, das wir unbedingt aufsuchen müssen, für den Fall, dass wir länger in Barcelona bleiben sollten. »Jetzt wird es knapp«, sagt der Gerd. Was fährt denn der Katalane für einen Umweg? Geli gibt die Parole aus: »Wir schaffen das!« Ich stimme ihr zu. Gerd schlägt vor, auszusteigen und die letzten Meter zu Fuß zu gehen. Rosi hat die Augen geschlossen. Ich versuche, die Lage zu beruhigen. »Wäre schon schade«, sage ich, »wenn wir den Anfang von *Simon Boccanegra* verpassen würden.« Ich kriege null Reaktion darauf. »Geli«, fordert stattdessen der Gerd, »sag dem Taxler, er soll stehen bleiben, wir steigen aus!« Tatsächlich, die Oper ist in Sichtweite. – Gerd zahlt, wir verlassen das Taxi, rennen über den Gehsteig zum Opernhaus und nehmen zwei Minuten vor Beginn unsere Plätze in der ersten Reihe ein. Der Gerd stellt fest, dass die Plätze ein Einser sind. Sehr schönes altes Opernhaus. »Ein glatter Einser!«, wiederhole ich.

Es wird dunkel, die Musik setzt ein, das Bühnengeschehen nimmt seinen Lauf. Schöne Stimmen, sehr schöne Stimmen. Der Tenor, der Simon, sehr schöne Stimme, wirklich sehr schön ... aber warum braucht der einen Kontaktlinsenbehälter? Merkwürdige Handlung, diese Oper! Muss ich mal nachlesen. Rosi stößt mich sanft mit dem Ellbogen in die Seite: »Du schnarchst.« Schlagartig komme ich wieder zu mir und muss an den Witz denken, bei dem einem Opernbesucher dasselbe widerfährt wie mir. Ein Opernbesucher bemerkt, dass sein Nebenmann eingeschlafen ist. Empört rempelt er den auf der anderen Seite sitzenden Besucher an und sagt: »Jetzt schaun's den an, der schläft!« Antwortet der: »Ja und? Deswegen müssen Sie mich ja nicht aufwecken!«

Rosi sagt leise: »Nie wieder!« – Ich: »Aber sehr schöne Stimmen.«

Eurexit

Es ist Nacht in Deutschland. Wir schauen fern. Irgendeine Frau mit Brille sitzt in einer deutschen Talkshow. Sie wird als ehemalige EU-Kommissarin vorgestellt und verkündet mit besorgtem Gesichtsausdruck, dass England im Chaos versinke.

Ich steh auf, um mir noch ein Bier zu holen. England im Chaos, denke ich, da mache ich mir noch eine Halbe auf.

Die Frau hat bestimmt noch ein paar weitere Gags auf Lager, denke ich. Die ist lustig. Vielleicht lässt sie noch ein anderes Land im Chaos versinken. Und tatsächlich, als ich mich wieder auf die Couch fallen lasse, behauptet die Chaos-Unke, dass es ein Riesenfehler war, das englische Volk über die EU-Mitgliedschaft des Landes abstimmen zu lassen. Immer diese Wahrheiten! Am unangenehmsten sind sie, wenn sie zutreffen. Wie kann man nur in England, das seit ein paar Hundert Jahren eine parlamentarische Demokratie ist, das Volk fragen!

Da funktioniere nichts in Brüssel, sagt ein Österreicher. »Wer ist denn das?«, fragt Rosi dazwischen. »Der Vorsitzende der FPÖ!« Er schaut aus wie ein Wiener Vorstadtstrizzi und spricht astreines Kaiserschmarrn-Deutsch. Sehr angenehmer Tonfall, denke ich. Er feuert seine Sätze mit vorgebeugtem Oberkörper ab, weil er vorne auf der Sesselkante sitzt, ist er jederzeit bereit aufzuspringen. Eine überbordende Bürokratie sei herangezüchtet worden, die nur dazu diene, die Menschen in Europa zu drangsalieren. Auf allen Ebenen nur Murks! Brüssel sei eine Diktatur! Sagt er nicht, er meint es aber, das ist die Quintessenz seiner Botschaft.

Ich muss an meinen Vater denken, der in solchen Fällen immer erst mal beruhigend feststellte: »Ist doch alles übertrieben!« Faulheit kann man den Brüsseler Beamten in den europäischen Institutionen bestimmt nicht vorwerfen. Im Gegenteil. Sie fabrizieren eine Richtlinie nach der anderen. Es kommt einiges aus Brüssel. Es geht auch viel hin nach Brüssel. Es brüsselt täglich in den Medien. Immer wieder taucht der Martin Schulz auf, schaut sehr ernst und sehr besorgt und erklärt was, und der Jean-Claude Juncker schaut auch ernst und besorgt und erklärt was und küsst mindestens einmal am Tag einen EU-Ministerpräsidenten.

Mit EU-Richtlinien in allen möglichen Bereichen quäle

man die Menschen. »Überall nur Vorschriften!«, sagt der Vorstadtstrizzi von der FPÖ, der heute im deutschen Fernsehen die AfD vertreten darf. Ja, was gibt es dagegen einzuwenden? Nicht viel.

Was hat der Mann gegen Vorschriften? »Eine Vorschrift gibt Orientierung und Halt«, sag ich zu meiner Frau, die auf einmal aufsteht. »Ich schau mir das nicht länger an«, sagt sie, »ich geh ins Bett und lese noch«.

»Was«, sage ich mit gespielter Empörung, »England versinkt im Chaos, und du gehst ins Bett, um zu lesen!? Was ist das für eine Einstellung?«

»Ich bin müde«, sagt Rosi.

Ich auch, aber es geht um die große europäische Idee!

Sie geht ins Bad. »Europa ist ein Friedensprojekt!«, rufe ich Rosi zu, die bereits die Badezimmertür hinter sich zugezogen hat. »Europa ist ein Friedensprojekt!«, rufe ich nochmals.

Und wie aufs Stichwort spricht Jürgen Trittin, der ebenfalls in der Talkrunde sitzt, fast gleichzeitig mit mir das Wort Friedensprojekt aus. Die Chaos-Unke nickt. »Rosi«, rufe ich durch die Badezimmertür, »Europa ist ein Friedensprojekt! Hörst du?« Sie hört mich nicht. »Friedensprojekt!«, wiederhole ich.

Durch den Brexit ist der Frieden in Europa in Gefahr. Diese Engländer! Ziehen sich auf ihre Insel zurück und warten darauf, von uns den Krieg erklärt zu bekommen. Die Merkel fängt schon an mit den Provokationen. Sie hat den Engländern gedroht. Es werde bei den Verhandlungen keine Rosinenpickerei geben, am Ende steht die Kriegserklärung. Die Engländer werden ankündigen, die EU-Richtlinie für Glühbirnen zu ignorieren, und anfangen, wieder eigene britische Glühbirnen in ihre englischen Fassungen zu drehen. Sie werden die EU-Norm für Kondome missachten. So etwas in der Art sehe ich auf uns zukommen. Sie werden eine eigene, eine britische Öllämpchen-Richtlinie verabschieden. Da werden wir schauen! Eine Provokation wird auf die nächste folgen, bis die Lage zwischen Europa und England nur noch durch einen Krieg entspannt werden kann. Dann wird der Luftkrieg über England entbrennen.

»Die europäischen Verträge werden nicht eingehalten!«, startet der Ösi von der FPÖ grad eine erneute Kaiserschmarrn-Offensive.

»Ja«, sage ich halblaut, »da ist etwas dran.« Es ist sogar noch viel schlimmer. Die Geschichte Europas ist im Wesentlichen eine Geschichte von Vertragsbrüchen. Aber auch Vertragsbrüche schaffen Gemeinsamkeiten, die uns zukünftig aneinander binden und uns Jahre beschäftigen werden.

Der Euro sei von Anfang an zum Schaden aller eingeführt worden, fügt der Österreicher hinzu. Das ist auch so eine Wahrheit, die man nicht offen aussprechen muss. Solche Aussagen trüben die Stimmung. Das wissen die Verantwortlichen in allen betroffenen Ländern der EU sowieso. Ein Gespräch beim Griechen genügt. – Nur zugeben wird es keiner! Und die Schuldenunion, wie die EU von den EU-Skeptikern verächtlich genannt wird, weil es eine verdeckte Staatsfinanzierung gibt, ist bereits eine Tatsache.

Der Trittin meldet sich zu Wort und prangert nun die von Angela Merkel durchgesetzte Austeritätspolitik an, dieses strikte deutsche Spardiktat bringe die Völker Europas gegeneinander auf. Diese Politik befeuere die antideutschen Ressentiments. Die nicht aufgearbeitete Finanzkrise sei die Ursache für die antieuropäische Stimmung in weiten Teilen der Länder. Schuld sei die Kanzlerin.

Die Chaos-Unke lässt noch ein paar proeuropäische

Phrasen ins Gespräch fließen und lehnt sich dann wieder zufrieden zurück.

»Ja«, sage ich, »ich habe es begriffen, außerhalb Europas kann es kein zivilisiertes Leben geben.« Europa ist das Paradies und die Engländer sind doof, weil sie es verlassen haben. Das habe ich jetzt begriffen. Nur warum haben das die vornehmen Briten nicht gemerkt?

Ich muss irgendwann eingenickt sein. Als Rosi mich leicht anstupst, komme ich wieder zu mir. Der Bildschirm ist dunkel. »Schläfst du heut Nacht hier auf der Couch?« – »Ich habe nicht geschlafen.« – Rosi lacht. »Ich habe die Augen zugemacht, um mich besser konzentrieren zu können. Ich habe im leichten Schlummermodus alles in mich aufgenommen.« Meine Frau grinst.

»Rosi«, sage ich, »du hättest dir diese Sendung anschauen sollen.«

»Ich habe sie gesehen!«

»Was? Du hast sie gesehen?«

»Du hast hier geschnarcht und ich habe die Sendung verfolgt.«

»Geschnarcht? – Aha«, sage ich, »und?«

»Nichts und. Es war halt das übliche Geschwätz.«

»Die vielfach angemahnten demokratischen Defizite der Europäischen Gemeinschaft gibt es«, nehme ich nahtlos den Gesprächsfaden wieder auf. »Keine Frage.«

Rosi gähnt. »Niemand bestreitet sie. Ich habe grad Schlafdefizite.«

Ich: »Aber die bringen doch auch Vorteile. Wir dürfen die EU-Abgeordneten wählen und haben ein gutes Gefühl dabei, weil sie nicht viel anstellen können. Dafür werden sie ordentlich bezahlt. Sehr ordentlich. Von allen Abgeordneten in Europa kassieren sie die höchsten Diäten. Die EU-Kommissare bestimmen in Europa, was zu geschehen hat, und die Abgeordneten dürfen ihren Segen dazu geben.«

»Stimmt alles!«, sagt Rosi und gähnt.

»Aber ich frage dich«, inzwischen bin ich wieder hellwach, »hältst du es für möglich, dass die Briten wieder in die EU eintreten?«

Rosi: »Heut Abend nicht mehr. Und morgen früh auch nicht. Wir reden morgen weiter.«

Was nicht stimmt. Wir konnten nicht schlafen, weil in der Wohnung unter uns gefeiert wurde. Ein bisschen sehr laut gefeiert wurde. Es wurden Lieder gesungen. Ich sage: »Amanda und Brod sind in Urlaub irgendwo in Asien.«

»Ja«, stimmt Rosi zu, »das ist die Jugend. Meinst du, die feiern den Brexit?«

Kann ich nicht glauben, Brod und Amanda sind Engländer und überzeugte Europäer. Die waren für *remain*.

Und dann fragt Rosi: »Was passiert jetzt eigentlich mit unseren Engländern?«

»Die müssen raus! Das sind ab sofort richtige Ausländer. Die Wohnung wird frei. Oder sie werden Deutsche! Mit allem Drum und Dran, mit deutscher Vergangenheit und allen deutschen Tugenden.«

Rosi darauf: »Oje! Kannst du vergessen.«

»Hilft ja nix. Sie müssen die deutsche Staatsbürgerschaft beantragen. Jetzt müssen wir die Engländer auch noch integrieren. Oder sie werden Griechen. Aber das würde ich ihnen nicht raten, die sind auch nicht mehr lang in der EU.«

»Wieso kann in Europa eigentlich niemand Europäer werden?«

»Na, weil es keine europäische Staatsbürgerschaft gibt.«

»Aha. Da haben wir es doch. Das ist der Konstruktionsfehler. Keine Möglichkeit, sich mit der EU zu identifizieren! Weißt du was, dazu könnte man doch einmal ein Referendum durchführen. Die europäischen Völker werden gefragt, ob sie *ein* europäisches Volk werden wollen mit einer *europäischen* Staatsbürgerschaft.«

»Lieber nicht, das haben wir gerade erlebt, was dabei herauskommt, wenn man das Volk fragt.«

Diplomatische Vermüllung

»Wieso bringst du den Müll wieder in die Wohnung?«, fragt mich Rosi erstaunt, weil ich die volle Mülltüte, die ich eben nach unten getragen habe, wieder oben im Flur abstelle. »Ich will unseren Hausmeister nicht verärgern, der macht gerade den Hof sauber.«

»Ja, aber deswegen kannst du doch den Müll wegwerfen!«

»Du weißt doch, der ist Türke, und die sind im Moment empfindlich. Ich will ihn nicht provozieren, außerdem ist er Kickboxer.«

»Geht es dir noch gut? Wie willst du ihn bitte schön mit unserem Müll provozieren?«, fragt Rosi besorgt.

»Es geht mir sehr gut«, beruhige ich sie. »Nur möglicherweise ist der Erdoğan nach dieser Böhmermann-Attacke so sensibilisiert, dass der den Müll im übertragenen Sinn auf sich persönlich bezieht (bezöge – schöner Konjunktiv), dann hätten wir ein weiteres Problem, das die deutsch-türkischen Beziehungen belasten würde.«

»Moment, ich fasse zusammen. Du glaubst, der Hausmeister sieht in deiner Müllentsorgung einen satirischen Angriff auf Erdoğan, meldet das sofort bei der türkischen

Botschaft, die gibt es ans Büro von Erdoğan weiter. Erdoğan fühlt sich beleidigt …«

»… und bestellt daraufhin sofort den deutschen Botschafter ins türkische Bad, wo ihm von Erdoğan persönlich der Kopf gewaschen wird. Abbruch der diplomatischen Beziehungen, Ende des Flüchtlingsdeals, die Türkei tritt aus der NATO aus, Kriegserklärung – und das alles wegen einer Mülltüte!«

»Die Türkei ist eine Demokratie!«, stellt Rosi fest.

»Das hört man immer wieder«, sage ich. »Die haben in der Türkei inzwischen alles da, was man zum Leben braucht. Auch Demokratie und Menschenrechte. Erdoğan überlegt sogar, die Todesstrafe wiedereinzuführen.«

»Das Land befindet sich im Ausnahmezustand«, sagt Rosi.

»Ja, aber«, gebe ich zu bedenken, »die Beitrittsverhandlungen zur EU sind nicht unterbrochen. Man will den Gesprächsfaden nicht abreißen lassen.«

»Wir müssen die Türkei verstehen lernen«, sagt Rosi. »Weil sie ein anderes Land ist, mit einer anderen Kultur. Es ist dort beispielsweise verboten, den Präsidenten zu verspotten. Über den lacht in der Türkei keiner.«

»Ja«, stimme ich zu, »der Erdoğan ist eine Respektsperson, über die man sich nicht lustig macht. Ob der gemeine Türke überhaupt zum Lachen befähigt ist, wissen wir nicht. Satire kennen sie nicht in der Türkei. Die wissen gar nicht, was das ist. Die nehmen alles ernst. Die Türkei ist ein ernstes Land. Wir in Bayern sind komisch. Das weiß man.«

Der Erdoğan ist ein ernster Mensch. Der will halt ernst genommen werden. Wie alle anderen Demokraten auch. Wie beispielsweise der Putin. Das ist auch ein Verfechter der Meinungsfreiheit. Aber Spaß versteht der auch keinen. Dazu brauchst du Humor. Und den hat halt nicht jeder. Präsidenten haben selten Humor. Das hat auch Vorteile für uns. Weil wir dann etwas zum Lachen haben. Wo sonst eh immer alles so ernst ist. Mit den Flüchtlingen und dem ganzen Weltgeschehen. Deshalb sollten wir dem Erdoğan dankbar sein, dass er den Mut hat, etwas nicht zu verstehen. Wann haben wir das schon einmal erlebt, dass ein Politiker etwas nicht versteht.

Lustig ist auch die Reaktion der Bundesregierung. Sie bedauern, dass mit dieser Satire so eine spannungsgeladene Stimmung entstanden ist. Haben sie gesagt. Aber leider ist es so, dass bei uns Meinungsfreiheit herrscht. Das sei ein hohes Gut – »lieber Erdoğan, da kann man nichts machen«. Es ist wieder so ein typischer Fall von Unzeit. Satire zur Unzeit. Wenn wir Erdoğan nicht brauchen würden, wegen dieser Flüchtlinge, die er für uns aufhalten muss, ja dann … Aber wenn es um Menschenrechte geht, da hört sich der Spaß auf.

Rosi schlägt vor, Erdoğan auf den Nockherberg einzuladen, damit er mal sieht, wie komisch wir sein können.

Ich: »Die Mama Bavaria würde ihn sicher an ihr Herz drücken und das richtige Wort für ihn finden. Hendl passt nicht, das ist schon reserviert für bayerische Politikerinnen. Aber Gickerl könnte sie ihn nennen. Erdoğan, du Gickerl! Stehst auch alle Tage auf deinem Misthaufen und kannst nicht anders, als Kikeriki zu rufen. Aber was soll ein Hahn auch anderes tun als krähen? Das Kikeriki gehört zu seinen Pflichten.«

Rosi: »Das kannst du ja mal unserem Hausmeister vorschlagen. Aber denk dran, der ist Kickboxer.«

Eva folgt nicht

Meine Frau und ich führen geistreiche Dialoge.

Rosi: »Was liest du denn da für einen Wälzer?«

Ich: »*Über die Deutschen!* Eine kleine Kulturgeschichte. Ich möchte wissen, warum wir so sind, wie wir sind.«

Rosi: »Und, wie sind wir?«

Ich: »Weiß ich noch nicht genau.«

Rosi: »Ich kann dir auch ohne Wälzer sagen, wie wir sind: pünktlich, sparsam und nationalsozialistisch.«

Ich: »Das ist eine Zuspitzung, die ich so nicht akzeptieren kann. Ich bin nicht immer pünktlich, sparsam auch nicht, und ein Nazi bin ich schon gar nicht.«

Rosi: »Das bestimmst gar nicht du. Das stellen andere für dich fest, was wiederum sehr deutsch ist. Übrigens siehst du nicht sehr deutsch aus. Am Ende bist du gar kein richtiger Deutscher. Der Name Jonas könnte möglicherweise auf jüdische Wurzeln hindeuten.«

Ich: »In seiner kleinen Kulturgeschichte *Über die Deutschen* schreibt Alexander Demandt, dass Gottfried von Viterbo, der als Notar für den Kaiser Barbarossa tätig war, die Deutschen auf Noah zurückführt.«

Rosi: »Leck mich am Arsch!« (Ausdruck der Bewunderung!) »Fehlt nur noch der Beweis, dass Gott Deutscher war.«

Ich: »Wenn das stimmt, dann wären wir Deutschen vom Schöpfer persönlich beauftragt worden, mit unserem guten deutschen Samen das Menschengeschlecht zu bereichern. Das ist ein schöner Gedanke.«

Rosi: »Schrecklicher Gedanke! Also wenn du mich fragst, dann wurde dieser Notar von Barbarossa dafür bezahlt, dass er Noah als ersten Deutschen entdeckt. Das war eine Auftragsarbeit. Das ist wie mit bestimmten Studien. Wenn die Zigarettenindustrie eine Studie in Auftrag gibt, kommt auch raus, dass Rauchen gesundheitsfördernd ist.«

Ich: »Jetzt lass mich doch mal diesen Gedanken weiterspinnen. Also, Noah hatte drei Söhne. Den Sem, den Ham und den Japheth. Der Sem gilt als Stammvater der Semiten, der Ham als derjenige der Hamiten, und der Japheth wäre demnach der Stammvater der Antisemiten!«

Rosi: »Aha, und wir Deutschen stammen natürlich von dem Antisemiten ab.«

Ich: »Moment, nicht dass ich jetzt einen Hund reinbringe! Das ist falsch! Der Japheth gilt als Stammvater der Nordvölker, zu denen die Germanen zählen. So ist es. Wir Deutschen sind als Juden in die Weltgeschichte gestartet. Eine frohe Botschaft!«

Rosi: »Aha. Und wer hat uns zu Christen gemacht?«

Ich: »Die Iren!«

Rosi: »Wie bitte? Falsch, Jonas, das war der Bonifatius, der Apostel der Deutschen! Das habe ich in der Schule so beigebracht bekommen.«

Ich: »Richtig, aber der Bonifatius war ein irischer Mönch. Der hat uns zum Christentum bekehrt. Seitdem sind wir auf dem richtigen Weg. Was wäre das christliche Abendland ohne Christen?«

»Ein Abendland!«, bemerkt Rosi trocken. »Ich finde die These, dass wir alle von den Juden abstammen, schon sehr gewagt.«

Ich: »Wieso? Ich habe in der Schule im Religionsunterricht gelernt, dass wir alle von Adam und Eva abstammen. Die zwei waren die ersten Menschen, und die waren auch Juden.«

Rosi: »Aber keine Deutschen!«

Ich: »Kommt darauf an, wer die Studie in Auftrag gab.«

Rosi: »Die Bibel ist keine Studie.«

Ich: »Weiß ich. In der Bibel steht das Wort Gottes.«

Rosi: »Ach was! Die Bibel wurde von Menschen geschrieben.«

Ich: »Aber der liebe Gott hat ihnen die Hand geführt. Der Adam hat sehr gut Deutsch gesprochen.«

Rosi verdreht die Augen und bemerkt trocken: »Die Urfassung der Bibel ist auf Hebräisch.«

Ich: »Woher weißt du das?«

Rosi: »So etwas weiß ich eben.«

Ich: »Bin ich nicht sicher.«

Rosi: »Schau nach. Auf Wikipedia ...«

Ich: »Da steht auch viel Schmarrn. Also in meiner Bibel spricht der Adam deutsch. Er war immer im Gespräch mit seinem Herrn. Und die Unterhaltung findet auf Deutsch statt. Deutsch war auf jeden Fall Paradiessprache.«

Rosi: »Im Ernst!«

Ich: »Ach nein, warum denn jetzt plötzlich im Ernst?«

Rosi lässt sich nicht beirren: »Woher glaubst du, dass die Sprache kommt? Warum spricht der Mensch?«

Ich: »Damit er sich mit Gott unterhalten kann. Denn Gott, der Herr, gibt ihm die Sprache, damit er ihn verstehen kann. Das ist logisch. War außer ihm ja keiner da. Und deshalb hat der Herr dem Adam das Deutsche beigebracht.«

Rosi: »Und die Eva?«

Ich: »Die Eva? Die hat nicht viel gesagt. Wenn ich mich recht erinnere. Anfangs hat sie gar nichts gesagt. Weil der Adam allein im Paradies war. Die Eva kam erst später dazu. Gott hat sie aus Adams Rippe geformt. Sie ist quasi ein männliches Ripperl.«

Rosi: »Blödsinn. Wie muss ich mir das vorstellen, wie der Herr dem Adam das Deutsche beigebracht hat? Als Sprachkurs? Hat ihn der Herr persönlich unterrichtet?«

Ich: »Er hat ihm den Odem hineingeblasen über die Nasenlöcher, und nachdem der Adam Luft zum Atmen hatte, hat er ihm noch die deutsche Grammatik und die wichtigsten Vokabeln eingegeben. *Ja, nein, gehorsam, gut, böse, Baum der Erkenntnis ...* das waren die ersten Wörter.«

Rosi: »Sprachkurs über die Nase! Wieso das denn?«

Ich: »Ja, die Nase hat einen direkten Zugang zum Hirn. Lies es nach. In der Genesis. Das steht da alles auf Deutsch.«

Rosi: »Ja, weil der Luther die Bibel ins Deutsche übersetzt hat. Vorher waren die Geschichten auf Hebräisch notiert.«

Ich: »Und jetzt fängst schon wieder an. In meiner Bibel stand immer alles auf Deutsch. Oder willst du bestreiten, dass Gott, der Schöpfer, Deutsch konnte?«

Rosi: »Ich bestreite es nicht. Gott ist ein Sprachgenie, der beherrscht alle Sprachen.«

Ich: »Also ist es ziemlich wahrscheinlich, dass im Paradies auch Deutsch gesprochen wurde.«

Rosi: »Neben Hebräisch.«

Ich: »Rechthaberin! Nur weil die Bibel im Ursprung auf Hebräisch geschrieben war, bedeutet das noch lange nicht, dass im Paradies Hebräisch Amtssprache war. Möglicherweise war die Bibel ursprünglich auf Deutsch verfasst und wurde ins Hebräische übertragen?«

Rosi: »Könnte sein. Aber Belege dafür gibt es nicht.«

Ich: »Also für mich ist es absolut logisch, dass Deutsch die erste Sprache war.«

Rosi: »Ach! Auf die Begründung bin ich jetzt gespannt.«

Ich: »Wie du weißt, war im Paradies alles sehr gut eingerichtet vom Herrn. Es herrschte eine göttliche Ordnung. Und weil wir Deutschen, was das Ordnungsprinzip angeht, unschlagbar sind, war Adam ein Deutscher. Als Deutscher kann er auch nur Deutsch gesprochen haben.«

Rosi: »Interessante Erklärung. Tacitus ist da allerdings anderer Meinung.«

Ich: »Das weiß ich. Ich habe meinen Tacitus auch gelesen.«

Rosi: »Auf Deutsch?«

Ich: »Natürlich auf Lateinisch.«

Rosi: »Deshalb hast du vieles falsch verstanden.«

Ich: »Was willst du damit sagen? Ich habe das große Latinum.«

Rosi: »Ja, ja. Jonas, ich weiß, dass du das große Latinum hast. Ich habe keine Lust mehr auf dieses Gespräch.«

Ich: »Was ist denn los? Ich finde das Gespräch anregend. Endlich haben wir einmal ein aufregendes Thema.«

Rosi: »Über das Deutsche zu reden ist nicht aufregend. Was mich aufregt, ist, wie die Menschen hier miteinander reden.«

Es wird nur noch in ideologisch gefärbten Schablonen gedacht. Links – Gutmensch, rechts – Nazi. Keiner hört mehr dem anderen zu.

Ich: »Hast du gewusst, dass die deutsche Eiche schon in der Bibel eine große Rolle spielte? Moment, ich lese es dir vor! Hier steht: Abraham diente Jahwe unter der Eiche von Mamre.«

»Sag mal, hast du mir überhaupt zugehört?«

Rosi geht aus dem Zimmer und lässt mich einfach hocken mit meinen schweren Gedanken und Alexander Demandts kleiner Kulturgeschichte über die Deutschen.

»Und gerade jetzt wäre es interessant geworden!«, rufe ich ihr hinterher.

Da vernehme ich Rosis Stimme aus dem Off: »Übrigens hat deine Theorie einen Haken. Eva kann keine Deutsche gewesen sein. Die hat nicht gehorcht!«

Tiefdruckgebiet

Nach der Vertreibung aus dem Paradies wurden die Urdeutschen, die später als Teutonen in der Weltgeschichte von sich Reden machten, nach Germanien umgesiedelt. Sie empfanden das als sehr ungerecht.

Dieses Germanien lag östlich des Rheins und erstreckte sich von der Nordsee bis weit in den Süden, wo es bis an das Römische Reich heranreichte, das die Römer mit einer Mauer, dem Limes, sicherten, um die germanischen Horden daran zu hindern, sie zu überrennen. Im Osten reichte es über die Weichsel hinaus bis in die Regionen des heutigen Russlands.

Wir wissen nicht warum Gott der Herr ausgerechnet uns Deutschen dieses stark bewaldete und sumpfige Gebiet Germaniens zuteilte. Vielleicht weil er uns zutraute, die dichten Wälder zu roden und fruchtbares Ackerland daraus zu machen, was wir dann auch ziemlich gründlich mit einer abschließenden Flurbereinigung erledigten.

Die Germanen waren in viele einzelne Stämme aufgesplittert. Alle paar Meter meldete ein Stammesfürst Herrschafts- und Machtansprüche an. Alberne Eitelkeiten von Stammesführern und kleinteiliges Getue verhinderten über viele Jahrhunderte eine deutsche Einheit! Im Grunde genommen war es damals wie heute. Nur hießen die Herrschaften damals nicht Seehofer und Kretschmar, sondern Alerich oder Theoderich, um zwei besonders unangenehme Kollegen zu nennen. Doch gab es nicht nur Goten, Franken, Bayern, Hessen, Sachsen, Westfahlen, Friesen, sondern auch die Markomannen, die Vandalen, die Kimbern und die Teutonen, die sich alle in ihrem Drang nach Eigenständigkeit wie die letzten Barbaren aufführten.

Politisch waren sie alle streng patriarchal organisiert, mit einem herzoglichen Führer an der Spitze, der sich immer viel auf seine Herrschaft einbildete. Wie übrigens Herrschaft immer sehr viel mit Einbildung zu tun hat. Rabiate Burschen waren sie alle miteinander. Der germanische Mann war ein Draufgänger. Ein ungehobelter Barbar. Er konnte sehr wütend werden, man spricht heute noch vom teutonischen Furor. Wenn der Germane seinen Furor entfaltete, verbreitete er Angst und Schrecken. Angst und Schrecken verbreiten war eine germanische Spezialität. Vor allem die Römer hatten immer mal wieder Gelegenheit diesen germanischen Furor hautnah zu erleben. Es soll römische Legionäre gegeben haben, die es nicht mehr bis auf die Latrine schafften, wenn sie einem Germanen begegneten, der vom teutonischen Furor befallen war.

Tacitus vermutet, dass unsere direkten Vorfahren, die Germanen, Eingeborene gewesen sein müssen, die nichts anderes kannten als ihre engste Umgebung, weil damals in Germanien permanent ein solches Sauwetter herrschte, dass sie kaum einmal vors Haus gegangen sind. Und wenn, dann nur um die Notdurft zu verrichten oder die Römer in einen Hinterhalt zu locken. Das gehörte zu ihren Lieblingsbeschäftigungen.

Es wird schon stimmen, was der Tacitus berichtet. Meistens war es kalt und regnerisch. Ein Tiefdruckgebiet am anderen. Dazu überall dieser undurchdringliche Wald!

Die germanischen Sümpfe! Die waren gefürchtet. Sie waren es, die in der Schlacht im Teutoburger Wald den Römern zum Verhängnis wurden. Hermann der Cherusker hatte 9 nach Christus den römischen Legionen des Varus in der nach diesem benannten Varusschlacht eine empfindliche Niederlage beigebracht.

Tacitus selber war nicht dabei, aber er berichtet darüber. Er muss eine ganz schlechte Großwetterlage erwischt haben mit einem ausgewachsenen Tiefdruckgebiet, als er sich bei uns umgesehen hat, um Sitten und Gebräuche zu studieren, sonst hätte er nicht so ein unwirtliches Bild von unserer Heimat zeichnen können. Andererseits muss man ihn verstehen, er war Römer, er war etwas anderes gewohnt. Die Römer hatten schon fließend warmes Wasser, Bäder und Latrinen vom Feinsten, da sind sie bei uns noch an den nächsten Baum gelaufen, um sich zu erleichtern. Wenn es geschüttet hat wie aus Kübeln und die Kälte bis in die Knochen drang, blieben die Germanen daheim, um gemütlich zu frösteln und sich der deutschen Innerlichkeit hinzugegeben. Sie saßen in Felle gehüllt am Kamin und tranken Met bis zum Abwinken. Dabei haben sie Gedichte geschrieben, die deutsche Romantik entwickelt und Balladen aufgesagt. Ohne dieses Sauwetter hätten wir keine Gedichte, die wir immer wieder »mit Inbrunst« vortragen. O Täler weit, o Höhen, / O schöner, grüner Wald, / Du meiner Lust und Wehen / Andächt'ger Aufenthalt!

Sie können keine Eingewanderten sein, mutmaßte deshalb der Tacitus. Niemand siedelt freiwillig in einem klimatisch so rauen und abweisenden Land. Aus seiner Sicht durchaus logisch. Deutschland war damals bestimmt kein Einwanderungsland. Die Römer betrachteten es als Eroberungsland, um es zu befrieden, wie man damals solche Invasionen nannte. Vor allem Cäsar war in Gallien immer am Erobern und Befrieden. Er war aber nicht nur Imperator, sondern auch ein Freund der Völkerkunde, und als solcher studierte er die Sitten und Gebräuche der alten Germanen. Seine Erkenntnisse diesbezüglich kann man im *De bello Gallico* nachlesen.

Wie es sich seinerzeit mit dem Asylverfahren und der Migration im alten Germanien verhielt, darüber berichten weder Cäsar noch Tacitus etwas in ihren Reportagen. Hat wahrscheinlich kein Schwein interessiert. Auch darüber, ob die Germanen selber sich gefragt haben, was für sie typisch ist und was das Germanische im Kern eigentlich ausmacht, erfahren wir nichts bei den beiden. Nicht einmal, ob sich unsere Vorfahren selber als Germanen bezeichnet haben, konnten die Herren in Erfahrung bringen. Und schon gar nicht gab es Talkshows wie *Anne Will* oder *Plasberg,* wo die führenden Experten bei einem Glas Wasser gepflegt zusammenhocken, um über das Deutsche an sich zu diskutieren. Meiner Meinung nach wird in solchen Runden eindeutig zu wenig gesoffen. Ein käftiger Schluck Met würde der Debatte sicher guttun und zu völlig neuen Erkenntnissen über das Deutsche führen.

Das Einzige, was wir als gesichert annehmen dürfen, ist, dass die Germanen gern Raubzüge unternommen haben, um ein bisschen Abwechslung ins Leben zu bringen. Immer nur fröstelnd und inbrünstelnd daheim in der Stube hocken und Gedichte und Balladen verfassen, das hält irgendwann der stärkste Germane nicht mehr aus.

Um mal rauszukommen aus der Enge und um den Frauen zu imponieren entschlossen sich die Germanen deshalb öfter zu einem Raubzug. Ist ja häufig so, dass Männer sich wegen der Frauen wie Helden aufführen müssen. Für den Übermut eines Mannes ist oft eine Frau ursächlich. Wenn man den Erzählungen glauben darf, waren die Germanen ziemlich grobe Burschen, die keiner Rauferei ausgewichen sind. Den Frauen hat es wohl gefallen, sonst hätten sich die Germanen nicht so exzessiv aufgeführt in der Weltgeschichte. Der berühmte Arminius hatte seine Thusnelda »in Raubehe gewonnen«. Das ging damals noch. Heute gibt's bei »Raubehe« eine Anzeige wegen »sexual harassment«, Verlust der Reputation, Gerichtsverfahren, Knast. Angeblich haben die Germanen damals auf das Urteil der Frauen gehört. Steht zumindest so in Alexander Demandts kleiner Kulturgeschichte. Die Frauen genossen hohes Ansehen bei den Germanen. Auch heute noch steht die Thusnelda hoch im Kurs beim deutschen Mann. Auf seine Tussi lässt der deutsche Mann normalerweise nichts kommen. Er schaut ihr in den Ausschnitt und macht ihr Komplimente.

Beim Triumphzug des Germanicus in Rom 17 nach Christus wurde die Thusnelda als Beute mitgeführt. Heutzutage werden Frauen kaum noch in Triumphzügen mitgeführt, weil es keine mehr gibt. Mitgeführt werden Frauen allerdings immer noch gern. Über den roten Teppich bei irgendwelchen Galas, wo sie auf hochhackigen Schuhen versuchen, eine gute Figur zu machen. Deutsche Frauen haben es sogar bis in die Nationalhymne geschafft. In der zweiten Strophe stehen sie neben dem Wein und dem Gesang. »Deutsche Frauen, deutsche Treue, deutscher Wein und deutscher Sang...« Die ersten beiden Strophen des Deutschlandliedes sollen aber nicht gesungen werden, weil sie aus gutem Grund nicht Teil der offiziellen Hymne sind. Ich würde sie ja glatt verbieten lassen.

Nichtsdestotrotz haben deutsche Frauen in der ganzen Welt einen guten Klang. Heidi Klum und ihre Topmodels bringen es zu höchsten Ehren, auch Angela Merkel genießt einen weltweiten Ruf, Ursula von der Leyen arbeitet noch daran, die Ilse Aigner auch, nur Luise von Preußen ist weitgehend in Vergessenheit geraten. Zu Unrecht, denn sie hat einst dem Napoleon die Meinung gesagt. Dieser Napoleon hielt nicht allzu viel vom Vaterland der Deutschen: »Sechs Monate Winter und sechs Monate kein Sommer, das ist das Vaterland der Deutschen«, notierte er. Sieht so aus, als hätte sich der große Eroberer Europas, der gerade einmal 160 Zentimeter groß war, in deutschen Landen den kaiserlichen Arsch abgefroren. Tja, Deutschland ist nichts für Weicheier.

Rückblickend müssen wir feststellen: Die Geschichte unserer Vorfahren begann mit einem Totalschaden, der im Laufe der Zeit weitere, immer noch größere Totalschäden nach sich zog, bis hin zum Untergang des Dritten Reichs, dem zuletzt größten Totalschaden der deutschen Geschichte.

Hosen voll

Endlich reden wir wieder einmal über das Wesentliche – Achtung: Ironie! –, das Unvermeidliche – mit nachlassender Ironie –, das Deutsche – mit anschwellender Ironie! Und gleich frage ich mich: Können wir über das Deutsche nur ironisch sprechen? Warum haben wir Angst, uns zu nahezukommen? Wir Deutschen suchen immer die Distanz zum Deutschen. Nicht alle. Es gibt auch welche, die sich im Deutschen wohlfühlen. Brandenburger, Thüringer, Sachsen und andere Fremde. Wir haben inzwischen auch »türkischstämmige« Deutsche. Türkischstämmig? Ist so eine Bezeichnung erlaubt? Möglicherweise ist das eine unzulässige Diffamierung?

Türkischstämmig? Wie das schon klingt! Mesut Özil. Ilkay Gündoğan. Sami Khedira. Der passt da gar nicht rein. Der ist nicht türkischstämmig, der ist Halbägypter und obendrein Halbschwabe, eine ganz gefährliche Mischung. Sie alle spielen für die deutsche Nationalmannschaft. Sie sind Deutsche, besitzen einen deutschen Pass, singen aber bei der Nationalhymne nicht mit. Sie fühlen sich auch zur Hälfte als Türken, die Deutschtürken, die Deutschägypter als Halbägypter und die Deutschpolen entsprechend. Es gibt ganze Deutsche, die finden das bemerkenswert.

Das Deutsche ist am Ende nur so ein Gefühl. Gibt es ein deutsches Gefühl? Wenn ja, wie setzt es sich zusammen, das deutsche Gefühl, was könnte das sein, über die deutsche Staatsbürgerschaft hinaus? Wie fühlt es sich an, Deutscher zu sein? Das Deutsche? Was ist das?

Hans-Dieter Gelfert heißt der Autor, der sich dieser Frage in einem Büchlein widmet, das in der Beck'schen Reihe erschien. Im Grundgefühl der Deutschen entdeckte Gelfert als wesentliche Bestandteile Angst und Sehnsucht. Sind diese beiden Regungen tatsächlich typisch für uns? Haben wir permanent die Hosen voll? Steht deshalb an jeder Ecke in diesem Land ein Dixiklo? Ja, wir haben Angst vor dem Atom, wir sind deshalb sofort nach Fukushima aus der Kernenergie ausgestiegen. Die Japaner sind übrigens wieder eingestiegen. Die sind's gewohnt.

Und wir hatten eine Scheißangst vor dem sauren Regen, der den deutschen Wald sterben ließ. Und wie wir alle mitbekommen haben, ist er tot. Ich war neulich am Waldfriedhof, eine traurige Angelegenheit. Das Wort Waldsterben ist ebenso wie die *German Angst* in den Wortschatz der Franzosen und Engländer eingewandert. Sie halten uns für Hosenscheißer. Und es laufen auch einige bei uns rum, die große Angst vor der Islamisierung des Abendlandes haben. Und weil wir so viel Angst haben, sehnen wir uns nach Sicherheit. Die Rente muss immer sicher sein, und deshalb versprechen unsere Sozialpolitiker bei jeder Gelegenheit, dass sie sicher ist, der Arbeitsplatz muss auch sicher sein und ist sicher gefährdet.

Das Gesparte muss auch sicher sein, ist es nur nicht. Die Zukunft ist unsere größte Sorge, auch da fragen wir immer, ob sie gesichert ist, und darum entsteht der Eindruck, dass wir ängstlich sind. Wenn wir in die Zukunft schauen, sehen wir eher die Gefahren, bedenken die Unsicherheiten, die auf uns zukommen könnten, während andere, die Engländer oder noch mehr die Amerikaner, sagen, die Unsicherheiten werden uns früh genug das Leben schwer machen, aber jetzt gehen wir mutig voran. Wir fragen, bevor wir aktiv werden, »wo ist das nächste Klo?«, Amerikaner sagen sich, wenn wir müssen, werden wir eine Möglichkeit finden. Wir begrenzen das Spektrum der Möglichkeiten und nennen es Planungssicherheit, der Ami freut sich über die Erweiterung der Möglichkeiten und wächst in der Krise über sich hinaus.

Es ist schon ein wenig komisch, wir Deutschen gehören wirtschaftlich zur Weltspitze, es geht uns richtig gut, und wie finden wir das? Jubeln wir? Freuen wir uns? Nein, wir jammern, weil wir Angst haben, es könnte uns auch mal wieder weniger gut gehen. Die Angst führt uns an der Hand in die Zukunft. Das könnte eine Erklärung dafür sein, dass Merkel die Politik der kleinen Schritte bevorzugt.

Bis in alle Ewigkeit

Die Energieressourcen neigen sich dem Ende zu. Das weiß inzwischen jedes Kind. Man kriegt es ja mehr oder weniger seit Jahrzehnten gesagt. Nicht nur von den Anhängern der Grünen, sondern auch in allen anderen parteipolitischen Gebilden von ganz links bis ganz rechts hat es sich inzwischen herumgesprochen, dass Öl, Gas, Erze, einfach alles, was an Rohstoffen in der Erde lagert, dummerweise nur begrenzt vorhanden ist.

Die Prognosen darüber, wann Schicht im Schacht ist, klaffen allerdings weit auseinander. Ich glaube, es war 1968, als der Club of Rome die Studie »Grenzen des Wachstums« veröffentlichte und ein Schreckensszenario apokalyptischen Ausmaßes vorhersagte. Jüngster Tag quasi nächste Woche.

Nach dieser Studie gibt es seit 1990 eine bedrohliche Ölknappheit, und spätestens 2020 sind alle Ölvorräte aufgebraucht. Es gibt immer wieder genauere Vorhersagen, die nicht eintreffen.

Jedenfalls steht fest: Ohne diese fossilen Energieträger gibt es kein Wachstum. Wie soll es danach weitergehen ohne Energieträger, wenn wir unsere Erde total ausgebeutet haben und alles rausgeholt haben, was drin war?

Kluge Menschen haben drüber nachgedacht und kamen schließlich auf die Idee der Nachhaltigkeit. Seitdem wird immer gefragt, ob eine Energiequelle auch nachhaltig ist, weil ohne Nachhaltigkeit, da brauchen wir nicht anzufangen, da hat sie schon schlechte Karten, die Energiequelle.

Nachhaltig, ein Zauberwort, das unheimlich positiv aufgeladen ist mit segensreicher Zukunft. Wobei Zukunft an sich schon ziemlich nachhaltig sein kann. Die hört ja zum Teil gar nicht mehr auf. Vieles hat aber auch gar keine Zukunft mehr. Die Atomkraft beispielsweise. Die radioaktiven Abfälle wiederum schon. In der *Welt* lese ich die frohe Botschaft, dass »Deutschland im Jahre 2117 über ein Atomendlager verfügen« wird. Eine von der Bundesregierung eingesetzte »Endlagerkommission« unter Vorsitz von Ursula Heinen-Esser übergab »nach zweijährigen Beratungen« einen 615 Seiten umfassenden Bericht der Bundesumweltministerin Barbara Hendricks und dem Bundestagspräsidenten Norbert Lammert. Diese Kommission sollte Kriterien für eine Endlagersuche erarbeiten und hat wohl auch einige ausfindig machen können. Die Nachhaltigkeitsexperten dieser Kommission erregten mit ein paar Erkenntnissen Aufmerksamkeit, die kaum jemand für möglich gehalten hätte. Die Endlagerstätte müsse in »einem einschlusswirksamen Gebirgsbereich« errichtet werden. Man suche ein hundert Meter dickes »Deckengebirge«. Als »Wirtsgestein« komme »Steinsalz, Tongestein und kristallines Granit« infrage. »Die Nuklearexperten Bruno Thomauske und Wolfram Kudla rechneten der Kommission weitgehend unwidersprochen vor, dass der Endlagerstandort wahrscheinlich erst ›zwischen 2088 und 2096‹ feststehen könne.«

Donnerwetter! Das nenne ich eine präzise Festlegung. Ein Zielkorridor von acht Jahren Unterschied! Perfekt! Und der Zeitraum von ungefähr hundert Jahren für die Suche nach einem sicheren Endlager in Deutschland ist auch sehr nachhaltig. Da können wir uns nur bedanken. Wir sollten uns erkenntlich zeigen. Lammert muss den Kommissionsmitgliedern unbedingt das Bundesverdienstkreuz 1. Klasse verleihen. Für besondere Verdienste um die Nachhaltigkeit. Verleihungsdatum Juli 2050!

Aber wer von Nachhaltigkeit spricht, hat eine andere

Zukunft im Sinn. Eine gute, eine bessere, die beste überhaupt. Die Nachhaltigkeit verweist auf erneuerbare Energien, die bis in alle Ewigkeit nachwachsen.

Wind ist sehr nachhaltig, wenn er weht, die Sonne strahlt ebenfalls sehr nachhaltig, und Wasser gibt es auch sehr nachhaltig. Mit der Nachhaltigkeit ist das Zeitalter des unendlichen Nachwachsens angebrochen.

Wer der Erste war, der sie gefordert hat, weiß ich nicht. Ich erinnere mich noch an den Bundeskanzler Schröder, weil er das Wort in einer für ihn typischen Art ausgesprochen hat. Er sprach immer von der *Nachhaltichkeit*. Seine persönliche Nachhaltigkeit als Kanzler hat zwar irgendwann nachgelassen, auch was seine Erneuerbarkeit angeht, hat er viel unternommen, unter anderem hat er angeblich seine Haare getönt, aber auf dem Feld des nachwachsenden Rohstoffs hat er nicht viel hingekriegt; eigene Kinder sind ihm leider versagt geblieben.

Der Rohstoff Leben ist, was die Nachhaltigkeit betrifft, schon einige Millionen Jahre verfügbar, und da im Speziellen der humane Rohstoff. Besonders Gebildete sprechen gelegentlich auch von der »Humanressource Mensch«, der Mensch als Rohstoff ist bis in alle Ewigkeit förderbar. Ein Mann und eine Frau können sich fortpflanzen und schon wächst ein Rohstoff heran, der sich wieder fortpflanzen kann.

Es ist wahr, er kann sehr roh sein. Robust ist er in jedem Fall, er hat schon viel überstanden. Es gibt ihn schon seit über sechzig Millionen Jahren, und seitdem wird er immer wieder reproduziert.

Also wenn das keine Nachhaltigkeit ist, dann weiß ich es auch nicht. Der Mensch ist allerdings der Rohstoff, der alle anderen Rohstoffe ausbeutet. Dafür gibt es eine Erlaubnis von höchster Stelle, die in der Bibel festgeschrieben steht.

Macht euch die Erde untertan. Ein göttlicher Befehl! Ein Imperativ, dem sich niemand so leicht entziehen kann. Alles andere wäre wahrscheinlich Befehlsverweigerung.

Das Reich der Nachhaltigkeit ist aus ökologischer Sicht die Ewigkeit. Atheistische Theologie im Hier und Jetzt! Religiös gedacht, gibt es nichts Nachhaltigeres als das Paradies. Wie spricht der Herr? Mein Reich ist nicht von dieser Welt. Eben. Darum können wir hier eh nicht mehr viel ausrichten. Sagen viele. Schicksal! Aber man darf die Hoffnung nie aufgeben. Deshalb glauben wir an die Nachhaltigkeit! Freunde des Lebens sehen in der Nachhaltigkeit das ökologische Paradies auf Erden.

Beim Eintritt in diese Ewigkeit bekommt jeder Ankömmling einen nachhaltigen Rucksack, mit dem er sein Leergut bis in alle Ewigkeit mit sich rumtragen muss. Der Rucksack als Ausdruck des reinen Ökobewusstseins ist aus der Öffentlichkeit nicht mehr wegzudenken. Es herrscht individuelle Rucksackpflicht. Wer ohne Rucksack angetroffen wird, wird mit einer biologisch nachhaltig abbaubaren Fußfessel – nein, nicht bestraft, sondern sanft, ganz sanft, an das richtige Verhalten herangeführt. Die Grünen sind schon mal vorgeprescht und haben den Leuten einen Veggieday pro Woche versprochen! Der fleischlose Donnerstag war schon auf der Agenda, fand aber keine Mehrheit.

Dass bei der Ankunft im Ökoparadies auf jeden männlichen Öko bis zu zweiundsiebzig ständig nachwachsende Jungfrauen warten, ist allerdings Unsinn.

Denken schadet dem Hirn

Wie bitte? – Denken schadet? Nicht immer, aber manchmal schon. Denken kann auch wehtun, keine Frage! Betroffen ist immer der Denker und wenn er seine Gedanken nicht für sich behalten kann auch der Hörer, der mit diesen Gedanken konfrontiert wird. Warum denke ich jetzt schon wieder an Sigmar Gabriel? Er ist doch nicht der einzige, der Schaden anrichtet, weil ihm sein Hirn falsche Ergebnisse liefert. Ein noch besseres Beispiel für Schaddenken ist Edmund Stoiber. Er referierte einst über den »gemeinen Schadbären«, der am Münchner Hauptbahnhof in den Flieger einstieg, oder bringe ich jetzt etwas durcheinander? Egal, wie auch immer, es gibt in jedem Fall einen Zusammenhang von Sprache und Denken. Kollege Heinrich Heine dichtete: Denk ich an Deutschland in der Nacht, dann bin ich um den Schlaf gebracht. Das sollte man nun wirklich nicht, nachts an Deutschland denken! Wer's trotzdem tut, ist selber schuld!

Manche Gedanken, die man sich macht, können lästig sein. Jeder hat solche Situationen schon erlebt. Es sind immer Gedanken, die sich aufdrängen, sich im Kreise drehen und sich nicht abstellen lassen. Ich litt auch schon unter solch akuten Gedankenüberfällen, die mich nicht zur Ruhe kommen ließen. Als es gar nicht besser werden wollte, suchte ich Hilfe bei einem buddhistischen Meister, der mir riet, meinen Atem zu beobachten, was nicht viel nützte, den Gedanken war das egal. Dann empfahl mir mein Meister, die quälenden Gedanken weiterziehen zu lassen wie die Wolken am Himmel. Ich sagte, würde ich gern tun, geht nur nicht, bei mir ist alles verhangen!

Wir leben im Anthropozän, hat neulich ein kluger

Mensch mitgeteilt. Ich weiß nicht wie er zu dieser Erkenntnis kam, aber bestimmt hat er lange nachgedacht.
Wir leben also im Zeitalter des Anthropozän, weil der
Mensch darin als Hauptakteur auftritt. Ich war zunächst
froh, dass mir das auch endlich mitgeteilt wurde, sonst
hätte ich diesen Aspekt des Menschseins ganz aus den Augen verloren. Ich versteh jetzt wieder ein bisschen mehr
von der Welt. Sagte ich mir. Aber jetzt lässt mich dieser
Gedanke nicht mehr los. Abends, wenn ich mich zur
Ruhe bette, denke ich ans Anthropozän. Morgens, wenn
ich aufstehe, denke ich, denk daran, dass du im Anthropozän lebst! Im Zeitalter des Menschen!

Sagen wir mal so: Aus Sicht des Menschen war jedes
Zeitalter das seinige. Im Holozän wurde er sesshaft und
widmete sich dem Ackerbau und der Viehzucht, nachdem
er vom Nomadenleben die Schnauze gestrichen voll gehabt hatte. (Plusquamperfekt! Sehr schönes Zeitformat.
Wird nur noch vom Futur exakt übertroffen. Dabei wird
in der Zukunft etwas zur Vergangenheit.) Immer jagen
und Pilze sammeln, den Tieren hinterherlaufen! Das geht
auch dem Fittesten irgendwann auf die Gelenke. Und dann
hilft auch Voltaren nur noch begrenzt. Jetzt ist Schluss mit
der mobilen Vorratshaltung, wird der Mensch im Holozän gesagt haben, jetzt fangen wir die Viecher und sperren sie ein. Die Erfindung des Zauns war der technische
Quantensprung. Der Zaunerfinder hat damals den Nobel-
preis bekommen. Der Zaun war das Smartphone des
Holozäns. Sie haben Gatter gebaut und darin das Vieh
gehalten. Wenn sie Hunger hatten, sind sie nicht auf die
Jagd gegangen, sondern auf die umzäunte Weide, um sich
einen Braten zu holen.

Im Pleistozän wurde der Mensch weise, behaupten die
Forscher, keine Ahnung, wie lange die Weisheit anhielt,

aber es muss die Zeit gewesen sein, als der Mensch zum Nachdenken kam. Deshalb sprechen wir heute vom Pleistozän als dem Zeitalter des Homo sapiens. Aber eine echte Breitenwirkung hat er damit – fürchte ich – nicht erzielt. Die Weisen waren schon immer in der Minderheit und wurden von den Deppen dominiert.

Denken war wohl damals gerade aufgekommen, es war eine Neuerung, und es galt als schick, sich ein Bewusstsein zuzulegen. Im Pleistozän wurde schon geplaudert. Man traf sich, vermute ich, auf der Lichtung, weil es dort ein wenig heller war, und vertrieb sich die Zeit mit Small Talk.

»Ich leg mir jetzt ein Bewusstsein an.«

»Ah. Interessant. Und wie geht's voran?«

»Neulich wurde mir bewusst, dass ich ein Mensch bin.«

»Was sagst du da? Mensch? Das Wort hab ich noch nie gehört!«

»Ist auch ganz neu. Unten am Fluss neulich beim Fischen hat es einer gesagt. Der hat gesagt: Mensch, Mensch, Mensch.«

»Mensch, da muss ich auch mal drüber nachdenken.«

So ähnlich könnten sich die Gespräche im Pleistozän angehört haben. Es haben nicht alle auf diesem Niveau gesprochen, aber die Klugscheißer schon. Der Rest hat kaum etwas gesagt. Die meisten waren mit dem alltäglichen Leben voll ausgelastet, die Tage waren ausgefüllt mit niederen Tätigkeiten, mit Nahrungssuche und Nahrungsaufnahme. Fressen war damals sehr beliebt. Und über allem waberte die Angst, selber gefressen zu werden. Der Mensch diente anderen Lebewesen als Nahrung. Dieser Zusammenhang wurde damals auch immer wieder thematisiert.

In unserer heutigen Sprache würde man von einem Problembewusstsein sprechen, das entstanden ist.

Denken war eine Angelegenheit – wie soll ich sagen – kulturell höher gestellter Kreise, und wie alles, was neu ist, nicht sehr beliebt. Denken war modern, und jeder hat's probiert, nur die wenigsten waren damit gleich vertraut. Viele lehnten Denken schließlich als »modernes Zeug« ab.

Diese Meinung war weitverbreitet, dass Denken die Jugend verderbe und abhängig mache. Es bestehe Suchtgefahr und verhindere das wahre Leben, das, wie ich bereits gesagt habe, im Wesentlichen aus Nahrungssuche und Nahrungsaufnahme bestand.

Bisher sei es doch ohne Denken auch ganz gut gegangen. Das war auch eine weitverbreitete Meinung. Denken ist nur was für kluge Leute, sagten die Eltern zu ihren Kindern. Lass das mal! Da kommst du bloß auf blöde Gedanken. Denken schadet dem Hirn!

Integration gelungen

Rosi kommt nach Hause und macht auf mich einen sehr nachdenklichen Eindruck.

»Was ist denn mit dir los, du siehst aus, als ob, ich weiß gar nicht, wie ich sagen soll… denkst du vielleicht schon wieder?«, frage ich sie.

»Depp!«, sagt sie. »Mir ist gerade was Merkwürdiges passiert und ich weiß nicht, wie ich die Geschichte einordnen soll.« Sie sei zu Fuß auf dem Gehweg unterwegs gewesen.

Ich denke, auf den Händen wäre auch sehr anstrengend. Ich behalte diese Albernheit aber für mich, weil ich das Gefühl habe, dass sie unpassend wäre.

Es sei ihr ein Mann aus einem fremden Kulturkreis entgegengekommen.

»Aha. Fremder Kulturkreis?«, frage ich. »Ein Sachse?«

Rosi kann darüber nicht lachen. Sagt nur: »Quatsch. Dunkler Typ, Bart, kurz geschnittene Haare, Jeans, Pullover. Er schiebt einen Kinderwagen, einen Buggy mit einem lustigen kleinen Kerlchen drin. Das Kind quengelt, ist nett, vielleicht zwei Jahre alt.« Rosi lächelt das Kind an, beachtet auch den Mann und schenkt ihm ein freundliches Lächeln, um ihm mit einem Blick zu bestätigen, welch aufgewecktes Kind er hat, sie nimmt die Situation als freundlich und fröhlich an. Der Mann erwidert ihren Blick nicht. Er blickt stur geradeaus und fährt mit dem Kinderwagen an ihr vorbei. Die Frau des Mannes und Mutter des Kindes geht zwei bis drei Meter hinter ihrem Mann, so, wie sich das in diesem fremden Kulturkreis gehört, weil es Sitte ist. Die Frau trägt ein Kopftuch und ist in ein bis zum Boden reichendes Kleid gehüllt. Kurz bevor die beiden Frauen aneinander vorbeigehen, spuckt die verhüllte Frau vor Rosi verächtlich aus.

Zunächst denkt Rosi gar nichts. Ist irritiert und perplex. Was war das? Warum spuckt die vor mir aus? Sie kann sich dieses Verhalten nicht erklären.

Der Vorfall geht ihr nicht aus dem Kopf. Sie recherchiert im Internet, liest, macht sich kundig über Sitten und Gebräuche in ihr fremden, muslimischen Kulturkreisen. Schließlich weiß sie, warum die Frau vor ihr ausgespuckt hat.

In diesen fremden Kulturkreisen werden Frauen, die Männer anlächeln, als Huren bezeichnet, weil der direkte Blickkontakt, den eine Frau mit einem Mann tauscht, bereits als Einladung zum Geschlechtsverkehr gilt. Auch wenn es nur ein harmloses Lächeln war, das vom Kind zum Vater wanderte, ohne Hintergedanken, allein, um die Freude über das lustige Verhalten des Kindes zu zeigen, konnte die muslimische Frau nicht anders reagieren. Sie musste vor Rosi ausspucken, um ihr zu zeigen, dass man in ihrem Kulturkreis so etwas nicht tut.

Anständige Frauen schauen Männern nicht in die Augen. Sie hat das Lächeln falsch gedeutet. Sie hat reagiert, wie sie es in ihrem Kulturkreis gewohnt ist.

Ich sage: »Rosi, du hast dich falsch verhalten. Vielleicht solltest du, um zukünftig solchen Situationen aus dem Weg zu gehen, vorsichthalber verschleiert gehen, damit dir so etwas nicht wieder passiert.«

»Oder aber«, und jetzt schaut mich Rosi sehr ernst an, »diese Frau aus diesem fremden Kulturkreis lernt, was bei uns normal und freundlich ist und was sich nicht gehört.«

»Ich weiß nicht«, sage ich, »ob wir damit viel gewinnen, wenn wir mit ›kulturellen Oktroys‹ versuchen, unsere Kultur den Migranten überzustülpen.«

»Kulturelle was?«

»Oktroys sind kulturelle Imperative, die auf das Beharren einer vorherrschenden Leitkultur setzen.«

»Demnach hab also ich mich falsch verhalten?«, fragt Rosi irritiert.

»Ja. Schau«, sag ich, »was passiert jetzt? Ich werde diese Geschichte ins Buch nehmen. Es werden sich Leser melden, die uns beide spießig, intolerant, überempfindlich, hysterisch, reaktionär und rechts nennen werden. Das ist doch nur ein Einzelfall, werden sie dagegenhalten, die überwiegende Mehrheit der Menschen, die zu uns kommen, verhält sich einwandfrei. Herr Jonas, warum müssen Sie mit dieser Geschichte den Rechten Argumente liefern?

Ist Ihnen klar, dass Sie mit diesem bedauerlichen Einzelfall Stimmung gegen unsere ausländischen Mitmenschen machen? Herr Jonas, von Ihnen hätte ich da mehr Feingefühl erwartet!«

Rosi liefert den nächsten Einzelfall. Sie habe in der Zeitung gelesen …

Ich falle ihr ins Wort und rufe: »Pinocchio-Presse!«

Meine Frau lässt sich dadurch nicht aus der Ruhe bringen und fährt mit ihrem Bericht fort. »In einem Bus sitzen fünf voll verschleierte Frauen, eine westlich geprägte Frau fühlt sich durch die verschleierten Frauen bedroht und gibt ihrem Gefühl Ausdruck, sagt, sie fühle sich unsicher, wenn Frauen ihr Gesicht verbergen. Männer, die auch im Bus sitzen, ob deutsche oder weniger deutsche, wissen wir nicht, verteidigen die voll verschleierten Frauen und argumentieren, dass Verschleierung bei diesen Frauen zum Alltag gehöre. Diese voll verschleierten Frauen fragten sich umgekehrt, warum ›unsere‹ Frauen sich so unbedeckt, freizügig, aufreizend zeigten und sich damit den Männern anböten. Man könne von gläubigen Musliminnen nicht verlangen, dass sie sich, nur weil sie sich in einem anderen Kulturkreis befänden, als Huren präsentieren. Darum müsse man auch Verständnis dafür haben, dass muslimische Mädchen nicht am gemeinsamen Schwimmunterricht teilnehmen könnten. Es herrsche Religionsfreiheit!«

»Das Kopftuch ist durch das Grundrecht der Religionsfreiheit gedeckt«, sage ich vorwurfsvoll, »der getrennte Schwimmunterricht auch, am Ende wird das gesamte Leben durch die Religionsfreiheit gerechtfertigt. Ich bin für die strikte Trennung von Religion, Staat und Gesellschaft. Meinetwegen kann jeder nach seiner Façon selig werden. Da bin ich beim Alten Fritz! Glauben können die

Leute, was sie wollen, sie haben sich ihrem Staat gegenüber loyal zu verhalten.«

Ich würde am liebsten ein paar grundlegende Gedanken zum Laizismus anfügen, aber Rosi wartet noch mit einer Geschichte auf, die sie wieder auf dem Nachhauseweg erlebt habe. Auf dem Fahrradweg geht ein dunkelhäutiger junger Mann mit gesenktem Kopf, er wirkt verträumt und orientierungslos. Von hinten nähert sich eine Radfahrerin, blond, deutsch, ordnungsliebend. Sie betätigt fordernd die Klingel. Der junge Mann springt erschrocken zur Seite. Die »blonde Obrigkeit« fährt an dem jungen Mann vorbei und faucht in einem Oberlehrerton: »So macht man das hier bei uns in Deutschland.« Subtext: Lern das mal, du Zulukaffer! Und sie ergänzt laut im Weiterradeln: »Unsere Sozialsysteme belasten, aber die einfachsten Regeln missachten!«

Rosi ruft ihr hinterher: »Dumme Kuh!« Und Zeugen, die das Vorkommnis auch wahrnahmen, fragten verwundert: »Was war jetzt des für oane?«

Vorschlag: Alle zusammen in einen Integrationskurs stecken. Autochthone Bevölkerung und Zugewanderte. Integration für alle!

Lieber A. M.

Das Richtige wird falsch, wenn es der Falsche ausspricht. Gilt dieser Satz auch umgekehrt: Wird das Falsche richtig, wenn es der Richtige sagt?

Eine weitere Drehung hat nun die Einschätzung des Aiman Mazyek bewirkt. Der Vorsitzende des Zentralrats der Muslime in Deutschland markiert die AfD als Nachfolgepartei der NSDAP, weil sie behauptet, der Islam sei eine politische Ideologie, die nicht mit dem Grundgesetz vereinbar sei, und sie damit eine ganze Religionsgemeinschaft diskreditiere und sie existenziell bedrohe.

Diese Vergleiche mit Hitler-Deutschland sind sehr beliebt. Und sie helfen immer irgendwie weiter. Ich finde sie sehr anregend, weil sie einen differenzierten Blick auf die Zusammenhänge eröffnen. »Die Partei schwimme auf einer Welle der Islamfeindlichkeit, und dagegen sei Aufklärung jetzt das Wichtigste.« Ja, Mensch, bin ich da mit dem Aiman einer Meinung, aber so was von einer Meinung schon, dass man beinahe von Konsens sprechen könnte! Herr Mazyek, legen Sie los mit der Aufklärung! Erklären Sie uns den Islam. Fangen Sie mit dem Iran an. Fahren Sie fort mit Ägypten. Ich nehme an, dass der Islam eine friedliche Religion ist, die im Iran eine Trennung von Staat, Religion und Gesellschaft anstrebt. Nur aus irgendwelchen reaktionären Gründen können sich die liberalen Kräfte im Iran nicht durchsetzen.

Und wenn der Aiman Mazyek eines Tages als Bundespräsident im Schloss Bellevue residiert, dann wird er sicher betonen, dass Deutschland zum Islam gehört. Äh – umgekehrt. Der Islam gehört selbstverständlich zu Deutschland. Aber der deutsche Islam ist nicht vergleichbar mit dem im Iran, oder?

Wie sieht er denn aus, der »deutsche Islam«? Wird in den Moscheen deutsch gepredigt, türkisch oder arabisch? Was hält Sie, lieber Aiman Mazyek, zurück, uns eindringlich aufzuklären und klarzulegen, dass der Koran eine Trennung von Staat und Gesellschaft vorschreibt?

Es gibt Stimmen, wahrscheinlich nicht ernst zu nehmende, die behaupten, dass der Islam neben seinen religiösen Inhalten auch eine politische Komponente vertritt, die eine Staatsform zur Folge hat, in der Staat, Religion und Gesellschaft auf einer Linie liegen, quasi gleichgeschaltet sind. Um mal einen besonders beliebten Vergleich anzuführen, diese Gleichschaltung ähnelt auffällig der im Dritten Reich. Leute, die so etwas behaupten, sind vermutlich Spinner, haben gar nichts verstanden vom wahren Islam, wollen nur hetzen, sind sicher islamophob, kurz: die haben keine Ahnung von dieser wunderbaren friedlichen Religion, die für alle, auch für Katholiken, Christen, Juden und sonstige Ungläubige, eine Wahrheit anbietet, die man nur als kompletter Ignorant ablehnen kann.

Ich finde übrigens das Steinigen von untreuen Ehefrauen als einmalige Strafmaßnahme schon hart, aber der Prophet wird schon wissen, warum es für alle Beteiligten das Beste ist. Ich kann das gar nicht beurteilen, weil ich ein Ungläubiger bin. Trotzdem: Ist die Scharia mit dem Grundgesetz vereinbar?

Ich habe keine Ahnung, aber ich hoffe, dass die deutschen Muslime eine Integration des Grundgesetzes in die Scharia ermöglichen. Es gibt sicher einen Weg, wir müssen nur bereit sein, ihn auch zu gehen. Voraussetzung ist gegenseitiger Respekt und das Verständnis für die andere Glaubensrichtung. Ich bin voller Hoffnung, dass Muslime und Katholiken, Protestanten und Juden friedlich miteinander auskommen.

Ich finde nur, lieber Aiman Mazyek, Sie könnten solche Vergleiche mit Hitler-Deutschland zukünftig weglassen. Aber selbstverständlich darf in diesem Land jeder sagen, was er will, und ich kann auch verstehen, warum Sie zu diesem Vergleich finden, weil Sie wissen, welchen Schaden Sie damit der AfD beibringen können. Sie wollen ihr den Nazistempel aufdrücken, weil Sie glauben, dass Sie die AfD damit ins rechte Licht stellen können. Aber ich fürchte, diese Strategie wird nicht verfangen. Sie täuschen sich. Der AfD Völkermordambitionen zu unterstellen, könnte man grade noch unter der Rubrik scharfes Kabarett abhaken, aber dass Sie in diesem Zusammenhang Auschwitz instrumentalisieren, um ihre Meinung zu unterstreichen, und sich damit nachträglich zum Opfer stilisieren, ist ein gewagter Ansatz. Zugegeben, solch eine satirische Verzerrung der Zusammenhänge ist effektvoll, aber leider thematisch voll daneben. Ein klassischer Fall von das war nix! Da müssen wir noch ein wenig üben! Falls Sie demnächst wieder einmal die satirische Redeweise für sich nutzen wollen, können Sie mich gerne um Rat fragen, aber, Vorsicht, ich lieg auch manchmal daneben. Selten! Eigentlich nie!

Lieber Aiman Mazyek, Sie wissen doch, dass die Zusammenarbeit von Nazis und Muslimen historisch belegt ist. Unabhängig davon herrscht allgemeiner Konsens darüber, »dass heute arabischer und islamischer Antisemitismus die gefährlichsten Formen des Judenhasses darstellen«. (Zitat Sven Felix Kellerhoff, leitender Redakteur Geschichte in der *Welt*) Warum verschweigen Sie das, lieber Herr Mazyek? Auch hier würde Aufklärung helfen.

P.S: Nach all meinen kritischen Bemerkungen frage ich mich schließlich, ob diese noch durch die Meinungsfreiheit gedeckt sind? – Darf ich das sagen, ohne ein Bekenntnis nach links oder rechts abzugeben?

Verschwunden in der Transzendenz

Vielleicht hab ich es einfach nicht verstanden. Das ist bei mir immer drin. Ich bin auch nicht mehr der Jüngste, und Logik war eh noch nie meine Stärke. Deshalb hab ich mich schon früh aufs Assoziative verlegt. Ich will damit sagen, dass ich zu Gedankensprüngen neige, die nicht für jeden auf Anhieb verständlich sind. Ich habe daher immer Verständnis für Leute, denen es schwerfällt, ihre Gedanken nachvollziehbar aufs Papier zu bringen. Solche Zeitgenossen treiben sich überall rum, in Feuilletons, in Parlamenten, in Schulen, auch an Hochschulen, und vor allem an deutschen Universitäten.

Aber ich bemühe mich immer, den Geistesblitzen eines deutschen Professors zu folgen.

Armin Nassehi ist ein deutscher Professor mit einem richtigen Lehrstuhl, nämlich dem der Soziologie an der Ludwig-Maximilians-Universität. Und meine Zeitung, die *SZ*, gibt ihm im Feuilleton Raum, um seine Gedanken in die Form eines Essays zu bringen. Schön. Ich habe ihn gelesen, den Nassehi, weil er ein Klugscheißer-Kollege ist. Man muss ja wissen, was die Szene so denkt.

Das Buch handelt von Totalschäden, deshalb gehört Nassehi mit seinem Essay hierher. Weil er mir in der Einleitung gleich mit Nietzsche kommt, musste ich weiterlesen. Der Friedrich hat sich wohl auch zur Deutschenfrage geäußert. »Es kennzeichnet die Deutschen, dass bei ihnen die Frage ›was ist deutsch‹ nie ausstirbt.« Nassehi belehrt uns darüber, dass wir die Frage »was ist deutsch« besser nicht stellen sollen. Weil nämlich »diese Frage auf das Eigene zielt und es unmöglich ist, das Eigene zu benennen, ohne das Andere in den Blick zu nehmen«.

Ich weiß jetzt gar nicht, ob das tatsächlich seine Gedanken sind oder schon meine Überzeichnungen der seinigen. Ich setze sie, seien es nun die seinigen oder schon die meinigen, vielleicht lieber in Gänsefüßchen, um deutlich zu machen, dass ich unsicher bin, ob sich nicht doch schon satirische Färbungen in ihnen finden? Nassehi meint, nein, ist überzeugt davon, immer vorausgesetzt, ich habe ihn richtig verstanden, woran ich gewisse Zweifel hege, dass wir nichts sagen können über das (ominöse) Eigene, das für uns Deutsche und nur für uns Deutsche zutrifft. Die Rechtskonservativen müssten es eigentlich wissen, vermutet Nassehi. Aber wenn er sie fragt, so Nassehi, »kommt nicht viel mehr als das Eigene« und wenig mehr als Folklore. Das Eigene sei, so Nassehi weiter in seinem Essay, »vor-empirisch, gewissermaßen transzendental vorausgesetzt«. An der Stelle hatte ich zum ersten Mal die Vermutung, dass dieser Essay nicht für mich geschrieben ist, sondern für gebildete Menschen, die über vor-empirische, gewissermaßen transzendentale Voraussetzungen verfügen und daher sofort wissen, auf welche geistigen Defekte Nassehi Bezug nimmt.

»Vor-empirisch« heißt wohl, dass dem Eigenen mit unseren Sinnen nicht beizukommen ist. Transzendental – das hab ich schon mal irgendwo gehört, aber wo? – könnte ein Hinweis auf Überschreitungen ins andere, vielleicht sogar ins ganz, ganz andere sein, eventuell ins Irrationale, wenn nicht sogar ins Irreale? Bei Immanuel Kant – Achtung, Klugschiss! – bedeutet *transzendental* nichts wirklich Gutes, eher wird damit etwas angedeutet, worüber man nichts sagen kann und deshalb besser schweigen sollte, weil es auf den transzendentalen Wegen ins Jenseits rübergeht. Soweit ich mich an meine philosophischen Proseminare erinnere, spricht Kant immer dann von »transzendentaler Erkenntnis«, wenn sich dies nicht allein auf Gegenstände bezieht, sondern auf die Art und Weise, wie man zu Erkenntnissen kommt, die mit diesen Gegenständen zu tun haben könnten und a priori möglich sind.

Lieber Armin Nassehi, wollten Sie uns Leser mal so nebenbei darauf hinweisen, dass Sie ein ganz schlauer Kopf sind? Oder wollten Sie mir dezent mitteilen, dass ich doch auch das Hauptseminar hätte besuchen sollen?

Die Startrampen der Transzendenz befinden sich alle am Friedhof und zeigen vertikal direkt ins Jenseits. Wir wollen zu Nassehis Gunsten annehmen, dass er es gar nicht so meint.

Nassehi ist übrigens eigen, dass er sich in einer Sprache ausdrücken kann, die gewissermaßen die Unverständlichkeit zur Voraussetzung hat, wenn er sagt, die transzendentale Voraussetzung des Eigenen sei wiederum nur das Eigene. Das Eigene setzt sich als Eigenes voraus. Also konkret: Nassehi ist die transzendentale Voraussetzung des Nassehi'schen Nassehi. Können Sie mir noch folgen?

Aus dem obigen Gesagten schließt Nassehi, »dass das Eigene verschwindet, wenn man es benennen soll«. Wer also will, dass das Eigene nicht verschwindet, benennt es nicht, sondern hält das Maul.

Dazu fällt mir das Rätsel aus Benignis Film *Das Leben ist schön* ein: Sobald du meinen Namen nennst, bin ich nicht mehr da. – Was ist das? – Antwort: Das Schweigen!

Ich muss es mir noch mal erklären: Es existiert die Benennung »das Eigene«, aber das Eigene ist nicht zu benennen, weil es im Moment des Benennens verschwindet.

Ich muss zugeben, ich habe zunächst gedacht, Mensch, Nassehi, was ist denn das für ein verschwurbelter Krampf, den Sie mir da auftischen! Doch dann dachte ich, ein deutscher Universitätsprofessor ist nicht zu einer verständlichen Ausdrucksweise verpflichtet. Ich neige sogar zu der Überzeugung, dass sich ein deutscher Soziologe unverständlich ausdrücken muss, um als Soziologe anerkannt zu werden. Die Soziologie ist möglichweise sogar eine Wissenschaft, deren transzendentale Voraussetzungen im Unverständlichen gründen. Ich will aber auch nicht ausschließen, dass mir die sprachlichen Voraussetzungen fehlen, um Nassehis Erkenntnissen folgen zu können. Ich bin nur ein einfacher Leser, aber ich bin immer willig, das Gelesene zu verstehen. Aber wenn mir ein Autor die Chance dazu verweigert, empfinde ich das als Zumutung. Normalerweise reagiere ich in so einem Fall im Niederbayernmodus und frage: »Mogst du mia ebba bläd kemma, ha? Dein Krampf kannst selba lesn!«

Hören wir weiter Nassehi im Original: »Denn wenn man es benennt (das Eigene) hat man sich bereits auf Vergleiche eingelassen und stellt fest, dass man nur die Version einer auch anders möglichen Version ist.«

An dieser Stelle meldete sich der vertraute Niederbayernmodus und ich sagte laut: »Nassehi, iatzt hast as nah beianand«.

»Sobald man es sagt, ist sie weg, die Erhabenheit des Eigenen, weil man dann auf anderes stößt, das auch ein Eigenes hat.«

Ich habe das meiner Frau vorgelesen, und sie hat spontan reagiert: »Ich glaub der versteht selber nicht, was er meint! Sonst könnt er ja mit einfachen Worten erklären, was er sagen will.«

»Auf keinen Fall«, hab ich gesagt, »der ist Professor!«

»Ach so«, hat die Rosi gesagt. »Ja dann!«

Ein bisschen eigen ist das schon, was Nassehi hier versucht, mit seinen Worten auszudrücken. Will er mir sagen, dass er, Nassehi, lediglich eine andere Version einer auch anders möglichen Version ist? Ist er ein Nassehi von der Stange? Kriegen wir den beim Hirmer im zweiten Stock oder im Studio im Untergeschoss? Haben sie ihn in Asien schon nachgebaut, und er ist als Fälschung einer möglichen Version des anderen im Umlauf?

»Und dann kommt man natürlich auf Unterschiedliches, auf unterschiedliche Traditionen, auf unterschiedliche Gewohnheiten, Offenheiten, man kommt eben auf Unterschiedliches, nicht auf etwas, das so explizit ist, dass es das ganz andere des anderen ist. Das Einzige, was bleibt, ist das Eigene. Dann wird's tautologisch, und man muss verstummen.«

Was Nassehi leider nicht vergönnt ist. Er muss reden über das Eigene, das andere des ganz anderen, das wiederum ein Eigenes hat, aber doch nur die Version einer auch anders möglichen Version ist. Die Beschreibung der Relation des Eigenen zum anderen als einer möglichen anderen Version des anderen, was dann wieder ein Eigenes ist, dieses Geflecht hat Nassehi gut herausgearbeitet und die Chance genutzt, nicht verstanden zu werden. Bravo!

Mensch, Nassehi, ist das eine Tragik! Und so komisch obendrein. Und weil es eh schon wurscht ist, präsentiert uns Professor Nassehi als Pointe auch noch einen naturalistischen Fehlschluss. Weil ich ein leidenschaftlicher Klugscheißer bin, muss ich das noch loswerden. Unter einem naturalistischen Fehlschluss verstehen die Philosophen, wenn man von den Tatsachen direkt übergeht zu Verhaltensgeboten. Vom Faktischen zu normativen Vorschriften voranschreitet. Vom Sein zum Sollen. Vom Beschreiben zum Vorschreiben. Oder wie wir einfachen Denker immer sagen: Weil es ist, wie's ist, muss es anders werden, weil sonst bleibt's, wie es ist. Das ist – wenn ich mich nicht täusche – ein naturalistischer Fehlschluss.

Nassehi sagt Folgendes: »Das ›Hier‹ (der beschriebene Zustand!, das Eigene, das andere, die mögliche Version) *wird* zu einem ›Wir‹ (normative Vorschrift!) nicht durch kulturelle Oktroys (Achtung, Sprachzucker! – bedeutet nämlich Unterdrückung), sondern durch gesellschaftliche Selbsterfahrung, durch eine alltägliche Praxis, die man durch geeignete (!) Maßnahmen (also Vorschriften!) auch Einwanderern ermöglichen muss, die Teilhabe an Bildung, am Arbeitsmarkt, am kulturellen Leben …«

Was will er uns damit sagen? Mehr kulturelle Differenz wagen, dann wird alles gut. »Was ist also deutsch? Hier zu leben. Mehr sollte dazu nicht mitgeteilt werden.« So einfach ist das. Wer hier lebt, ist deutsch. Stimmt's, Herr Professor? Unser Ureigenes soll das *anything goes* sein, der Relativismus, der unser Leben immer wieder neu infrage stellt und immer wieder neue Regeln ersinnt, die wir in der alltäglichen Selbsterfahrung bis zum Erbrechen ausdiskutieren! Nassehi schwärmt von der permanent sich immer weiter fortentwickelnden kulturellen Differenz, in der das Eigene immer wieder durch Benennen verschwindet und jeder immer wieder eine andere Version einer auch anders möglichen Version ist. Herrliche Aussichten sind das! Ich könnte eine chinesische Version einer auch anders möglichen Version eines Arabers sein, dessen Eigenes eine Version einer eigenen, auch anders möglichen Version eines Niederbayern sein könnte, die ich durch Benennen zum Verschwinden bringe.

Nein danke! Ich möchte keine Version einer auch anders möglichen Version von Armin Nassehi sein. Keine Lust dazu. Ich möchte weiterhin verstanden werden.

Nachdem unsere Tochter Franziska diesen Text gelesen hat, zieht sie die Konklusio:

Das Verständnis dieses Essays ist empirisch nicht nachzuweisen und transzendental vorausgesetzt. Wenn er versucht, die Inhalte klar zu formulieren, verschwindet das Verständnis.

Die putzen wir

Wir haben Karten für das Spiel. Bayern gegen Juventus. Champions League, Viertelfinale in der Allianz Arena. Und wir haben März. Von Frühling keine Spur. Es ist kalt im Stadion, eiskalt, um nicht zu sagen saukalt. Aber was macht das schon, wenn Bayern um den Einzug ins Halbfinale spielt? Wir haben uns warm angezogen, den roten FC-Bayern-Mia-san-mia-Schal umgehängt und unsere FC-Bayern-Kuscheldecken eingepackt, und ich denke, Juve wird sich auch warm anziehen müssen heute Abend, wenn sie nicht untergehen wollen.

Das wollen sie selbstverständlich nicht. Müssen sie aber. Sorry! Für mich steht fest, dass unsere Mannschaft Turin schlagen wird. Ich tippe auf 3:0! Ein höherer Sieg wäre demütigend. Das muss nicht sein. Könnte aber auch passieren. Wäre schön. Juventus hat eine gute Mannschaft, keine Frage, aber gegen die Bayern wird ihnen das nichts nützen. Das ist in etwa mein Denken vor dem Anstoß. Wahrlich, wahrlich, ich sage euch, es wird ein Sieg sein, der sich sehen lassen kann. Denn es steht geschrieben, Gott, der Herr, wird seine Hand halten über sein auserwähltes Volk und alle segnen, die an ihn glauben, auf dass sie gewinnen. Rosi schüttelt ungläubig den Kopf. »Gott, der Herr«, sage ich, »ist Mitglied beim FC Bayern. Glaube mir, Rosi, wir können ganz gelassen bleiben.«

Das Stadion ist ausverkauft. Die Bayern-Fans singen

sich ein. EeffceeBayern! EeffceeBayern! Immer wieder! Liturgische Gesänge. Das Hochamt kann beginnen. Wir sitzen direkt vor der Pressetribüne. Der Platz ist perfekt. Wir haben einen optimalen Blick auf das Spielfeld. Hinter uns sitzen die Sportreporter der Printmedien vor ihren aufgeklappten Laptops und erwarten mit Spannung den Anpfiff. Unmittelbar nach dem Abpfiff des Spiels werden sie ihre Spielberichte per Mail in die Redaktionen schicken, sie müssen ihre Texte also schon während des Spiels schreiben, damit die Leser ihre feinen Spielanalysen in der Morgenausgabe zum Frühstück auf dem Tisch haben.

Direkt hinter mir sitzt ein Reporter vor seinem Computer, der sich in einem Gespräch mit einem seiner Kollegen als begeisterter Juve-Fan outet. Ich fange ein paar Gesprächsfetzen auf.

Er hat bei seiner Redaktion dafür gekämpft, dass er über dieses Spiel berichten darf, er wollte auf jeden Fall dabei sein. Er ist Deutschitaliener, erzählt er, die Mutter Deutsche, der Vater Italiener, er kommt aus Turin, und sein Herz schlägt für Juventus. Er ist, das hört man aus jedem seiner Worte heraus, ein Fan. Also, wie soll ich es sagen, Fan reicht in diesem Fall als Beschreibung nicht aus, dieser Halbitaliener verkörpert die Superlative eines Fans, in ihm erreicht die Begeisterung einen Höchstgrad, der ihn in einen Ausnahmezustand katapultiert, der bislang kaum denkbar war. Nach außen sieht er noch wie ein Mensch aus, aber innerlich ist er nur noch Fan, von einem freien Willen kann bei ihm längst keine Rede mehr sein, er ist von den Haarspitzen bis in die Zehennägel ein Juve-Fan, der Inbegriff des Fans schlechthin, ein Italiener halt. Was logischerweise bedeutet, dass er heute Abend – objektive Berichterstattung hin oder her – selbstverständlich nichts sehnlicher wünscht als einen Sieg seiner »alten Tante Juve« über »die Bayern«.

Rosi und ich identifizieren ihn sofort als unseren ganz persönlichen Gegner. Den dürfen wir nicht aus den Augen verlieren, ordne ich an, und Rosi bestätigt mir mit einem »Daumen hoch« Zustimmung: Dem werden wir es zeigen. Wir werden von unserer Seite alles dafür tun, dass sein Wunsch nach einem Sieg von Juve nicht in Erfüllung geht. Wir werden mit unseren Bayern mitfiebern und uns, wenn nötig, die Seele aus dem Hals schreien, und es ist klar, dass, zumindest für die Dauer des Spiels, sachliche Erwägungen bezüglich des Spielverlaufs von vornherein zum Scheitern verurteilt sind.

Vielleicht sollte ich an dieser Stelle schon mal mitteilen, dass Rosi von Anfang an kein »so gutes Gefühl« hatte, im Gegensatz zu mir, der ich von einem Sieg unserer Mannschaft immer überzeugt bin. Selbst wenn wir in der 90. Minute mit drei Toren hinten liegen, glaube ich immer noch an den Sieg. Ich räume ein, dass es schwer werden wird, aber da wir von der 90. Minute noch 90 Minuten entfernt sind, können wir das Unmögliche schaffen, da bin ich sicher. Selbst nach Niederlagen kann ich mich schwer von dieser Überzeugung trennen. »Diese Italiener putzen wir weg!«, wiederhole ich, und es ist mein Mantra an diesem Abend. Immer wieder. Diese Italiener putzen wir weg! Die haben keine Chance! Abwarten, meint Rosi skeptisch.

Und dann ist es so weit: Der Schiedsrichter gibt den Ball frei, nervöses Passspiel, viele Querpässe, die Italiener machen die Räume eng, stehen dicht, man kennt das, und es dauert keine fünf Minuten, da liegen wir schon 0:1 hinten. Scheiße! Rosi schaut mich an, und ich weiß, was sie denkt. Ich will es nicht wissen. Sage nur: »Wir gewinnen!

Du wirst es sehen. Es ist noch nichts verloren. Wir putzen sie. Der Herr hält die eine oder andere Prüfung bereit, das ist normal, ich sag bloß Hiob.«

»Hiob?«, fragt Rosi, »wo hat denn der gespielt?«

»Beim FC Jerusalem.« Wir lachen. Hiob verliert alles, und am Ende gewinnt er auf der ganzen Linie. Verstehst, der Herr will, dass wir nicht vom Glauben abfallen, nur weil wir hinten liegen. Also, Frau, lass ab vom Zweifel!

Schuld ist der Manuel Neuer. Der darf bei diesem Ball nicht rausgehen. Der muss im Tor bleiben. Hätte ich nie gedacht, dass unser Manuel so einen Fehler macht. Aber hilft nichts. Der Neuer, noch so einen Fehler, und ich dreh durch! Der Welttorhüter! Das darf einem Welttorhüter nicht passieren! Aber auch Welttorhüter machen Fehler. Nur warum ausgerechnet jetzt! Bloß gut, dass der Lahm heut hinten rechts spielt. Der Philipp ist eine sichere Bank. Aber halt nicht mehr zwanzig und deshalb manchmal nicht mehr so schnell auf den Beinen. »Mäh ihn um!«, schrei ich. »Hau ihm die Haxen weg!« Und der hört nicht auf mich. Warum macht er nicht, was ich sage? Es scheint, als wäre ich ein bisschen außer mir.

Ich drehe mich kurz zur Pressetribüne um und schaue in ein vor Freude strahlendes Gesicht. Unser Halbitaliener von der Zeitung tippt ein paar Sätze in seinen Laptop. Er wird Juve als die überlegene Mannschaft mit exzellenten Ballkünstlern beschreiben ... dass die Bayern keine Chance hatten gegen diese Fußballgötter ...

Du pass auf, Burschi, dir wird dein Grinsen schon noch vergehen! Das war kein Können von eurer Seite, das war nur ein Zufallstreffer, rufe ich ihm innerlich zu. Ach ja, der Zufall. Es gibt im Fußball kein System, das den Zufall ganz ausschließen kann. Minimieren lässt er sich vielleicht, aber es bleibt immer eine Unwahrscheinlichkeit, die ein Spieler nutzen kann. Große Spieler haben einen Sinn für diese Unwahrscheinlichkeiten und wissen sie zu nutzen, weil eine Unachtsamkeit eines Spielers, eine Fehleinschätzung eines Passes, die im Nachhinein keiner erklären kann, die Entscheidung bringen kann. »So etwas passiert einfach«, heißt es dann, oder »so etwas lässt sich nie ausschließen«.

Und »so etwas« passiert dann in der 29. Minute wieder, denn aufgrund einer Unachtsamkeit der Bayern-Abwehr trifft Juve zum 2:0. Der Italiener hinter uns hackt seinen Spielbericht mit etwas zu viel Druck in seinen Laptop und freut sich wie irre. Juves Dominanz legt die klaren Defizite der Bayern-Defensive offen! Bayern liegt zwei Tore hinten. Wer hätte das gedacht.

Rosi und ich schauen uns fassungslos an. Kein Problem, sage ich lässig, müssen wir eben jetzt drei Tore schießen. Wir putzen diese Italiener weg! Erst schießt der Lewandowski ein Tor und dann der Müller, und dann semmelt ihnen der Vidal einen Freistoß rein oder der Alaba, wart's ab. Meine Frau verdreht die Augen. Sie hat keine Lust, irgendetwas abzuwarten.

Wir frieren trotz Decken noch ein bisschen mehr als ohnehin schon. Es ist arschkalt im Stadion, und nun sind die Temperaturen noch weiter in den Keller gesunken. Der Schiedsrichter pfeift zur Pause, und wir gehen mit hängenden Köpfen in eine Lounge, um uns aufzuwärmen.

Vor der Pause hat weder Lewandowski noch ein anderer unserer hoch dotierten Kicker den Ball ins Tor unseres Gegners lenken können. »Wir hätten daheim bleiben sollen«, sagt Rosi. »Und uns das Spiel im Fernseher anschauen. Dann würden wir wenigstens nicht frieren.« – »Wir gewinnen noch!«, bestehe ich weiterhin auf meiner Prognose. »Wir putzen die!«

»Woher nimmst du diese Zuversicht?«, fragt Rosi. »Ich glaube an diese Mannschaft! Ich spür es. Bayern gewinnt nicht nur dieses Spiel, wir ziehen ins Finale ein und werden dieses Jahr die Champions League gewinnen.« Rosi lacht.

Zur zweiten Hälfte nehmen wir unsere Plätze vor der Pressetribüne wieder ein. Der Italiener lacht und scherzt mit seinen Pressekollegen, er hält den Daumen hoch. Ich signalisiere ihm mit einem »Dir-wird-dein-Grinsen-schon-noch-vergehen-Blick« meine Kampfbereitschaft. Er tippt schon wieder irgendwelche Kommentare in seinen Computer. Ich sehe es ihm an, dass er mit dem Spielverlauf sehr zufrieden ist, ich bin gespannt, was ich morgen dazu in der Zeitung lesen kann. Für ihn scheint klar zu sein, wie der Abend enden wird. Juventus gewinnt überragend, und Bayern scheidet aus. Bayern deklassiert! Oder irgendeine andere hämische Formulierung, die mich zur Weißglut bringen wird.

Ich will das nicht glauben. Selbst wenn es so kommen sollte, werde ich es nicht glauben können. Ich kenne mich. Aber Gott, der Herr, hat vor den Sieg das Leiden gesetzt. Das ist so.

»Jetzt müssen wir eben noch eine Zeit lang den Leidensweg gehen, aber dann, ja dann werden wir reich belohnt werden und eingehen in die himmlischen Gefilde«, versuche ich Rosi zu trösten. »Schön wär's«, sagt sie traurig, »wenn wir die himmlischen Gefilde noch vor Ende des Spiels erreichen könnten.«

Zweite Halbzeit. Die Bayern kommen mit neuer Energie zurück und treiben Angriff um Angriff vor das Juventus-Tor. Ich war grad ein wenig unkonzentriert, hab nicht richtig aufgepasst, da erzielt Lewandowski nach Flanke von Costa tatsächlich mit dem Kopf den Anschlusstreffer!

Ich dreh mich schnell zum Italiener um, der tippt ausnahmsweise mal nicht, der schaut verdutzt geradeaus ... und beginnt dann zu tippen. Jetzt wollen es die Bayern wissen und versuchen immer wieder, die italienische Abwehr in Schwierigkeiten zu bringen. Das Spiel ist an Spannung kaum zu überbieten. Wir brauchen ein Tor, sonst sind wir draußen. Die Zeit läuft. Allmählich wird's eng. Wir befinden uns bereits in der 86. Minute. Es will einfach nicht gelingen. Immer wieder probieren unsere Dribbelkünstler Coman und Costa, an den Juve-Verteidigern vorbeizukommen. Ein ums andere Mal bleiben sie hängen. 90. Minute. Es sieht nicht gut aus. Wir werden ausscheiden. Verdammt noch mal. Ich kann es nicht glauben. Ich schau zu Rosi. Sie verfolgt konzentriert das Spiel, hält beide Hände zur Faust geballt vor die Brust und drückt ihren Bayern die Daumen.

Die erste Minute der Nachspielzeit läuft. Allmählich kommt auch mir der Gedanke in den Sinn, das war's. Der Traum ist aus. Da kommt Müller irgendwie an den Ball und köpft ihn ins Tor. Wir springen auf und brüllen im Chor: »Tooooor!« Wunderbar. Hochgefühl! Einfach geil! Der Jubel im Stadion ist überwältigend. Wir sind zurück. »Jetzt putzen wir sie!«, sag ich zu Rosi. »Was hab ich gesagt? Wir putzen sie, diese Italiener!«

Ich dreh mich zu unserem Italiener um. Der würdigt mich keines Blickes. Er schaut auf seinen Laptop. Tippt, löscht, tippt wieder. Seine Gesichtszüge verkünden nichts Gutes. Er ist sauer. Er will es nicht wahrhaben, dass Juve den Bayern nichts mehr entgegenzusetzen hatte. Er glaubte, seine Turiner hätten den Sieg schon in der Tasche. Von wegen! Ich sehe, wie sich seine Lippen bewegen. Auch wer kein geübter Lippenleser ist, kann entziffern, was sie sagen. Scheiße. Verdammte Scheiße. Vaffanculo!

Unsere Blicke treffen sich. Meine Mimik drückt Freude aus, ich zeige ihm einen hochgereckten Daumen, er reagiert nicht darauf, sondern konzentriert sich auf seinen Bildschirm. Der Schiedsrichter pfeift ab.

Jetzt also zwei Mal fünfzehn Minuten Verlängerung. Wieder sage ich, dass wir sie wegputzen, diese Italiener! Die sind fertig, diese Turiner, bei denen ist die Luft raus, die haben keine Reserven mehr, die Muskeln sind übersäuert, aber wir werden ihnen jetzt zeigen, wo der Bartl den Most holt. »Dein Wort in Gottes Ohr!«, sagt Rosi beschwörend. Ich weiß nicht, wo der heut spielt. Aber egal, wir schaffen es, ich spür das.

Das Spiel läuft wieder, und tatsächlich, Thiago pfeffert den Ball zum 3:2 ins Netz. Super! Super! Und noch mal super! Wir springen von unseren Plätzen hoch. Tooooor! Wir haben das Spiel gedreht. Wir umarmen uns! Der Thiago, der Hund! Dieser Thiago. Dieser Künstler. Der Erlöser! Freudentaumel! Wir waren schon weg vom Fenster, ausgeschieden. Und jetzt haben wir es ihnen gezeigt, diesen Italienern!

Aber jetzt müssen wir aufpassen, dass Juve nicht zurückkommt. Nichts mehr zulassen! »Aufpassen!«, rufe ich. »Aufpassen! Aufpassen! Passt's auf!« Die meinen immer, sie könnten uns schlagen. Nur gegen unsere Kraft, unseren Willen, unser Können haben sie keine Chance. Und da scheppert es im Turiner Tor. Der Kingsley Coman, unser Kingsley, schießt das 4:2. Jetzt sans fertig, diese Italiener. Ja, da schauts ihr, gell, ha? Das sind mia. Die Bayern. FC Bayern, Stern des Südens! Stimme ich die Bayern-Hymne an. »Rosi, wir haben sie geputzt!« Sie lacht. Glück! Es ist das reine Glück!

Ich schau siegessicher zu unserem Italiener, der wie wild auf seinen Laptop einhackt. Jetzt wird es für ihn eng.

Er hatte seinen Artikel bereits fertig und sich auf einen Sieg seines Vereins Juventus Turin eingestellt. »Die Geschichte kann er jetzt komplett vergessen«, sage ich zu Rosi. Er muss den ganzen Bericht von vorne bis hinten neu schreiben. Und das in Windeseile. Die warten in der Redaktion bereits auf seine Zeilen. Es muss jetzt alles schnell gehen. Die Geschichte geht jetzt anders. Bayern hat das Spiel auf den Kopf gestellt. Die Taktik der Italiener ging nicht auf. Diese Bayern! Das war kein normaler Abend. Das war großes Drama.

Alles verloren geglaubt, wir waren am Boden, am Ende alles gewonnen. Wir waren schon in der Hölle, sage ich zu Rosi, und sind wiederauferstanden. »Wann ist eigentlich Ostern dieses Jahr?« – »Früher«, sagt Rosi. Wir rollen unsere Bayern-Decken zusammen und machen uns auf den Weg nach draußen. Ich suche noch einmal den Blickkontakt mit unserem Italiener. Er klappt gerade seinen Laptop zu mit einer deprimierenden Langsamkeit, den Blick ins Nichts gerichtet. Jetzt tut er mir fast ein wenig leid. Aber nur im Verlieren zeigt sich die wahre Stärke eines Menschen. Da muss er jetzt durch! Ich halte den Daumen hoch.

Schande für Deutschland

Früher Freitagmorgen. 7:33 Uhr. Rosi ist schon auf dem Sprung in die Arbeit und trinkt noch schnell ihren Kaffee im Stehen, als ich den Laptop einschalte, um am *Totalschaden* zu arbeiten, zu dem ich mich allmählich selber entwickle. Habe ich zumindest das Gefühl. Nachts gehe ich mit einem Totalschaden schlafen und morgens steh ich mit einem auf. Rosi schaut mir über die Schulter und überfliegt den Text, der auf dem Laptop erscheint.

Rosi: »Immer diese AfD! Musst du dieser Partei wirklich so viel Raum geben?«

Ich: »In einem Buch, das sich mit dem Totalschaden beschäftigt, darf die AfD nicht fehlen.«

Rosi: »Totalschaden? Ist das nicht ein bisschen übertrieben für eine Partei, die in den Wählerumfragen bundesweit gerade mal bei zwölf Prozent landet?«

Ich: »Immerhin ist die AfD eine ›Schande für Deutschland‹.«

Rosi: »Das macht was her! Wem ist denn diese schöne Bezeichnung eingefallen?«

Ich: »Ich komme grad nicht drauf. Das könnte der Martin Schulz gewesen sein. Oder der Ralf Stegner!«

Rosi: »Schande für Deutschland? Auch ein bisschen dick aufgetragen, was? Was wäre denn die Alternative zu Schande für Deutschland?«

Ich: »SPD! SPD für Deutschland! CDU für Deutschland! Könnte auch noch passen. Wahrscheinlich spricht man aber in diesem Fall besser von der Alternativlosigkeit für Deutschland.«

Rosi: »Das Gegenteil von ›Schande für Deutschland‹ wäre vielleicht die Anständigkeit für Deutschland?«

Ich: »Damit können nur die ›Altparteien‹ gemeint sein, die ihre Anständigkeit im Lauf der Jahre permanent unter Beweis gestellt haben. Es ist noch gar nicht so lange her, dass diese besondere Form der Anständigkeit einige bayerische Landtagsabgeordnete in der sogenannten Verwandtenaffäre zur Schau gestellt haben.«

Rosi: »Anständige gibt es in allen Parteien.«

Ich: »Das weiß ich nicht. Ich glaube, dass es für einen

Politiker, egal, in welcher Partei er engagiert ist, schwer ist, anständig zu bleiben.«

Rosi: »Da könntest du recht haben.«

Ich: »Die AfD nennt diese politischen Gebilde die ›Systemparteien‹, was diese wiederum als ›unanständig‹ empfinden.«

Rosi schaut auf die Uhr und meint, dass es schon spät ist. »Ich muss mich auf den Weg machen. Weißt, was unheimlich anständig wäre, wenn du a bissl die Wohnung aufräumen könntest, die Zeitungen in den Papiercontainer werfen, staubsaugen, wischen, waschen, spülen, bügeln.«

Ich: »Das wäre anständig, meinst? Ich weiß nicht, ob ich das anständig erledigen kann. Dafür bin ich nicht ausgebildet!«

Rosi lacht.

Ich: »Ich muss das Buchmanuskript überarbeiten.«

»Tschau«, ruft sie an der Wohnungstür. »Bis nachher!«

Ich höre, wie sie die Tür zuzieht.

Stille.

Ich sitz allein vor dem Laptop und mache mir Gedanken über die Anständigkeit von Politikern.

Gerhard Schröder kommt mir in den Sinn, der einmal vom Aufstand der Anständigen gesprochen hat. Nur, in welchem Zusammenhang? Keine Ahnung!

Die Sozialdemokraten jedenfalls gehören zu den ganz besonders Anständigen, ja, doch, die sind auf jeden Fall anständig. Auch historisch, eine Partei mit Tradition und Charakter, weil sie für soziale Gerechtigkeit kämpfen. Sie kämpfen außerdem für Hartz IV und Mütterrente, Frieden und Freiheit, Fortschritt und Kultur, Rente und Leben, Umwelt und Nahrungsaufnahme, Handelsabkommen und Geheimniskrämerei, Sterbebegleitung und Organspende, Länderfinanzausgleich und Steuererhöhungen und Europa! Europa sowieso! Selbstverständlich alles extrem sozial!

Die Grünen gehören auch zu den Anständigen, aber bei denen kommt noch mehr Umwelt dazu und Artenschutz, Schwule, Lesben, Klima, Versprechungen spezieller Art wie Lebensgrundlagen, genfreie Landwirtschaft, Luft und Wasser haben sie auch im Angebot und – ganz wichtig – Menschenrechte, also auch eine sehr, sehr anständige Partei, eigentlich die anständigste von allen!

Mit der CDU nähern wir uns allmählich den Problemfällen der Anständigkeit. Christlich orientiert, wirtschaftlich und unternehmerfreundlich, insgesamt gerade noch im grünen Bereich, also anständig und daher mehr oder weniger noch befriedigend bis ausreichend. Aus Sicht der ganz Anständigen gibt es bei der CDU Tendenzen zur Unanständigkeit, aber noch keine Vollschande. Wenn man es allerdings darauf anlegte und in der Vergangenheit wühlen würde, was unanständig wäre, politisch aber oft unvermeidbar ist, dann fände man auch Unanständiges bei der CDU. Leichen haben alle im Keller.

Die CSU, die Schwesterpartei der CDU, ist eigentlich schon unanständig, aber von einer Schande für Deutschland würde bei ihr dennoch niemand sprechen, weil man aufgrund der Mehrheitsverhältnisse auf sie in der Großen Koalition leider nicht verzichten kann. Dennoch: Ein ganz Anständiger wie Ralf Stegner von der SPD ist sicher in der Lage, die CSU mit dem Etikett »Schande für Deutschland« zu versehen.

Diese Schmähung der AfD geht, wenn ich mich nicht täusche, auf Stegner zurück. Ich kann ihn verstehen. Die AfD nimmt auch der SPD Wählerstimmen weg, und deshalb müssen sie der Stegner und viele andere Sozis verteufeln in der Hoffnung, der Wähler verweigert der »Schande für Deutschland« seine Stimme und macht sein Kreuz doch noch bei den anständigen Deutschen, den Sozis.

Das »Pack, das mit Worten zündelt«, wurde die AfD genannt. Das war auch ein Sozi, der sie »mitverantwortlich« gemacht hat für brennende Asylbewerberunterkünfte. Man beschimpfte sie als »die rechten Angstmacher«, als »rechte Hetzer« natürlich, auch als »Nazis«, man nannte sie »diese rechtspopulistische Gruppierung, die in Teilen rechtsextrem ist«, die »bei den Wählern der bürgerlichen Mitte« immer mehr Sympathien gewinne, weil sie »grob vereinfachende« und »rechtspopulistische« Aussagen mache!

Diese »Wähler der bürgerlichen Mitte«, warum wenden sie sich von den Anständigen ab? Eigentlich keine so schwer zu beantwortende Frage. Das Erstaunliche dabei aber ist, dass die Anständigen sich nicht erklären können, warum ihnen die Wähler nicht mehr folgen. Tja.

Die AfD ist die Partei der schlechten Laune.

Das jedenfalls meint der Olaf Scholz, der Erste Bürgermeister von Hamburg, auch ein Sozi. Wenn die AfD »die Partei der schlechten Laune« ist, dann will uns der Olaf Scholz damit kundtun, dass seine SPD die Partei der guten Laune ist, die Gags am laufenden Band produziert und damit die Stimmung im Land hebt. Die SPD, unsere Entertainer-Partei. Ich warte drauf, dass der Gabriel zum Big-Band-Sound singt: »I did it my way.«

Für die Beschwingtheit des Landes ziehen die Sozialdemokraten alle Register ihres Könnens. Der Heiko Maas, unser Justizminister, steuert ganz neue Gags bei, er ist der geistige Stepptänzer der SPD. Weil die AfD in ihrem Grundsatzprogramm das Verbot von Minaretten fordert, findet der Heiko Maas zu einer bestechenden Logik. Durch ein Verbot der Minarette werde keine einzige Rente sicherer. Das ist eine Wahrheit, deren Logik sich jedem sofort auch nach längerem Nachdenken nicht erschließt.

Wahrheit kann manchmal wehtun und unpopulär sein. Aber die SPD als Alternative zur AfD scheut sich nicht, ihre Wahrheiten offen auszusprechen.

Das Unangenehme bei der AfD ist, dass sie diese Wahrheiten in rein populistischer Absicht ausspricht, um daraus einen parteipolitischen Vorteil zu ziehen. So etwas gehört sich nicht, das ist unfair. Nur demokratische Parteien dürfen so etwas machen!

Ich lasse den Blick durch unsere Küche schweifen: Tassen, Teller, Gläser, es sieht nach Leben aus. Ja, sage ich mir, man könnte, man müsste, vielleicht sollte ich. Aber, ermahne ich mich, jetzt nichts überhasten, keine Hektik aufkommen lassen, keinen blinden Aktivismus, keinen Populismus, bloß keine einfachen Lösungen, um Beifall zu bekommen. Man muss solche komplexen Szenarien ausgiebig beobachten, um schließlich an der richtigen Stelle und vor allem zum richtigen Zeitpunkt anzusetzen. Und der scheint mir noch nicht gekommen zu sein. Ich werde mich also noch gedulden müssen.

Plebiszite

Diese AfD nervt! Aber nicht nur. Sie amüsiert mich auch. Ich bin dankbar dafür, dass es sie gibt, weil sie die Altparteien aufscheucht, die vor lauter Angst um Wählerstimmen wie die Hühner durcheinanderlaufen, wenn der Fuchs in den Stall einbricht. Die böse AfD bricht in unsere Wählerpotenziale ein, jammern sie. Frechheit, das sind *unsere* Wähler, die haben *wir* jahrelang verarscht, die kennen uns, die haben sich an uns gewöhnt. Und jetzt kommt diese AfD daher und räubert in unseren angestammten Arealen.

Die »Systemparteien«, wie sie die AfD bezeichnet, reagieren aufgeschreckt. Das ist lustig zu beobachten. Es gibt Abgeordnete, denen bei der Vorstellung, nicht mehr ins Parlament gewählt zu werden, der Angstschweiß ausbricht. Schön! Es riecht direkt nach Demokratie.

Unglaublich, was sie sich herausnehmen, empören sich die alteingesessenen Wahrer der Demokratie. Diese Rechtspopulisten!, schreien sie. Sie fordern Plebiszite! Sie setzen auf das Volk! Frechheit! Finger weg von unserem Volk. Geht ihnen nicht auf den Leim! Glaubt ihnen nichts, sie lügen, wenn sie den Mund aufmachen!, warnen sie uns.

Ja, das kann schon sein, aber leider ist das nichts Neues. Angelogen haben sie uns alle schon einmal. Und wir wollen es doch gar nicht anders. Die strategische Wahrheit gehört zum Geschäft. Die AfD ahmt die Rhetorik ihrer Angreifer nach.

Diese AfD behauptet, die europäische Idee sei gescheitert. Der Meinung kann man sein. Ist bis jetzt noch nicht verboten. Kann aber noch kommen. Wer die Erfolgsgeschichte Europas leugnet, wird mit Gefängnis – mal überlegen, was zur Läuterung reichen würde – bis zu drei Jahren bestraft! Obwohl, dem Schulz geht das bestimmt nicht weit genug. Der würde vorschlagen: Umerziehungslager mit Gehirnwäsche. Strafarbeit: Schreibe hundert Mal »Es gibt keine Alternative zu Europa«.

Grundsätzlich sind die Leute, wie wir aus Presseberichten wissen, nicht die hellsten, manche brauchen etwas länger, bis sie was kapieren, manche kapieren es gar nicht! Und die besonders schweren Fälle fallen auf die AfD rein.

Die will das Volk abstimmen lassen über die Alternativlosigkeit der EU. Also ein Referendum analog zu Großbritannien. Die Briten durften über den Verbleib ihres Landes in der EU abstimmen. Wie es ausgegangen ist, wissen wir. Ich versteh die Briten auch nicht. Ich frage mich, was die für ein Demokratieverständnis haben. Lassen das Volk abstimmen. Warum wird so was nicht verboten?

Das Problem bei solchen Referenden ist doch, dass man vorher nicht weiß, wie sie nachher ausgehen. Am Ende könnte bei uns eine Mehrheit für einen Dexit dabei herauskommen. Ja, leck mich am Arsch! Da wäre aber was los! Gott sei Dank sind solche Volksabstimmungen bei uns nicht erlaubt. Die Gründerväter unserer Demokratie haben da in weiser Voraussicht einen Riegel vorgeschoben. Das muss auch so bleiben. Ich denke, da müssen unsere Politiker auch eine Verantwortung für uns übernehmen.

Und wenn Plebiszite, dann ganz genaue Vorgaben: Erlaubt nur bei regionalen Fragestellungen, wobei mindestens eine 5/5tel Mehrheit dafür oder dagegen stimmen muss. Alte und Junge müssen im gleichen Verhältnis an der Abstimmung teilnehmen. Sollte dies nicht der Fall sein, weil zum Beispiel die Bevölkerung überaltert ist oder die Jungen den Wahltermin verschlafen haben, werden die Stimmen der jeweils fehlenden Altersstufen per Hochrechnung vergeben, je nachdem, welches Abstimmungsergebnis gewünscht wird. Für den Fall, dass das Volk dennoch falsch abstimmt, wird die Durchführung eines Folgeplebiszits so lange vorgeschrieben, bis das Ergebnis den Erwartungen der geistigen Elite entspricht. Aber um den stimmberechtigten Wähler nicht unnötig geistig zu überfordern, wird beim zweiten Wahlgang nur noch eine Antwortmöglichkeit vorgegeben. Wenn alle Stricke reißen, ist die Politik selbstverständlich ermächtigt, sich nicht an das Votum des Volks zu halten. Dies muss allerdings per Volksentscheid entschieden werden.

Mal im Ernst: Wenn ich nur daran denke, wer alles wählen darf bei uns, müssen derart desaströse Volksentscheide wie in *Great Britain* verhindert werden. Sie müssen sich die Leute einmal anschauen, egal, wo Sie sich gerade befinden, in der Öffentlichkeit, in der U-Bahn, Trottel sind unterwegs, man glaubt es nicht.

Wir brauchen Parteien und Politiker, die uns politisch auf Linie halten, die uns auf die Finger hauen, wenn wir falsche Entscheidungen treffen wollen. Es gibt Fragen, die darf man dem deutschen Bürger nicht zumuten, und Antworten, die darf man den Politikern nicht zumuten. Was meinen Sie, was los gewesen wäre, wenn man uns in der Bankenkrise gefragt hätte, ob wir die Banken mit unseren Steuergeldern retten wollen? Dann hätten wir doch Nein gesagt. Die meisten von uns sind nicht in der Lage, über Schicksalsfragen des Landes zu entscheiden.

Ehrlich gesagt, ich versteh nicht, warum man uns überhaupt noch wählen lässt, denn was ist die Wahl anderes als eine Volksabstimmung? Was haben wir in diesem Land schon für einen Mist zusammengewählt. Wir haben mit unserem chaotischen Wählerverhalten die Parteien oft in solche Schwierigkeiten gebracht, dass sie kaum in der Lage waren, uns ordentlich durchzuregieren. Es ist erstaunlich, dass sie uns das nicht übel nehmen und sich trotzdem ein ums andere Mal zu einer Machtergreifung überreden lassen. Wenn es drauf ankommt, zeigen sie alle eine Anpassungsfähigkeit an die Verhältnisse, die uns ruhig schlafen lässt. Einfach großartig, wie die Parteien um eine funktionierende Demokratie ringen. Sie finden sich zu Koalitionen zusammen, die während des Wahl-kampfs noch strikt abgelehnt wurden. Sie zeigen Kompro-missbereitschaft, wo sie auf keinen Fall Kompromisse machen wollten, ziehen schweren Herzens Wahlverspre-chen zurück, machen dem politischen Gegner Zugeständ-nisse, alles nur, um das Volk gut und weise regieren zu dürfen. Ich wünschte, das Volk würde endlich einsehen, was wir da an demokratischem Urgestein in unserer poli-tischen Führungsriege haben. Sie kämpfen für uns, unser Land, gestalten unsere Zukunft, und wir wollen ihnen mit Volksentscheiden ins Handwerk pfuschen? Nein, das wi-derspricht jedem demokratischen Denken. Deshalb for-dere ich: Weg mit dem Volksentscheid, weg mit Wahlen! Unsere Politiker kommen ohne unsere Einmischung bes-ser zurecht.

Geduldsfaden

»Bitte gedulden Sie sich einen Moment. Zurzeit wird auf allen Leitungen gesprochen!«, sagt eine freundliche Frauen-stimme. Sie sagt es immer wieder. Unaufhörlich. Ich be-finde mich in einer Warteschleife. Bei der Telekom. Ser-vice-Hotline. Eine Musik, die endlos dieselben Tonfolgen wiederholt, die das Prinzip der Steigerung beachtet, auf einen Höhepunkt zusteuert, um nach einer Fermate abrupt abzufallen in ein musikalisches Vakuum. Der Anrufer soll dabei das Gefühl bekommen, gleich wird sich eine Tür auftun und du wirst eingelassen ins Paradies, wo dir ge-holfen wird, wo freundliche Engel dich in helfende Ge-spräche verwickeln, um deine Probleme zu lösen. Aber so weit sind wir noch lange nicht. Die freundliche Stimme beruhigt beharrlich weiter, immer wieder: »Zurzeit wird auf allen Leitungen gesprochen.« Ich habe mir schon gedacht, dass auf allen Leitungen gesprochen wird, weil alle Leitungen besetzt sind. Das Bild einer Klotür erscheint vor meinem geistigen Auge, auf der ein rotes Besetztzeichen prangt. »Bitte gedulden Sie sich einen Moment.«

Ja, selbstverständlich gedulde ich mich. Ich gedulde mich, du geduldest dich, er, sie, es geduldet sich, wir gedulden uns, ihr geduldet euch, sie gedulden sich. Es ist eine Meditation, eine fernöstliche Übung des Gleichmuts, der ich mich hier unterziehe, freiwillig! Ich staune über meine Bereitschaft, mich zu gedulden. Mittlerweile gedulde ich mich achtundreißig Minuten. Wie viele Momente der Geduld sind in achtunddreißig Minuten enthalten? Wie viele Sekunden dauert ein Moment? Was sagt Einstein dazu? Wie komme ich denn jetzt auf den? Seine Vermutung, Gravitationswellen seien entstanden, nachdem vor 2,7 Milliarden Jahren zwei Schwarze Löcher mit ihrer ungeheuren Masse verschmolzen seien, bringt mich zu der Frage, wie lange es wohl gedauert haben mag, bis es endlich so weit war und diese beiden Schwarzen Löcher den Urknall auslösen konnten.

»Bitte haben Sie noch einen Moment Geduld!«

Die Relativitätstheorie gedulde ich mich schon sehr lange zu verstehen. Ich singe die Tonfolgen mit. Mir kommen sie vor wie Glocken, die linear erklingen – die Intervalle Ding, Dong, Dong, Geigenklänge zittern im Hintergrund, wieder stellt sich für einen Moment das Gefühl ein, einen Geduldsgipfel erklommen zu haben, das Ziel scheint erreicht, die Erlösung ist nahe, das Warten hat ein Ende …

Nein, wieder folgen die bereits gelernten tröstlichen Tonfolgen, die »von vorne« signalisieren. In einem meiner Hirnareale, in denen Musik »verarbeitet« wird, bilden sich Synapsen, um die auf- und absteigenden Harmonien als gelernte Einheiten neuronal nachzubauen.

Ich gedulde mich inzwischen neunundvierzig Minuten und bin stolz darauf, bis jetzt durchgehalten zu haben. Vielleicht sollte ich es dabei bewenden lassen und den erreichten Rekord der geduldig verlebten und verstrichenen Momente feiern? Eine Flasche Champagner aufmachen und mit Rosi auf meine Geduldsmomente anstoßen? Nein, wer so lange Geduld aufbringen kann wie ich, der gibt jetzt nicht auf, der entwickelt sich weiter in seiner Geduldskompetenz. Ich arbeite an mir. Ich gebe mir Memos, Glaubenssätze wie »Ich kann das«, »Ich kann geduldig warten«, »Ich bin ein Geduldsmensch!«. Die Situation ist mein Coach! Ich wachse in meiner Persönlichkeit! Ich bin dankbar dafür, dass mir die Telekom hier die Gelegenheit gibt, an meiner Geduldskompetenz weiterzuarbeiten. Wahrlich, wahrlich, ich sage, ich bin die Geduld und das Leben! Ich bin ein Geduldsgroßmeister! Ich bin der Geduldigste der Geduldigen. Selig die Geduldigen, denn sie werden eingehen in das Himmelreich!

Ich werde ein Geschäftsmodell entwickeln. Ein Start-up »Waiting«. Den Slogan habe ich schon: »Wait a few minutes! Or more!«

»Geduld« – Patience – Patientia. Der Rohstoff »Geduld« wird von mir in alle Welt exportiert. Eine Gedulds-App fehlt! *Bavarian Patience*, aus heimischer Produktion. Wir entwickeln Geduldsspiele, ohne die das Leben sinnlos ist. Sinn und Geduld! Zwei Grundkomponente des Daseins! Das wahre Leben findet in der Warteschleife statt. Nur wer wartet, lebt. Der Mensch – das geduldige Wesen. Oder: Der Mensch – das geduldige Tier.

Warten auf Geduld! Im Geduldswartestand! Ich glaube,

hier entstehen die ersten Gedanken für ein neues Buch. Die Geduldschance wahrnehmen! Raum und Zeit krümmen sich – der Mensch in der Zeitfalte!

»Bitte haben Sie noch einen Moment Geduld. Im Moment sind alle Leitungen besetzt.« Die eingeübte aufsteigende Melodie! Höhepunkt: Ding, Dong, Dong. Inzwischen habe ich vergessen, warum ich die Service-Hotline angerufen habe.

Wo war noch mal mein Problem? Wenn ich jetzt durchkomme, habe ich keine Ahnung, was ich sagen soll. Nein, ich brauche noch etwas Zeit! Ich hoffe, dass die Leitungen noch besetzt sind. Plötzlich fragt mich eine freundliche Männerstimme, wie sie mir helfen könne. Und ich sage spontan: »Bitte haben Sie noch einen Moment Geduld. Zurzeit sind alle Leitungen besetzt.«

Ein glatter Einser

Wir sitzen in einem Restaurant in Barcelona mit Blick auf den Jachthafen. Die Rosi, die Geli, der Gerd und ich. Es weht der Abendwind, und weil es ein bisschen frisch ist, sitzen wir unter wärmenden Heizpilzen, die, daran besteht für mich nicht der geringste Zweifel, auch katalonischen Ursprungs sind. Die Atmosphäre ist entspannt, friedlich und, wie könnte es anders sein, katalonisch, also ein bisschen separatistisch. Es liegt überhaupt viel Katalonisches in der Luft und auf dem Tisch an diesem Abend. Sardinen in Olivenöl, ordentlich gesalzene grüne Paprika – »pimientos de padrón«, Kabeljau-Carpaccio, Steinbutt an gerösteten Knoblauchzehen, alles nach Landesart.

»Ein glatter Einser, Bruno! Kannst nix sagn«, sagt der

Gerd. »Ich sag eh nix«, sage ich. »Ein glatter Einser«, wiederholt der Gerd noch ein bisschen lauter. Und wir prosten uns zu! »Der Wein ist auch ein Einser!«, betone ich. »Ein glatter Einser!«, wiederholt der Gerd und winkt den Kellner heran, um noch eine Flasche davon zu bestellen. »Another one!«, ordert er noch eine Flasche in leicht bayerischem Akzent. Das »th« in »another« lässt auf einen geübten Gebrauch schließen. Es hört sich nach einem astreinen deutschen scharfen »s« an.

»Barcelona ist auch ein Einser«, füge ich hinzu. »Ganz Spanien«, setze ich an und will damit dem ganzen Land einen ultimativen Einser verpassen, da unterbricht mich Gerd und widerspricht. »Nein«, sagt er, »Spanien hat Probleme. Hohe Arbeitslosigkeit! Und der Dings, äh, wie heißt der König?« – »Juan«, sage ich, »heißt er nicht. Felipe! Der Sohn regiert jetzt. Der Juan konzentriert sich jetzt auf die Löwenjagd.«

Niemand wandelt ungestraft unter Palmen! Dieser Satz schwebt plötzlich durch mein weingetrübtes Bewusstsein. Ich denke noch, von wem dieses geflügelte Wort sein könnte? Vermute Goethe und stelle mit einer gewissen Beruhigung fest, dass hier weit und breit keine Palmen zu sehen sind.

»Genau, der Felipe«, ruft der Gerd, »der muss jetzt das Parlament auflösen ...« – »Richtig!«, falle ich ihm ins Wort, »weil der Dings ... äh, mir fällt dieser Dings auch nicht ein, wie der heißt, keine Koalition zusammenbringt.«

»Weil diese Hanswursten«, fährt der Gerd fort, »nicht in der Lage sind, eine ordentliche Regierung zu bilden.«

»Das ist Demokratie«, sag ich. »Da kann man nichts machen. Ist ja bei uns nicht anders. Schau dir doch mal die SPD an!« Das ist etwas provokant, weil ich weiß, dass mein Freund Gerd seit über vierzig Jahren eingetragenes

Mitglied der Sozialdemokratischen Partei Deutschlands ist. Und jetzt kippt die Stimmung. Wir verlassen dummerweise die Ebene der Ironie und werden ernst, was die Gefahr eines Streits beträchtlich vergrößert, zumal wir nun über Politik diskutieren. Nein, eine Diskussion ist es nicht, was wir betreiben, davon kann man wirklich nicht sprechen, es ist eher ein gegenseitiges Rechthaben unter Umgehung von Argumenten. Für Argumente ist auch gar keine Zeit mehr, wir würden sie gar nicht wahrnehmen können, weil die Kommunikation mit einem ernsten Gedankenaustausch, bei dem der eine dem anderen zuhört, nur noch wenig zu tun hat. Wir sind ab einem gewissen Zeitpunkt sogar ziemlich aufgebracht.

Im Nachhinein werden wir uns beide fragen, wie es zu dieser Eskalation überhaupt kommen konnte. Der Wein wirkte sicher nicht deeskalierend. Und Werder Bremen hatte gegen den HSV verloren und stand zu dieser Zeit auf einem direkten Abstiegsplatz, was insofern eine Rolle gespielt haben könnte, weil der Gerd fanatischer Anhänger der Bremer ist und Niederlagen seines Vereins sich bei ihm immer aufs Gemüt schlagen, was ich als Anhänger des FC Bayern nicht nachvollziehen kann.

Vielleicht liegt es auch daran, dass wir den Anblick der protzigen Jachten ertragen müssen, die vor uns im Hafenbecken ankern. Diese Luxusschiffe fordern dauernd zu einem Luxusleben auf, sie liegen als verdinglichter Erfolg vor Anker und lobpreisen nur durch ihr Vorhandensein die kapitalistische Wirtschaftsweise. Seht her, was wir uns leisten können, lautet die Botschaft ihrer Besitzer, wir haben dermaßen viel Kohle, dass wir uns solche Jachten kaufen müssen, die wir hier vor euren Augen im Hafen schaukeln lassen, bis wir sie irgendwann besteigen, um auf dem Meer dem trägen Geldverschwenden zu frönen.

Eine trägt den Namen Ilona, und die hat es dem Gerd besonders angetan. Immer wieder kommt er auf sie zu sprechen.

»Die wäre etwas für dich«, sagt er mit unverkennbar ironischem Ton. »Sei ehrlich, Bruno, die würde dir gefallen.«

»Natürlich! Ich bin eigentlich nur Kabarettist geworden, um mir irgendwann eine Jacht wie diese Ilona leisten zu können. Mein sehnlichster Wunsch war immer, als erster deutscher Jacht-Kabarettist berühmt zu werden.«

Wir lachen. »Der Wein ist ein Einser!«, stellt der Gerd wieder fest.

Ich nehme die Flasche aus dem Kühler, schenke uns allen nach und suche auf dem Etikett nach der Alkoholangabe. »Dreizehn Prozent Alkohol!«, lese ich vor.

»Das geht«, sagt der Gerd und informiert uns: »Meine Leberwerte sind alle im grünen Bereich!«

»Gratuliere«, rufe ich, »meine nicht!«

»Packen wir noch eine!«, ruft er und bestellt Nachschub.

»Der Wein ist ein Einser!« Dann stelle ich, einer spontanen Eingebung folgend, fest: »Die SPD ist kein Einser! Die hat versagt.«

»Das bestreite ich gar nicht!«

»Schön. Haben wir schon Konsens.«

»Aber«, hebt der Gerd an, »die Merkel hat doch auch nichts vorzuweisen.«

Der Gerd kommt in Fahrt. Er hält eine Rede. Ich habe den Eindruck, dass er auf einem Podium steht und die Massen mitreißen muss. Ich schau ihm beim Reden zu. Er möchte, dass ich ihm zustimme. Denke ich. Er ist bei der Außenpolitik angekommen. »Ein Desaster!«, ruft der

Gerd. »Keine Linie erkennbar! Konzeptionslos!« Es folgt eine längere Würdigung der »Politik des Ausgleichs« unter Willy Brandt. »Der Willy hatte eine Vision – die Ostverträge – und jetzt schau dir die Merkel an ...«

Übrigens, unsere Frauen, Rosi und Geli, sitzen neben uns am Tisch und pflegen ihr ganz eigenes Gespräch. Keine Ahnung, über was sie sich unterhalten. Ab und zu lachen sie. An unserem Gedankenaustausch zeigen sie nicht das geringste Interesse.

»... auf allen Feldern hat die Merkel versagt. Nichts, gaaar niichtsss«, und dabei steigert der Gerd noch mal die Intensität seiner Stimme, »hat sie geschafft. Sie ist eine Tönerin.«

Eine Tönerin ist sie also, denke ich.

»Sozialpolitik! Dasselbe! Mindestlohn!«, klagt der Gerd. »Acht Euro fünfzig! Möchtest du von acht Euro fünfzig die Stunde leben?«

Ich schüttle den Kopf. Irgendwie möchte ich etwas Kluges erwidern.

»Ich würde, was die Merkel angeht, etwas differenzierter draufschauen wollen«, sage ich.

Gerd schüttelt den Kopf: »Die Ungerechtigkeit in diesem Land hat unter der Merkel zugenommen. Die Reichen kriegen immer mehr. Die Schere ...«

»Auf die Formulierung habe ich gewartet«, sage ich.

Gerd hört es nicht. »Die Armen kriegen immer weniger. Die Armut nimmt zu. Die Vermögen sind extrem ungerecht verteilt.«

»Das ist mir zu allgemein formuliert«, erwidere ich.

»Das stimmt doch!«, ruft der Gerd.

»Schmarrn. Armut ist relativ.«

»Ich weiß«, fällt mir der Gerd ins Wort. »Sechzig Prozent vom Durchschnittseinkommen! Wer weniger hat als diese sechzig Prozent, gilt als arm. Weißt du, wie viele inzwischen von der Tafel leben?«

»Nein.«

»Viele!«

»Gerd, du redest einen Schmarrn. Du plapperst doch nur nach, was dir die Medien ins Hirn reinschmieren.«

»Das stimmt doch. Der Armutsbericht …«, er steigert seine Lautstärke noch um ein paar Dezibel.

»Hör doch damit auf! Das sind manipulierte Erhebungen im Auftrag des Bundessozialministeriums, da wissen wir doch im Vorhinein, dass das Ergebnis feststeht. Es muss zur Ideologie der regierenden Partei passen.« Jetzt werde ich auch laut.

»Weißt du, wie viel dir bleibt, wenn du den Mindestlohn bekommst, nach Abzug aller Steuern und Abgaben?«

Ich probiere es mit Ironie. »Keine Ahnung!«, rufe ich.

»Neunhundert und ein paar Zerquetschte. Möchtest du davon leben?«, fragt mich Gerd.

»Nein.« Am liebsten würde ich jetzt sagen, dass der Wein ein Einser ist. Aber ich sag es nicht. Stattdessen versuche ich es mit einer weiteren Unsachlichkeit.

»Gerd, du redest Käse!«

Was den Gerd dazu bringt, mich mit den Rechten in einen Topf zu stecken: »Ihr habt doch über die Lobbyisten die Armut erst möglich gemacht.«

»Wen meinst du denn mit i h r?«

»Die Konservativen! Die Rechten.«

»Gerd, mir gefällt nicht, dass du mich bei den Rechten einsortierst, nur weil ich nicht deiner Meinung bin.«

»Du bist doch mit denen der Meinung, dass die Steuergesetze ausreichen.«

»Gerd, jetzt redest du einen solchen Krampf daher!«

Weiter komme ich nicht.

»Vermögenssteuer abgeschafft! Erbschaftssteuer minimal! Überhaupt die Steuern gesenkt! Die Reichen werden immer reicher! Wir brauchen Gesetze, die dieses Elend ausgleichen. Der Staat«, schreit der Gerd, »muss seine Aufgaben erfüllen! Ihr habt den Staat ausgehöhlt.«

»Jetzt fängst schon wieder an. Das bringt mich auf die Palme«, drohe ich. »Ich wunder mich über deine Staatshörigkeit«, sage ich. »Dieses Rufen nach dem Staat, der alles regeln soll, geht mir auf die Nerven. Außerdem, woher nimmst du das Vertrauen in diese Institutionen, die das Chaos angerichtet haben, das du jetzt so laut beklagst? Offenbar glaubst du fest daran, dass die Verursacher der Probleme sie auch am besten lösen können!«

Rosi und Geli schauen uns von der Seite an. Rosi rempelt mich leicht an: »Nicht so laut! Die Leute schauen schon.«

»Versteht uns doch eh keiner!«, sag ich.

»Gerd, wer hat denn die Steuern gesenkt?«, fahre ich etwas leiser fort, um sofort wieder auf Alarmlautstärke aufzudrehen. »Das war der Gerd, der große Kanzler der Sozialdemokratie Gerd Schröder. Wer hat den Rentenfaktor aus der Rentenformel rausgenommen?« Und jetzt steigere ich die Lautstärke nochmals. »Was sein muss, das muss sein. Wer war das?«, rufe ich. »Der G e r d! Wer hat denn die Armut in diesem Land eingerichtet? Der Gerd! Rot-Grün! Federführend die Sozialdemokraten! Dein Gerd«, sage ich nun etwas ruhiger.

Mein Freund Gerd nimmt einen kräftigen Schluck vom Einser-Wein! Und betrachtet mich mit geröteten Augen.

»Nicht so laut!«, zischt Rosi. »Ihr müsst doch nicht so schreien.«

»Wer schreit denn hier?«, schreie ich. »Das ist der Gerd!«

Auf der anderen Seite des Tischs geht es Gerd mit Geli genauso. Auch er wehrt sich erfolgreich gegen ihre Aufforderung, die Phonstärke herunterzufahren.

»Wir sind noch nicht fertig!«, bestimmen wir beide gleichzeitig, woraufhin Geli und Rosi mit einem »Ihr seid peinlich« spontan aufstehen und uns verlassen.

»Ich weiß gar nicht, was die haben!«, stellen Gerd und ich unisono fest. »Haben wir Konsens«, sage ich. Kurzerhand bestellen wir noch einen Einser-Wein und planen schon mal die Übernahme der Regierung. Dann machen wir uns zu Fuß auf den Weg in unser Hotel. Und tatsächlich, wir gehen unter Palmen, die unseren Weg säumen. Der Wind frischt auf.

Ein Satz für Doofe

Wir alle sind der Staat. Jetzt kommen Sie mir bloß nicht so! »Wir alle sind der Staat« ist ein Satz für Doofe. Wer sagt denn so was? Abgeordnete und andere Staatsvertreter behaupten immer wieder, dass wir alle der Staat seien. Von wegen! Das könnte denen so passen. Wir alle sind der Staat, vor allem immer dann, wenn sie unser Geld ausgeben wollen, das sie selber nicht erarbeitet haben. Wir sind der Staat, sagen sie, um Steuererhöhungen zu rechtfertigen, weil »die Ansprüche der Bürger ständig wachsen«. Ach so ist das? Der Bürger fordert vom Staat Geld? Natürlich der Bürger wieder, dieses maßlose Wesen! Und wer verspricht ihm das Geld, um die »ständig wachsenden Ansprüche« zu finanzieren? Na? Wer hat die Spendierhosen an vor Wahlen, wer verspricht dem Bürger dies und das und noch was anderes? Na? Wer wohl? Politiker!

Investitionen in Infrastrukturmaßnahmen! Neue Straßen, Autobahnen, Flughäfen, Segelflughäfen, Sportflughäfen, auch Großflughäfen, na, wer verspricht all diese Wohltaten? Der Politiker, der wiedergewählt werden will. Und wenn du ihn fragst, woher das Geld für all die schönen Versprechen kommen soll, lacht er und sagt, wir alle sind der Staat. Die Politik verspricht uns alles, was wir zahlen müssen.

Und damit alles seine Ordnung hat, was ohne Zweifel so ist, braucht der Staat Geld. Der Staat selber erwirtschaftet nichts! Zugegeben, es gab und gibt immer noch Staatsunternehmen oder zumindest Unternehmen, an denen der Staat beteiligt ist, allerdings müssen diese Unternehmen oft mit Steuergeldern bezuschusst werden, weil sie nicht rentabel sind. Die Commerzbank ist so ein Unternehmen. Die Hypo Real Estate auch und die staatliche *Bad Bank*, natürlich! Ganz am Ende dieser seltsamen Wertschöpfungskette wartet immer der Bürger, der all diese Risiken, die der Staat für ihn eingeht, absichern darf. Der Bürger bürgt. Der Satz vom Staat, der wir alle sind, bekommt dadurch eine durchschlagende Ehrlichkeit.

Wir alle sind der Staat. Der Staat sind vor allem die Staatsbediensteten, die Beamten. Die Hälfte der Steuern gibt der Staat für sich aus, um sich selbst unterhalten zu können. Wir alle sind der Staat, ist das Mantra der Umverteiler. Die Staatsvertreter hocken in ihren Einrichtungen, in den Ausschüssen, wo sie sich eine Umverteilungskompetenz anmaßen. Sie bestimmen, wie viel Steuergeld für militärische Rüstung ausgegeben werden muss, um der »gewachsenen Verantwortung Deutschlands in der Welt« gerecht zu werden. Die Verantwortung wächst aber auch »im Inneren« ständig. Das Verantwortungswachstum ist enorm.

Wenn ich der Staat wäre, dann würde ich aber andere Saiten aufziehen. Ich würde erst einmal das bestehende Wahlrecht ändern. Die Hälfte der Abgeordneten wurde niemals gewählt. Sie werden von ihren Parteien auf sichere Listenplätze gehievt, von denen aus sie uns unaufhörlich erzählen, dass wir alle der Staat sind. Außerdem würde ich eine Art Wahlführerschein einführen, den nur Leute erlangen können, wenn sie vorher eine Demokratieprüfung abgelegt haben. Wenn ich der Staat wäre, würde ich dafür sorgen, dass nicht mehr jeder Trottel zur Wahl gehen kann, um seine Stimme bei irgendwelchen dubiosen Parteien abzugeben. Ich muss es noch einmal sagen. Ich wiederhole mich, ich weiß. Schon der alte Plato hat in Athen um 400 vor Christus festgestellt, dass die Demokratie »eine Quatschbude« sei, in der jeder Depp mitreden dürfe. Er lehnte deshalb diese Staatsform ab und plädierte stattdessen für die Herrschaft der Weisen. Volle Zustimmung meinerseits. Es würden dann nur die Weisen regieren. Leute wie ich halt. – Ein Satz wie »Der Staat sind wir alle« würde mir nicht über die Lippen kommen. Am Ende kommt noch einer auf die Idee und will mitregieren. Könnte dem so passen. Ich würde einen ganz anderen Satz bevorzugen: Der Staat bin ich.

Ludwig XIV. soll das behauptet haben: »L'état c'est moi.« Das ist mein Mann! Gut, er war Franzose, und der Franzose an sich hält nicht viel von Bescheidenheit, er neigt von Haus aus zur Arroganz, würde ich mal so sagen, vor allem wenn er blaublütig ist. Nur was hätte der arme Mann sonst sagen sollen? Vielleicht »Ihr seid der Staat«? Da wäre er aber schnell weg gewesen vom Fenster des königlichen Palasts in Versailles. Schließlich war er der Sonnenkönig!

Der Sonnenkönig? Frage: Warum war er überhaupt der

Sonnenkönig? Wer weiß das? Also: Als Kind hat der kleine Ludwig, le petit Louis, der kleine Hosenscheißer, am Ballettunterricht teilgenommen und tanzte, wie es sich für den kleinen angehenden König gehörte, die Rolle der aufgehenden Sonne. Er muss wohl einen Vorläufer der Waldorfschule besucht haben! Pädagogisch war der absolutistische Hof ganz weit vorne. Und die Sonne muss er dermaßen anmutig tänzerisch hingelegt haben, dass alle entzückt gerufen haben: Schau, da tanzt der Sonnenkönig! Auch ein Fall von schwerer Kindheit! In meinen Augen. Möglicherweise haben wir es sogar mit einer besonders perversen Art von Kindsmissbrauch zu tun? Wenn du als Kind schon so früh hörst, dass du der Sonnenkönig bist, ist es nur logisch, dass du irgendwann sagst: Der Staat bin ich.

Zu mir haben sie am elterlichen Hof immer gesagt, dass ich still sein soll. Hab angeblich immer was zu sagen gehabt. Wenn Erwachsene sprechen, halten Kinder den Mund! Wenn ich gesagt hätte: »Der Staat bin ich«, ich bin sicher, sie hätten gesagt: »Halt's Maul, sonst fangst oane!« Vielleicht wäre es noch mal was anderes gewesen, wenn ich in der elterlichen Metzgerei an den Würsten entlang den geplatzten Pressack getanzt hätte? Dann, jaa, dann hätten sie mir eine große Zukunft geweissagt, und sicherlich hätte ich auch irgendwann sonnenköniggleich ausgerufen: Die Wurst bin ich!

Klimageschäfte

Advent. Vorweihnachtszeit. Werden wir dieses Jahr weiße Weihnachten bekommen? Ach, es wäre so schön, durch den Schnee zu stapfen, morgens das Auto vom Schnee zu befreien, das Eis von den Scheiben zu kratzen, sich mal wieder richtig den Arsch abzufrieren, auf dem eisigen Gehweg auszurutschen, auf den Hintern zu fallen und sich das Steißbein zu stoßen. Das wäre schön. Die Wetterfrösche machen uns wenig Hoffnung auf klirrende Kälte und weiße Weihnachten.

Etwa zur gleichen Zeit ringen in Paris die führenden Weltklimaretter um einen Klimavertrag.

Der Vertrag von Paris zur Senkung der mittleren Erderwärmung ist rührend. Und ein Riesenerfolg natürlich! Die Ergebnisse sind ein Durchbruch, und was für einer! Was sonst? Unsere Klimaministerin Barbara Hendricks hat deshalb weinen müssen. Ach Gottchen, die Arme!

Und einmal mehr bin ich froh, die *FAZ* abonniert zu haben. Dort wird der Vertrag von Paris als das »Dokument zur Rettung der Welt« bezeichnet. Das tröstet. Gerade in der Vorweihnachtszeit, in der die Menschheit auf den Erlöser wartet, der uns geboren werden soll, wirken solche Botschaften wie Balsam auf der geschundenen Klimaseele. Der Klimawandel ist eine der schlimmsten Geißeln der Menschheit. Und »der Mensch« trägt dazu einiges bei, das ist unbestritten, er ist der übelste Player in diesem Klimawandelprozess. Er ist ja derjenige, der ihn verursacht und damit »unsere Erde« in schlimmste Kalamitäten stürzt. Es schmelzen ja nicht nur bei uns die Gletscher, sondern auch allüberall, am Südpol und am Nordpol und überall sonst, wo es Eis gibt, verlieren sie an

Masse. Dazu gibt es in den »Armenhäusern der Welt« Betroffene, die mit den Auswirkungen des Klimawandels auf ihre Weise zu kämpfen haben. Dort schmilzt kein Eis, dort verstehen die Böden, die Wüsten nehmen zu, Dürren zerstören die Reste des fruchtbaren Ackerlands, das der IWF durch seine diktatorische Geldpolitik ohnehin schon in Monokulturen verwandelt hat.

Wir kennen die Ursachen, sagen die Klimaretter, wir dürfen davor nicht die Augen verschließen (wer tut das denn?), der zunehmende Hunger geht ebenfalls auf das Konto zu hoher CO_2-Emissionen. Die übrigens ein Riesengeschäft sind.

Aber die Klimaretter vergessen die Opfer der Erderwärmung nicht. Sie bieten den »Ärmsten der Armen« Klimarisikoversicherungen an. Als ich Rosi davon berichte, blickt sie erstaunt von ihrem iPhone auf. »Klimaversicherungen?«, fragt sie. »Wie funktioniert dieses Versicherungsmodell?« – »Die Verursacher des Klimawandels bekennen sich zu ihrer Verantwortung und wollen helfen«, sage ich.

»Toll!«, ruft Rosi.

»Sie bieten den Ländern, die unter dem Klimawandel am stärksten zu leiden haben, weil ihre Böden durch Dürreperioden immer weiter zerstört werden, verbilligte Versicherungspolicen an«.

»Und woher bekommen sie das Geld dafür?«, fragt Rosi. »Lass mich raten! Vom Internationalen Währungsfond? Christine Lagarde, die Retterin, ist zur Stelle! Die bekommen Kredite!«

»Ja«, bestätige ich, »mit denen kaufen sie die Policen, und wenn ihr Land zur Wüste geworden ist, kriegen sie dafür von der Versicherungsgesellschaft die Ernteausfälle ersetzt. Eins greift ins andere. Die Klimaschutzmächte bewirken da viel Gutes. Sie retten die Welt mit dem gleichen Prinzip, mit dem sie sie zerstören. Mit Geld! Der Klimawandel ist ein Geschäft. Wäre er keines, gäbe es ihn nicht.«

»Tauet Himmel den Gerechten, Wolken regnet ihn herab«, stimme ich ein Adventslied an.

Klimaforscher

Klimaforscher sind eine eigene Spezies von Menschen. Sie wirken immer ein wenig hitzköpfig. Sie sind komplett besorgt; sie sorgen sich nicht nur um das Klima, sondern auch um die Erderwärmung, um den aufgeheizten Menschen, um die Ozonschicht, den Regenwald, die Pole und die Erdatmosphäre, und sie wissen, wie sich die Dinge entwickeln werden, wenn wir nicht endlich umkehren und die Klimaerwärmung stoppen. Es gibt das »2-Grad-Ziel«, das »1,5-Grad-Ziel«, und je nachdem, welche Ziele verfehlt werden, desto schlimmer sind die Auswirkungen für die Menschheit, die Natur und die Erde.

Schuld ist der Mensch! Mit seinem CO_2-Ausstoß. Mit den industriellen Abgasen heizt er die Atmosphäre auf, und wenn das nicht aufhört, geht die Welt unter.

Was ich an diesen Klimaforschern bewundere, sind ihre präzisen Vorhersagen. Im Jahr 2300 steigt der Meeresspiegel um bis zu fünf Meter! Da bin ich mal gespannt. Lassen Sie mich mal kurz rechnen, da bin ich – jetzt haben wir 2016, sagen wir in rund 300 Jahren – 364 Jahre alt.

Vielleicht ist aber auch alles umsonst? Es gibt Klimaskeptiker, die behaupten, der Klimawandel sei nicht aufzuhalten, weil es auf der Erde immer schon einen Wechsel von Eiszeiten, Zwischeneiszeiten und Wärmeperioden gegeben habe. Etwa drei Prozent der Klimaexperten sind dieser Ansicht. Aber davon lassen sich die restlichen 97 Prozent nicht das Geschäft versauen.

Es wird an einem Problembewusstsein gearbeitet. Wissenschaftler warnen. Kampagnen werden aufgezogen. Greenpeace, Attac, Al Gore und noch einige mehr geben ihrer tiefen Sorge um die Welt Ausdruck. Es ist fünf vor zwölf! Ein anderer sagt, es sei schon nach zwölf, aber noch nicht zu spät, um umzusteuern. Es wird eine Umkehr gefordert, ein Umdenken ist unumgänglich! Umweltschützer treten auf, die ebenfalls sehr sorgenvoll die kritische Lage beschreiben. Die Erdatmosphäre ist aufgeheizt, stellen sie fest, die Pole schmelzen, die Arten sterben, Dürren, Tsunamis, Wetterextreme werden zunehmen, unsere Lebensgrundlagen sind gefährdet, die Apokalypse droht, die Welt muss gerettet werden.

Von allen Maßnahmen, die ergriffen wurden, war neben der »deutschen Energiewende« der Emissionshandel die wirkungsvollste. Es gibt tatsächlich noch Länder, deren Schadstoffemissionen bei null liegen, weil sie keine Industrie haben und wirtschaftlich keine Rolle spielen. Die Gemeinschaft der Schadstoffausstoßer freut sich darüber, kauft den Ländern die Rechte ab, die sie selbst nicht nutzen können, und bekommt dadurch die Chance, die eigenen Emissionen entsprechend zu erhöhen. Der belastende Ausstoß nimmt global betrachtet dadurch nicht ab, sondern bleibt im gleichen Umfang erhalten. Insgesamt werden durch diesen Handel also nicht weniger Emissionen in die Umwelt geblasen, sondern mindestens genauso viel, aber es ist wenigstens ein Riesengeschäft.

Und weil es einen großen Markt dafür gibt, haben alle, die damit Gewinne machen, ein großes Interesse daran, dass die Emissionen erhalten bleiben.

Ich habe den Vergleich schon mal gezogen: Die Nichtraucher verkaufen ihre Lungenkrebsrechte den Rauchern.

Kommentar von Rosi: »Ist es nicht zynisch, dass wir – wer immer das auch ist – unsere CO_2-Emissionsrechte, die wir nicht nutzen, an andere Länder verkaufen, damit die ihren Dreck in die Luft blasen können? Und bei uns werden mit den Einnahmen aus diesem Rechteverkauf ›alternative‹ erneuerbare Energien subventioniert und die Vertreter dieses *green deal* brüsten sich auch noch damit, dass wir damit das Klima retten. Global betrachtet bleibt aber die Menge an CO_2 in der Atmosphäre gleich. Wie nennt man diese Handlungsweise? Verarschung!«

Könnte man so nennen.

Die größten Schadstoffmächte sind die USA und China. Sie haben sich lange gegen die anvisierten Klimaziele gewehrt, weil ihre Zustimmung dazu geführt hätte, dass deutsche emissionshemmende Technologien weltweit zum Einsatz gekommen wären. Das wäre für die deutschen Umwelttechnologieproduzenten ein Riesengeschäft gewesen. Inzwischen haben die Amis den Wert der Umwelt erkannt und selber Technologien entwickelt, die sie auf dem Weltmarkt anbieten. Die Amerikaner greifen auch im Umweltschutz nach der Weltherrschaft. Es geht also wie immer um einen boomenden Markt. Die Basis für dieses »neue Wachstum« ist die konsequente und nachhaltige Umweltzerstörung. Zuständig dafür erklären sich die Politiker! Der amerikanische Präsident stellt fest, dass »es keinen Widerspruch gibt zwischen Wachstum und dem Bewahren des Planeten«. Aufatmen in der Wirtschaft. Der amerikanische Präsident gehört zu den klügsten Köpfen, auf die wir hören müssen. Es stimmt eben nicht, dass sich Wirtschaftswachstum und Klimaschutz ausschließen. Im Gegenteil. Ökologie muss sich rechnen!

Ist diese Bedingung erfüllt, sind auch die Amis dafür, das Klima zu retten. Jetzt wird alles gut.

Grüne Eiszeit

Erinnern wir uns doch mal an die letzte große Eiszeit. Die ist schon ein paar Hunderttausend Jahre her. Vielleicht liegt sie auch noch länger zurück. Wir wissen, dass zu dieser Zeit Bayern vergletschert war. Das, was wir heute Voralpenland nennen, war komplett vereist. Die Salzburger Autobahn war nicht befahrbar. Rosenheim, München, die Frauentürme waren nicht mehr zu sehen, bis Starnberg rauf lag das Eis meterdick. Ich erinnere mich noch gut daran, als wir das Paläozän im Erdkundeunterricht durchgenommen haben, war ich überrascht. Es war damals saukalt. Ski und Rodel sehr gut. Ideale Wintersportmöglichkeiten. Bis auf einmal die Zwischeneiszeit begann. Es wurde wärmer, die Gletscher kalbten einer nach dem anderen und tauten total ab. Wir würden es heute Klimawandel nennen. Wenn wir damals schon die Grünen in Bayern gehabt hätten, da wäre aber was los gewesen. Die hätten die Gletscher mit Planen abgedeckt. Möglicherweise sogar Schneekanonen gefordert, um die Gletscher nachts zu beschneien und zu begletschern. Und wenn die sich durchgesetzt hätten, wäre es nichts geworden mit der oberbayerischen Seenplatte, die sie heute so gern mit dem Radl umrunden, um der Naherholung zu frönen. Der Zusammenhang von Klimaerwärmung und Naherholung findet eindeutig zu wenig Beachtung.

Aktivisten

Das Jahr beginnt wirklich dramatisch. In der *Welt* lese ich mich in einem Essay von Peter Schneider fest. Peter Schneider, der Schriftsteller, Sie wissen schon, der das Drehbuch geschrieben hat zu *Messer im Kopf* mit Bruno Ganz in der Hauptrolle. Wie? Sie erinnern sich nicht, diesen Film je gesehen zu haben? Ich habe ihn gesehen und erinnere mich auch nicht so genau an den Inhalt. Aber dass Peter Schneider das Drehbuch dazu verfasst hat, das weiß ich genau. Und der schreibt über »Meinungsathleten« und meint damit Menschen, die auf der richtigen Seite agieren und in den Medien als »Aktivisten« geführt werden. Das empfinde ich zunächst verstörend. Was kann man gegen Aktivisten sagen, gegen Menschenrechtsfreunde? Aktivisten sind aktiv und setzen sich für andere Menschen ein, was erst einmal nicht zu kritisieren ist. Im Besonderen geht es Schneider um »Flüchtlingsaktivisten«, gegen deren Engagement man eigentlich keine Einwände erheben soll. Nochmals: Es ist ja erst einmal nichts dagegen zu sagen, wenn jemand aktiv wird, um Menschen zu helfen.

Ich muss an diese »Flüchtlingsaktivisten« denken, die in Slowenien den Flüchtlingen am Grenzzaun, die am Weitergehen gehindert wurden, Flugblätter zugespielt haben, auf denen eine Ausweichroute eingezeichnet war, die durch einen reißenden Fluss führte. Fotografen standen nebeneinander mitten im Flussbett aufgereiht, um den optimalen Standort für die besten Bilder von den Flüchtlingen in den reißenden Fluten zu bekommen, anstatt ihnen zu helfen. Bei dieser Aktion starben mehrere Menschen. Unter den »Flüchtlingsaktivisten« seien auch

»deutsche Aktivisten« gewesen, die für die anonymen Flugblätter verantwortlich sein könnten. Diese Geschichte wurde meines Wissens nie aufgeklärt. Rosi und ich haben die Bilder im Fernsehen gesehen und waren empört. »Schau dir diese geilen Bildgeier an!«, habe ich gerufen.

Schneider könnte beim Verfassen seines Essays Menschenrechtsaktivisten dieser reinen Sorte vor Augen gehabt haben. »Die Meinungsathleten«, wie er sie nennt, und jetzt zitiere ich ihn wörtlich, weil er die Sache auf den Punkt bringt, »haben in der Regel kein Problem damit, die versteckte Agenda ihrer Gegner zu benennen. Die werden in aller Regel als Rassisten, Fremdenfeinde, Spießer und Kleingeister denunziert. Die Ankläger sagen selten oder nie, was ihre eigenen Motive sind. Kann es sein, dass erklärte Menschenfreunde, Humanisten, Altruisten egoistische Motive haben? – Worin besteht zum Beispiel der persönliche Gewinn eines Radikalen, der verlangt, man solle alle Flüchtlinge, egal, wie viele es sind und woher sie kommen, in Deutschland aufnehmen? Er profiliert sich in seiner Gruppe als der Konsequenteste, der Edelste, der alle anderen mit seiner Unbedingtheit beschämt, obwohl er nicht angeben kann, wie sein Projekt auch nur zwei Tage lang den Test der Praxis bestehen würde.«

Ja, das ist schon richtig! Für die Praxis ist der Aktivist auch nicht unbedingt zuständig. Er entwirft oft nur den Plan. Die Ausführung müssen andere erledigen. Das war schon immer so. Die einen reden und die anderen handeln.

Eine Gesellschaft, in der sich alle an das Gebot der Nächstenliebe gebunden fühlen, wäre schon schön. Alle lieben sich wie sich selbst. Aber wehe, es hat einer einen schlechten Tag, an dem er sich nicht leiden kann.

Dumm gelaufen

In der Früh beim Aufstehen verursachen die ersten
Schritte einen Anlaufschmerz. Leider. – Das Alter? – Was
sonst! – Ich versuche, die Schmerzen zu ignorieren. Ich
will nicht als wehleidig gelten. Als ich Rosi von diesem
Phänomen berichte, meint sie: »Mit dem Alter haben die
Schmerzen nichts zu tun. Das kommt vom Joggen!«

»Ich laufe schon lange nicht mehr«, ächze ich.

»Aber die Jahre, die du fast täglich gerannt bist, machen
sich in deinen Gelenken bemerkbar! Joggen ist eine Fort-
bewegungsart, die nicht zum Menschen passt«, sagt Rosi.
»Oder hast du schon mal Affen joggen gesehen? Alle
Tiere laufen höchstens, wenn sie müssen, wenn Gefahr
besteht, aber nie aus Fitnessgründen.«

»Bewegung tut gut«, kontere ich.

»Bewegung ja«, sagt Rosi, »aber nicht dieses bescheu-
erte Joggen. Außerdem gaukelt dir dein Hirn nur vor, dass
es dir beim Laufen gut geht, weil dabei Glückshormone
ausgeschüttet werden«.

Ich jogge nun schon eine gewisse Zeit nicht mehr, was
meinem Body-Mass-Index nicht bekommen ist und wes-
wegen ich manchmal unglücklich in den Spiegel schaue.
Rosi behauptet, das liege an meinem Essverhalten. Ich
frage sie, ob sie schon einmal von einer gelenkschonen-
den Bewegungsart gehört habe, die Glückshormone aus-
schütte, und ob es zur Untermauerung dazu nicht eine
aussagekräftige Studie gebe?

»Wenn Stillsitzen eine anerkannte olympische Disziplin wäre wie Laufen, an der die Sportartikelindustrie Milliarden verdienen könnte, dann wärst du der Erste, der
täglich Stunden stillsitzen würde.«

»Selbstverständlich! Es gäbe dann Sport-Stillsitz-Stühle, die beim Sitzen den Beckenboden stärken und damit die Muskulatur beim Sitzen trainieren. Es gibt Nordic Walking, eine ganze Industrie hat sich daran dumm und dämlich verdient. Rosi Mittermaier und Christian Neureuther haben das Gehen zur Sportart erklärt. Und Millionen sind ihnen gefolgt. Wann gibt es die Sportart »Southern Sitting«, mit Spezialklamotten, speziellen Sitzhosen, Sitzhemden? Wäre ich sofort dabei. Warum gibt es keine Studien, die belegen, dass Stillsitzen das Leben um bis zu sieben Jahre verlängert?«

»Gibt es bestimmt«, sagt Rosi und macht sich sofort auf die Suche danach im Internet.

Sie versorgt mich täglich mit den Ergebnissen neuester Studien, die sie fast alle aus dem Internet bezieht. Es gibt Studien zu allen möglichen Phänomenen und Zusammenhängen. Es gibt aussagekräftige und weniger aussagekräftige. Es kommt immer darauf an, wie viele Personen daran teilgenommen haben und über welchen Zeitraum die Untersuchung durchgeführt wurde. Eine Langzeitstudie ist logischerweise von höherer Aussagekraft als eine Kurzzeitstudie. Je mehr Daten erhoben wurden, desto breiter ist die Basis, auf der die Ergebnisse plausibel werden. Allerdings handelt es sich immer um Durchschnittswerte. Diese Studien treffen nie für alle zu. Immer nur für den Durchschnitt. Aber wer von uns will schon Durchschnitt sein? Die Lebenserwartung steigt im Durchschnitt um was weiß ich wie viele Jahre bei Männern und Frauen, wenn die Bedingungen der Studie erfüllt sind. Da heißt es dann: Es haben von tausend teilnehmenden Personen durchschnittlich hundert Prozent einen schweren Schnupfen bis zu zwei Jahre überlebt, die danach aber im Durchschnitt alle früher oder später verstorben sind. Wissenschaftliche Aussagen dieser Art gibt's relativ häufig.

Und Rosi berichtet mir von einer Studie, bei der Marathonläufer untersucht wurden. Dabei kam raus, dass extreme Marathonläufer durch intensives Laufen durchschnittlich sechs Prozent ihrer Hirnzellen verlieren. Je länger sie laufen, desto weniger Hirn besitzen sie. »Das ist logisch«, sage ich, »wenn sie vor einem Marathonlauf nachdenken würden, dann würden sie gar nicht erst starten.« Besonders betroffen sind Areale, die der Läufer nicht zwingend zur Fortbewegung braucht. Zum Beispiel das Sprachzentrum. Aha. Deshalb müssen Fußballer nach dem Spiel in Interviews als Erstes mitteilen, dass sie denken: »Also ich denke …« Tja, dumm gelaufen.

Und Rosi hat schon wieder eine Studie im Internet gefunden. Eine Studie des Max-Planck-Instituts zeigt, dass bei Männern auch durch das Schauen von Pornofilmen die Anzahl der grauen Zellen im Gehirn verringert wird. Jetzt wird mir einiges klar!

Mehr Druck

Sagt Rosi zu mir: »Alles wird manipuliert. Ob das bei VW die Dieselabgase sind oder bei Mitsubishi der Spritverbrauch. Nichts ist so, wie es sein soll.«

»Doch«, sage ich, »ich bin so, wie ich sein soll!«

»Du hast manchmal zu viel Druck.«

»Moment«, sage ich, »das liegt an den äußeren Bedingungen. Im Labor entspricht alles der Norm. Da gibt es keine Beanstandungen. Das Problem entsteht in der Praxis.«

»Wo du recht hast, hast du recht«, sagt Rosi. »Was deine Leberwerte angeht, verhält es sich genau umgekehrt. Die sind hier zu Hause völlig normal, aber unter Laborbedingungen erhöht.«

Aber ich steh zu meinen Leberwerten, da ist nichts manipuliert. Wenn ich ein Auto wäre, dann würde ich unter Laborbedingungen versagen. Da würde ich gar keine Zulassung bekommen. Bei den manipulierten Autos ist genau das Gegenteil der Fall. Die funktionieren im Labor perfekt, aber gefahren werden sie dummerweise auf der Straße. Da stimmt es dann nicht mehr, weil die Außentemperatur schwankt! Und über zwanzig Grad schaltet der Dieselabgasfilter ab, weil es ihm zu warm wird. Und unter zehn Grad muss der Motor geschützt werden, weil's ihm zu kalt wird. Aber ganz ehrlich, wenn mir das schon früher einer gesagt hätte, dass man mit mehr Atü im Reifen den Spritverbrauch senken kann, dann hätte ich unsere Reifen aufgeblasen bis zum Platzen. Das wünsche ich mir mal von den Grünen, solche Informationen. Mehr Druck! Mit Luft kann man Sprit sparen. Das muss einem doch gesagt werden. Weniger Sprit heißt weniger Abgase, also Klimaschutz. Doch der Hofreiter, unser politisches Ausnahmetalent, hat etwas dagegen und will den Filz zwischen Industrie und Politik aufdecken. Ja, warum denn? Dann wird ja auch der Filz von Solar- und Windenergie und den Grünen aufgedeckt. Der Hofreiter, glaub ich, hat auch zu viel Luft, deswegen hat er weniger Logikverbrauch. Ich glaub, dem haut's bei zwanzig Grad den Schalter raus. Wahrscheinlich unterliegt der auch den üblichen Schwankungen. Unter Laborbedingungen erreicht er Spitzenwerte. In der Praxis liegt er oft drunter. Da kackt er ab, der Toni, unser Mann fürs Feine. Oder, nur mal angenommen, der Erdoğan wär ein Auto. Da würde ich mich schon fragen, wer dem die Reifen aufgepumpt hat. Der ist doch kurz vorm Platzen. Außerdem läuft der heiß, da fehlt Kühlwasser. Und die Elektronik ist auch defekt, der hat zu viele Kurzschlüsse. Der müsste dringend in die Werkstatt.

Der reine Erdoğan

Der Erdoğan bereitet einen Aktionsplan gegen Deutschland vor. Die Beziehungen sind nicht mehr die besten. Die Botschafter sind schon abgezogen. Das Klima zwischen den beiden Regierungen ist eisig. Das haben wir jetzt davon. Jetzt wird's eng für uns. Alles nur wegen dieser Völkermordresolution, die unsere Bundestagsabgeordneten in Vertretung des deutschen Volks verabschiedet haben. Wegen des Völkermords an den Armeniern. Wo wir doch mit denen gar nichts zu haben. Wir haben doch unseren eigenen Völkermord. Geht uns der Völkermord an den Armeniern etwas an? Der Erdoğan hat ja recht, wenn er sagt, wir sollen uns um unseren eigenen Völkermord kümmern. Der Erdoğan lässt sich das nicht gefallen. Als Erstes wird er die Auslieferung von Böhmermann verlangen. Bin gespannt, wie die Merkel darauf reagieren wird. Die türkischen Abgeordneten werden aus dem deutschen Bundestag abgezogen, weil sie ihrer Mission in Deutschland nicht nachkommen. Sie vertreten nicht die Interessen der AKP. Außerdem lässt der Erdoğan die Immunität aller nicht türkischen Abgeordneten in Deutschland aufheben, damit gegen die ermittelt werden kann wegen antitürkischer Umtriebe. Falls diese Maßnahmen nicht ausreichen sollten, um die Ehre Erdoğans und seiner Türkei wiederherzustellen, droht Erdoğan damit, alle Türken aus Deutschland abzuziehen. Und dann lässt er alle Flüchtlinge aufs Meer.

Erdoğan lässt auf jeden Fall ein Gesetz zur Reinheit türkischen Bluts verabschieden, das alle Türken dazu verpflichtet, in ihrer Blutbahn kleine rote Halbmonde zirkulieren zu lassen. Ersatzweise erlaubt Erdoğan vorübergehend türkischen Honig – aber nur für Diabetiker. Der Bluttest wird verpflichtend für alle Türken in Deutschland. In rein türkischem Blut finden sich nämlich sogenannte Türken-Gene, die eindeutig beweisen, dass es sich dabei um rein türkisches Blut handelt. Neben dem Bluttest wird eine Urinprobe genommen, um eine weitere sichere Differenz für reines Türkentum zu gewinnen. Stuhlproben können freiwillig nachgereicht werden, gelten aber als wenig aussagekräftig. Der reinste von allen Türken ist er selber, hat Erdoğan persönlich festgestellt. Er hat mehr Halbmonde im Blut als normal üblich. Einen Intelligenztest, den man ihm vorsichtshalber angeboten hatte, um seine überdurchschnittliche Intelligenz herauszustellen, wurde von ihm abgelehnt. Erdoğan habe festgestellt, dass reine Türken über eine besonders hohe Intelligenz verfügen. Und da er selber der reinste von allen reinen Türken sei, könne er auf einen Intelligenztest verzichten. In der Türkei wurden daraufhin für reine Türken per Dekret Intelligenztests durch einen Erdoğan-Erlass untersagt.

Vordenker und Nachdenker

Es gibt Vordenker und Nachdenker. Vordenker denken vor, wovon sie glauben, dass alle, wenn sie noch ganz richtig im Kopf sind, auch denken müssten. Und Nachdenker glauben das oft nicht, weshalb sie über das, was andere vordenken, skeptisch nachdenken.

Wer fällt mir da ein? Ein Philosoph vielleicht! Richard David Precht! Der hält sich möglicherweise für einen Vordenker, der anderen sagen kann, wo es langgeht. Aber als Philosoph müsste er eher ein Nachdenker sein. Er hat gerade eine dreibändige Philosophiegeschichte vorgelegt. Er beschreibt darin die Entwicklung des abendländischen Denkens von den Anfängen bis in die Gegenwart. Wow! Das hat vor ihm noch keiner hingekriegt. Da hat er sicher lange darüber nachgedacht, was seine Leser interessieren könnte. Und da kam er drauf, dass seine Leser schon lange und dringend darauf warten, von ihm die Geschichte der Philosophie erzählt zu bekommen. Es gibt zwar schon unzählige Geschichten der Philosophie, aber eben noch keine von Richard David Precht! Und nun liegt sie in den Buchhandlungen. Ich lasse sie dort auch liegen. Aber wer weiß, vielleicht findet sich jemand, der sie abräumt.

Der schöne Richard David – er quatscht viel, weiß zu allem etwas zu sagen, kennt sich mit der Idee der Freiheit aus, auch an der Idee der Gerechtigkeit hat er seinen Geist gewetzt, über die Liebe weiß er Bescheid, über die Schule und »den Bildungsverrat an unseren Kindern« hat er sich ausgelassen und ein Buch dazu vorgelegt, am Ende ist er doch noch so etwas wie ein Vordenker? Aber wie ein Vordenker kommt er mir trotz allem nicht vor, und von einem Nachdenker kann bei ihm auch nur ganz selten die

Rede sein. Er ist ein Klugscheißer! Damit ist er am treffendsten beschrieben. Die Klugscheißer werden immer mehr.

Andreas Scheuer ist Generalsekretär der CSU und muss schon von Berufs wegen alles besser wissen. In der CSU gilt er als Vordenker. Er verfügt ebenfalls über ein hohes Klugscheißerpotenzial und wirkt vor allem wie Richard David Precht durch sein apartes Äußeres. Sagen wir, die Erotik überwölbt den Geist. Jetzt mag vielleicht einer fragen: Darf man zwei Geistesgrößen, deren geistige Ausstattung unterschiedlicher nicht sein könnte, in einem Atemzug nennen?

Ja, darf man. Zumal sie mehr gemeinsam haben, als man erwarten würde. Richard David Precht hat über die Wirkungsstrukturen in Robert Musils Roman *Der Mann ohne Eigenschaften* gearbeitet, und mit Andreas Scheuer spielt in Bayern auch ein Mann ohne Eigenschaften eine beachtliche Rolle. Sie sehen beide gut aus und wollen ankommen. Auf die dreibändige Philosophiegeschichte von Andreas Scheuer wartet kein Mensch. Nicht einmal er selbst. Wenngleich auch er ein gewisses Talent fürs Geschichtenerzählen mitbringt. Wir haben es bei beiden mit einem Cabrio zu tun. Wobei Scheuer unabhängig von der Witterung immer oben offen fährt, während Precht weiß, dass man bei Regen besser das Verdeck schließt. CSU-Generalsekretär wird einer nur, wenn er vordenken kann, nachdenken ist in diesem Job weniger gefragt.

Früher – ich weiß nicht, wann das war – hatte jede Partei einen Vordenker. Einen Molotow, der seinerzeit der Partei – und das war bis zum »Ende der Geschichte« 1989 die KPdSU – ein ideologisches Profil entwarf.

Die SPD – war auch mal eine Partei, Ältere erinnern sich – hatte einst Carlo Schmid. Kennt keiner mehr. Peter

Glotz? Auch schon aus der Erinnerung verschwunden. Günther Grass? Der und SPD-Vordenker? Nachdem Helmut Schmidt Kanzler geworden war, kam das Vordenken in der SPD ganz unter die Räder. Schmidt riet allen, die eine Vision haben, zum Arzt zu gehen.

Die Union konnte immer auf Vordenker verzichten, oder gab es da mal einen? Nell-Breuning? Wer soll denn das gewesen sein? Adenauer hat immer alles selbst gedacht, und Kohl sowieso! Nach Kohl kam Schröder, der war zwar nicht in der Union, ließ sich aber auch den einen oder anderen Gedanken von einem Herrn Hombach mundgerecht fertigen. Und mit Mutti Merkel zog die Alternativlosigkeit ins Kanzleramt ein, und damit erübrigte sich jede Vordenkerei!

Zurück zu Tucholsky

Satire darf alles! – Ja, natürlich. Ich kenne keinen, der sich nicht ermächtigt fühlt, diesen Tucholsky-Satz jedem, der gerade Lust auf einen erhobenen Zeigefinger hat, entgegenzuhalten. Satire, sagen sie und reißen dabei die Augen bis zum Platzen auf, Satire darf alles, mein Freund, rufen sie ermahnend, ja, das hat der Tucholsky gesagt! Für mich bedeutet das oft, dass ich nicht an die Grenzen gegangen bin. Ich krieg sofort ein schlechtes Gewissen. Ich bin ein Versager! Ich habe meinen Spielraum nicht genutzt. Satire darf alles! Herrgott noch mal, Jonas, merk dir das endlich mal! Satire darf alles!! Das klingt wie ein Befehl! Widerspruch wird nicht geduldet, weil es der Tucholsky gesagt hat. Tja, und was der Tucholsky gesagt hat, ist in jedem Fall richtig. Überhaupt hat der Tucholsky nur kluge

Sachen gesagt. Und danach hat er sich das Leben genommen.

Ja, hat er.

Tucholsky? Wer war das noch mal? Kann jeder selber nachschauen. Ich hab viel von ihm gelesen. Keine Frage, Tucho war ein ganz großer Satiriker, von dem wir alle viel gelernt haben über die satirische Schreibweise. *Schloss Gripsholm* hat mir sehr gut gefallen, um ein Beispiel zu nennen. Manchmal ist mir sein belehrender Ton aber auch auf den Nerv gegangen. Lassen wir das. Ich will nicht meckern. Kommen wir zum Thema. Satire darf alles! 1919 war das, lang ist es her, nachdem der Wilhelminismus abgedankt hatte und die Zensur des Kaiserreichs weggefallen war, durften Journalisten, Schriftsteller und Dichter (und wer sich dafür hielt) schreiben und sagen, was sie wollten. Wirklich? Allzu viele hielten sich zurück und nutzten die neuen Freiräume nur zögerlich. Tucholsky fiel das auf, und er schrieb eine Kolumne, die mit dem Diktum endete: Satire darf alles. Was damals schon übertrieben war. Satire durfte noch nie alles. Zu allen Zeiten wurde sie eingeschränkt. Auch Senecas Verkürbissung des Kaisers Claudius überschritt eine Grenze. Lassen wir das, zu lange her. Und ich will nicht schon wieder mit meiner Halbbildung glänzen.

Zurück zu Tucholsky. Ich werde den Verdacht nicht los, dass in diesem »Satire darf alles«-Satz vielleicht zur Hälfte auch Ironie mit eingewoben war und ist. Diese teuflische Ironie! Man weiß nie genau, wie sie gemeint ist. Immer steckt ein Hin und Her drin, ist ein Gegensätzliches wirksam, das ironische Spiel wechselt, einmal ist die Dame nackt, bei der nächsten Bewegung ist sie züchtig angezogen, und man wünscht gleich wieder das andere Bild. Es gab Kugelschreiber mit diesen Wechselbildern drauf. Wie nennt man dieses Spiel? Ambiguität. Das Spiel mit der Doppeldeutigkeit. Ironie ist immer etwas anderes.

Und sagt einer, bevor er etwas sagt, dass er das, was er gleich sagen wird, nicht sagen darf, also wissentlich etwas sagt, was verboten ist, dann ist das zwar verboten und durch den gesprochenen Rahmen irgendwie ironisch gemeint, noch dazu, wenn der Mann darauf verweisen kann, ein Satiriker zu sein. Satire ist, wenn einer behauptet, dass es sich um Satire handelt. Das Etikett ist wichtig. Der Aufkleber reicht aus. So betrachtet gibt es nur noch Satiriker. Sollte tatsächlich einmal eine Performance nicht satirisch sein, sondern nur beleidigend und ehrverletzend, dann ist dies durch die freie Meinungsäußerung gedeckt.

Fühlt sich jemand durch satirisch gemeinte Äußerungen beleidigt, dann wird er als Spaßbremse bedauert oder als Reaktionär erkannt.

Ich bin dem Erdoğan dankbar, weil er so ehrlich war, zuzugeben, dass er Bemerkungen über sein Sexualverhalten als Kränkung empfand. Böhmermann habe »ein schweres Verbrechen gegen die Menschlichkeit begangen«. Diese Reaktion zeigt, dass auch er das Stilmittel der Übertreibung kennt. Vielleicht wollte er auch auf der ironischen Ebene zurückschlagen. Böhmermann nannte Erdoğan einen Ziegenficker und zeigt damit, dass er in der Lage ist, das Niveau vor Klotüren zu wahren. Denn vermutlich fickt Erdoğan keine Ziegen. Rein sachlich bewegen wir uns hier im Bereich der Spekulation. Und wenn er tatsächlich tierlieb sein sollte, was ich mir nicht vorstellen kann, dann ist das seine Privatangelegenheit. Stellen Sie sich mal vor, es ist die große Liebe? Was soll er dann machen? Es kann jeden erwischen. Die Liebe ist bekanntlich eine Himmelsmacht.

Es ist vermutlich gar nicht so einfach, objektive Kriterien zu finden, die eindeutig festlegen, was komisch ist. Humor ist eben nicht jedermanns Sache und von Kultur zu Kultur verschieden. Und es gibt keinen universellen Humor. Im afrikanischen Busch lacht man über andere Dinge als in Hamburg oder München. Man hört auch immer wieder von Regionen, wo die Leute zum Lachen in den Keller gehen. Vermutlich, weil es da unten so schön hallt.

Neues von *Charlie Hebdo*

Ich kann nicht versprechen, dass diese Geschichte jetzt lustig wird. Aber warum eigentlich nicht? Ich muss allerdings zugeben, dass es Themen gibt, über die bestimmt nicht alle lachen können, weil nicht alle komisch finden, was nur ein Einziger zum Lachen findet.

Charlie Hebdo findet zu einer Bissigkeit, die einen besonderen Humor erfordert.

Die *FAZ* berichtet darüber. Die französischen Zeichner bringen eine Karikatur – »der angeschwemmte Junge«, der, wie vielfach betont wird, die Willkommenskultur ausgelöst hat. Ich erinnere mich gut an das Bild und das Gefühl, das es bei mir und vielen anderen hervorgerufen hat. Ein syrischer Junge ist auf der Flucht über das Meer in der Ägäis zwischen Bodrum und Kos ertrunken. Seine Leiche wird am türkischen Strand angeschwemmt. Das Foto davon geht um die Welt.

Der Karikaturist zeichnet die Situation mit ein paar Strichen und fragt: Was wäre aus ihm geworden? Ein Arschgrapscher!

Makaber. – Traurig. – Gefühllos. – Grausig. – Darf man

mit dieser traurigen Geschichte Spott treiben? Die Redaktion von *Charlie Hebdo* war der Meinung: Ja.

Und im Iran veranstalten sie einen internationalen Holocaust-Karikaturen-Wettbewerb. Wer leugnet am besten?

Unfaires Spiel

Das Verhältnis von Satire und Religion wird nicht erst seit den Anschlägen von Paris heiß diskutiert. Seit dem 7. Januar 2015 sind wir alle bis hinauf in höchste Staatsämter »Charlie«. Angela Merkel ist genauso Charlie wie unser Bundespräsident Joachim Gauck. Der vielleicht noch etwas mehr als die Kanzlerin. Alle bekennen sich zur Karikatur! Das ist schön. Vor allem auch deshalb, weil es nicht immer so war. Aber lassen wir die alten Geschichten.

Mohammed-Karikaturen müssen möglich sein! Unabhängig von ihrer Ästhetik. Sie sind ja auch möglich gewesen, nur leider gab es auch Menschen, die sie unmöglich gefunden haben. Ich bin übrigens selbstverständlich auch der Meinung, dass sie möglich sein müssen. Schon, klar, und doch sagt mir mein Gefühl, dass die Beziehung von Religion und Satire eine besondere Sprengkraft enthält. Was sagt der Selbstmordattentäter mit Humor, kurz bevor er sich in die Luft sprengt? Jetzt lassen wir's krachen!

Wir berufen uns auf »unsere Meinungsfreiheit«. Ich setze sie in Anführungszeichen, um damit deutlich zu machen, dass sie die unsere ist und nicht etwa die Meinungsfreiheit gläubiger Muslime. Jeder »vernünftige und aufgeklärte Mensch« muss religionskritische Satiren aushalten, behaupten die Vernünftigsten unter uns. Und das sind nicht wenige. Wo kommen wir da hin, fragen sie empört, wenn wir religiöse Themen ausklammern? Wir leben in einem Rechtsstaat, der das Recht auf freie Meinungsäußerung garantiert. Natürlich! Sollen ruhig alle an ein Leben nach dem Tod glauben, wir glauben nicht daran! Es gibt die Religionsfreiheit, und es gibt die Kunstfreiheit. Jawohl!

Die Katholiken glauben an die Jungfräulichkeit der Gottesmutter Maria. Daran muss man glauben können. Und es gibt viele, die das können. Auf islamistische Selbstmordattentäter warten im Paradies zweiundsiebzig Jungfrauen. Auch daran glauben viele Muslime. Darüber und auch über andere Glaubensinhalte lässt sich aber sehr leicht witzeln.

In diesem Zusammenhang kursieren tatsächlich einige sehr lustige Geschichten. Ich gebe zu, über manche Religionswitze muss auch ich herzhaft lachen. Meine Erfahrung lehrt mich, dass darüber selten Gläubige lachen, immer nur Ungläubige! Es gibt aber auch vereinzelt Gläubige, die das hinkriegen, vorausgesetzt, sie haben Humor. Wenn sie keinen Humor haben, zündet nicht der Witz, sondern der Zorn! Wie sich dieser Zorn, wenn er einmal voll entfacht ist, auswirkt, zeigen unter anderem die Anschläge von Paris. Wir verstehen diese Reaktionen selbstverständlich nicht, weil wir vernünftig und aufgeklärt sind. Die Unvernünftigen können wiederum uns nicht verstehen.

In unserem Kulturkreis werden religiöse Wahrheiten vor dem Gerichtshof der Ratio verhandelt. Das Verfahren im Prozess der Vernunft ist ganz einfach. Das Urteil steht immer schon vor Verhandlungsbeginn fest. Im Namen des Volkes ergeht folgendes Urteil: Die Wahrheiten des Glaubens sind irrational. Heißt im Klartext: Sie sind fern jeglicher V e r n u n f t! Andernfalls wären sie ja vernünftig. Sie sind weder falsifizierbar noch verifizierbar. Die Verhandlung ist geschlossen.

Das ist schon wahr, religiöse Wahrheiten sind nicht diskutierbar! Sie entziehen sich der Debatte. Als Anwalt der Vernunft rufe ich jetzt den Zeugen Professor Joseph Ratzinger in den Zeugenstand und ermahne ihn selbstverständlich, die Wahrheit zu sagen und nichts als die Wahrheit. Und er verspricht, sie zu sagen:

»Tatsache ist«, sagt er, »dass unsere säkulare Rationalität, so sehr sie unserer westlich geformten Vernunft einleuchtet, nicht jeder Ratio einsichtig ist, dass sie als Rationalität, in ihrem Versuch, sich evident zu machen, auf Grenzen stößt. Ihre Evidenz ist faktisch an bestimmte kulturelle Kontexte gebunden und sie muss anerkennen, dass sie als solche nicht in der ganzen Menschheit nachvollziehbar und daher in ihr auch nicht im Ganzen operativ sein kann.« Schau an, das ist sehr luzide gedacht.

Es gibt also eine westlich geformte Vernunft und zusätzlich noch andere Vernünfte, die in ihren kulturellen Kontexten jeweils andere Formen annehmen.

Aha. Einmal trägt sie Lederhose und Dirndl und in einem anderen kulturellen Kontext Kimono und Haori beziehungsweise Hakama.

Jetzt sind wir im Grunde genommen genauso weit wie vorher. Ich habe gehofft, dass es eine Vernunft gibt, die wir überall auf der Welt alle sofort als oberste Instanz anerkennen können, und jetzt teilt uns der Joseph Ratzinger mit, dass sie mehrere Formen annehmen kann.

Schade! Nicht einmal mehr auf den Ratzinger kann man sich verlassen. Ich habe ihn immer für eine Geistesmacht gehalten, und jetzt relativiert er unsere Vernunft und erklärt mir, dass ich <u>nicht</u> ohne Weiteres davon ausgehen kann, dass sie auf der ganzen Welt die gleiche Form hat. Einmal schaut die Vernunft aus wie der Ratzinger mit Sitz in Rom, und ein anderes Mal schaut sie aus wie der oberste Mullah in Teheran? Offenbar wird in Teheran etwas anders als vernünftig angesehen als in Rom?

Was soll ich damit anfangen?

Es ist nämlich im Weiteren so, dass es ernst zu nehmende Gläubige gibt, die ihren Glauben für vernünftig halten, weil er ihnen Kraft gibt. Dagegen kann man nichts sagen.

In diesem weiten Feld zwischen Vernunft und Glauben streifen auch Satiriker herum und sehen ihr Treiben trotz allem durch die Vernunft gerechtfertigt. Auch Glaubensinhalte werden durch den satirischen Vernunftwolf gedreht.

Und er nennt es Aufklärungsarbeit. Natürlich!

Mit den bereits Aufgeklärten weiß er sich einig, die muss er nicht mehr überzeugen, die werden mit ihm zusammen über die »naiven Gläubigen« lachen. Die Gläubigen werden nicht lachen können und sich durch satirische Witze auch nicht von ihrem Glauben abbringen lassen. Also wem nutzt es?

So, und nun kommt die Frage, auf die Sie schon gewartet haben: Was darf Satire? Alles? Wissen wir längst! Sagt ja Tucholsky, der immer herhalten muss, wenn eine Generalrechtfertigung für mehr oder weniger gelungene Satiren gebraucht wird. Mir gefällt dieser All-Satz nicht besonders. All-Sätze gelten nie immer und überall.

Ich rufe den Kollegen Friedrich Schiller in den Zeugenstand: »Der Mensch spielt nur, wo er in voller Bedeutung des Wortes Mensch ist, und er ist nur da ganz Mensch, wo er spielt.« Ich gebe zu, das hört sich auch ziemlich dogmatisch an, aber ich finde Schillers Plädoyer für den Menschen als poetischen Spieler sympathisch. Der satirische Dichter ist aufgerufen, die Welt spielerisch einzufangen. Die moralischen Widersprüche sind spielerisch und mit Poesie zu bearbeiten. Die strafende Absicht allein reicht nicht aus, sie verfehlt das poetische Ziel. Das Bedürfnis zu strafen mag der satirische Dichter in seinem Gemüt spüren, er sollte sich davon aber nicht dominieren lassen. »Es ist daher keine geringe Aufgabe für ihn, in der pathetischen Satire nicht die poetische Form zu verletzen, welche in der Freiheit des Spiels besteht, in der scherzhaften Satire nicht den poetischen Gehalt zu verfehlen, welcher immer das Unendliche sein muss.« Also, wenn es nur blöd ist, meint der Schiller, fehlt die Poesie; und wenn es nur böse ist, fehlt sie auch, und wir können wieder nicht lachen. Womit wir wieder bei der Religion angelangt sind, denn wenn es etwas gibt, bei dem die Religion Kompetenz beanspruchen kann, dann ist es das Unendliche, das immer einen poetischen Gehalt haben muss.

Der Satiriker stochert im Endlichen herum. In der Politik, die heute so und morgen anders ausfallen kann, weil sie halt oft ein Ausfall ist. Genauso die Regierung, die einmal so regiert und morgen so. Der Satiriker schaut hin und sieht Mängel. Die Wirklichkeit ist nicht so, wie sie sein soll. Und zwar überall. Gelegentlich entdeckt der Satiriker auch bei sich Mängel, öfter aber bei den anderen. Als Maßstab für die Mängel in der Wirklichkeit dient ihm das Ideal. Und da Ideale selten erreicht werden, geht ihm die Arbeit nie aus. Krisensichere Arbeitsgrundlage!

So, und jetzt muss ich ausnahmsweise einmal gescheit daherreden. Ich meine, die satirische Schreibweise ist ein Formprinzip, das in allen literarischen Gattungen vorkommen kann. Nicht nur im Kabarett. Satiriker eröffnen ganz im Sinne Schillers immer ein Spiel. Es handelt sich um eine Art »Mensch ärgere dich nicht«. Sie gehen still-schweigend davon aus, dass alle, die sie mit ihren satiri-schen Sprachspielereien konfrontieren, die Regeln dieses Spiels beherrschen. Die oberste Regel dabei lautet: Nicht ernst nehmen! Ist nicht so gemeint. Ist anders gemeint. Kommst du von selber drauf? Könnte noch mal anders gemeint sein. Je mehr Semantik, desto lustiger das Sprach-spiel.

Satiriker setzen auf das Gelingen einer Pointe. Sie wol-len so verstanden werden, wie von ihnen beabsichtigt. Sie wollen ankommen. Sie wollen auf unernste Weise ernst genommen werden. Der Angegriffene hat in diesem Spiel immer die Chance, sich als guter Mitspieler zu erweisen, indem er sich <u>nicht</u> getroffen zeigt. Selbst wenn er getrof-fen ist. Er sollte drüberstehen, sich nicht verärgert zeigen, sondern distanziert reagieren, eben cool, indem er auf den Spielecharakter verweist. Nur ein Spiel! Der kann mich gar nicht meinen!

Schwierig wird die Lage, wenn Satiriker auf Mitspieler treffen, die diese Regeln des satirischen Spiels nicht ken-nen oder aus irgendwelchen Gründen ablehnen.

Bei tiefreligiösen Menschen ist das in der Regel der Fall. Wenn ihr Glaube zum Gegenstand des satirischen Spiels gemacht wird, sind sie als Mitspieler ungeeignet. Gläubige, die den Kernbestand ihres Glaubens, wenn auch nur spie-lerisch, infrage stellen sollen, geraten automatisch in eine missliche Lage. Lachen, also allgemeiner eine Distanz-reaktion, ist nicht mehr möglich, wenn der Identitätskern aufgesprengt werden soll. Der Gläubige kann dann nicht mehr anders, als beleidigt und tief verletzt zu reagieren.

Die Frage, die sich daran anschließt, ist: Sollen, kön-nen, müssen, dürfen Satiriker religiöse Kernbestände sati-risch bearbeiten? Wenn meine Annahme zutrifft, dass auch satirische Kommunikation auf Gelingen ausgerichtet ist – für mich gibt es daran keinen Zweifel –, so handelt der Satiriker wider besseres Wissen, wenn er Gläubige in sein Spiel miteinbezieht, ohne sich vorher zu vergewissern, ob sie mitspielen wollen. Wir können davon ausgehen, dass gläubige Muslime sich dem Satirespiel verweigern müssen, wenn zentrale Glaubensinhalte verspottet werden. Also frage ich: Warum religiöse Glaubensinhalte verhöhnen und verspotten, wenn ich von vornherein weiß, dass meine Mitspieler das angebotene Spiel nicht spielen können? Ich halte es für unredlich, eine Kommunikation zu beginnen in der sicheren Erwartung, dass sie misslingt. Satiriker, die auf das Misslingen von Kommunikation spekulieren, missbrauchen das satirische Spiel.

So, das musste auch einmal gesagt werden.

Jetzt wird's ernst

Immer öfter gelingt es mir nur noch mit Mühe, ernst zu bleiben. Das ist jetzt keine Anspielung auf den Vorsitzenden der CSU oder einen anderen unserer Politiker, die sich für geeignet halten, die Geschicke des Landes in die Hand nehmen zu müssen. Nein. Ich meine es grundsätzlicher. Mich überfällt im Moment eine Erkenntnis, die ins Philosophische reinspielt. Wenn Sie bitte einmal mitdenken wollen! Gäbe es nicht diese dauernde Möglichkeit zur Heiterkeit, wüssten wir gar nichts vom Ernst des Lebens.

Zurzeit reizen mich am meisten zum Lachen die Forderungen der politisch korrekten Zeitgenossen, die von der hohen Warte der moralischen Unfehlbarkeit aus auf uns weniger korrekte Menschen ein Auge haben müssen.

Geringste Verfehlungen werden von ihnen erkannt, benannt und sofort geahndet. Mit Verachtung! Sofortige Exkommunikation! Kein Pardon! Ausschluss aus der Gemeinschaft der Rechtgläubigen. Man wird stigmatisiert, in die rechte Ecke gestellt, der Unmenschlichkeit geziehen.

Im privaten Bereich können Verfehlungen gegen die *political correctness* noch glimpflich abgehen. Da kann man noch einmal davon kommen. Aber nicht in öffentlichen Foren. Gerät man im Internet in den Verdacht, sich nicht politisch korrekt verhalten zu haben, ist man fällig für den Pranger! Wenn es blöd hergeht, und im Internet geht es eigentlich immer blöd her, wirst du von anonymen (natürlich!) »Menschenrechtsaktivisten« fertiggemacht, die über dich herfallen und dich niedermachen mit einer Wut, die du nicht für möglich gehalten hättest.

Es trifft dich ein Shitstorm, den du verdient hast, weil du der letzte Dreck bist und dich einfach nicht politisch korrekt verhalten hast. Die Wächter der Menschlichkeit finden immer einen Kanal, über den sie dir klarmachen, dass du dein Menschenrecht verwirkt hast. Kann mir nicht passieren. Sagst du? Ein Tweet genügt, um dich zuzuscheißen. Es muss dich nur einer im Netz falsch verstehen, die Ironie deines Hashtags nicht erkennen, und du bist dran.

Nehmen wir an, du bist gerade in Köln und schlenderst über die legendäre Domplatte, die Sonne scheint, und du hast Lust, ein bisschen zu twittern. Du bist gut drauf, irgendwie launig, und setzt einen Tweet ab. »Geile Gegend hier«, schreibst du, »am Dom! Halte die ganze Zeit Ausschau nach nordafrikanisch aussehenden Männern, die mich befummeln …« Und ein Smiley packst du auch dran. Du meinst das ironisch, du machst einen Witz. Aber einer deiner Follower hat keinen Sinn dafür und entdeckt in deiner Bemerkung Rassismus und Diskriminierung. Er fragt sich, warum du »nordafrikanisch aussehende Männer« auf Kölns Domplatte erwartest. »Was soll das?«, fragt der. »Du bist ein Rassist.« Ein Menschenverachter! Und nun geht's los. Erst sind es nur ein paar Menschenfreunde, die dich an den Pranger stellen und üble Urteile über dich fällen. Faschistin, Nazitante, rechtsradikale Drecksau sind die eher harmlosen Bezeichnungen, die man für dich findet. Ganz schlimm ist, dass du eine Frau bist, was aber nicht stimmt, du bist in Wahrheit ein Mann, du gibst dich als Frau aus. Rollenspiel also. War doch nur Spaß, denkst du. Tja, außer dir hat's keiner bemerkt. Jetzt beginnt der Ernst des Lebens. Kannst du noch lachen?

Es gibt sehr sensible Menschen, die ein feines Gespür für Stigmatisierung und Ausgrenzung haben und die sofort anschlagen wie ein deutscher Schäferhund, der Haus und Hof bewacht, wenn jemand Grenzen überschreitet. »Haus und Hof« sind metaphorisch zu verstehen und stehen in diesem Zusammenhang natürlich für den Raum, in dem die Menschenrechte gehütet und unbedingt verteidigt werden. Hier darf es kein Zurückweichen geben!

Nach den in jeder Beziehung verheerenden Ereignissen in der Kölner Silvesternacht war die Verwirrung groß. Durfte man nun sagen, dass es »vom Aussehen her« Tatverdächtige waren, die aus Nordafrika waren? Waren gar Flüchtlinge darunter? Durfte man vermuten, dass Asylsuchende deutsche Frauen sexuell belästigten? Lieber gar nichts sagen, entschieden die Verantwortlichen in Köln. Schnauze halten! Wir ermitteln noch. Wir wollen den Ermittlungen nicht vorgreifen! Es gibt Anzeigen? Ja. Inzwischen über tausend. Man wollte sich in jedem Fall politisch korrekt verhalten. Nur welche Formulierung entspricht der *political correctness*? Die Formulierung, dass

»*auch* Männer aus dem nordafrikanischen Raum« unter den Verdächtigen sein könnten, ist ein wenig korrekter als mitzuteilen, es sind »Männer aus Nordafrika« gewesen, die »Frauen verschiedener Nationalität« »sexuell belästigt« und, »was nicht auszuschließen ist, vergewaltigt haben«. Ein Rumeiern auf Formulierungen war zu beobachten, der Gipfel an Ernsthaftigkeit wurde erklommen, als jemand vorschlug, auf keinen Fall zu erwähnen, dass Flüchtlinge unter den Verdächtigen seien, selbst wenn dies den Tatsachen entsprechen sollte, weil man dann befürchten müsse, dass die Stimmung im Lande kippe. Also lieber verschweigen, als offen darüber berichten. Die ansonsten so ungeheuer investigativen Journalisten zügelten freiwillig ihren Rechercheeifer, um ja nicht »falsche Stimmungen« zu befeuern. Es hatte etwas Possenhaftes und Tragisches, und darum empfand ich es als wahnsinnig komisch!

Rosi und ich entwerfen spontan eine Szene, in der die Tochter eines »realitätsblinden Ehepaars« – das sind diejenigen, die unter die Kategorie »Gutmensch« oder radikaler Menschenfreund eingeordnet werden – von einem »nordafrikanisch aussehenden Mann« vergewaltigt wird. Was sagt der Vater zu seiner Tochter? Mit welchen Worten tröstet er sie? Wie beruhigen die Eltern ihre Tochter?

»Wir müssen das verstehen, Kind, er kommt aus einem anderen Kulturkreis. Diese Vergewaltigung ist sicher nur eine Ausnahme. Du darfst das nicht persönlich nehmen. Wenn du sagst, er sah aus, wie nordafrikanische Männer aussehen, müssen wir dich fragen, woher du so sicher bist, dass er aus Nordafrika stammt? Und du solltest bedenken, dass du damit alle Männer aus Nordafrika als potenzielle Vergewaltiger brandmarkst! So haben wir dich nicht erzogen! Es ist dir sicher Unrecht widerfahren, aber das berechtigt uns nicht, alle Männer aus dem nordafrikanischen

Raum in den Verdacht miteinzubeziehen. Außerdem hätte es auch ein deutscher Mann sein können. Auch deutsche Männer aus dem südländischen Raum sind zu solchen Taten fähig. Die Ereignisse der Kölner Silvesternacht geben uns stattdessen die Gelegenheit, alle Männer in ihrer maskulinen Aggressivität zu hinterfragen.«

Diese letzte Denkfigur wurde tatsächlich von Frauenrechtlerinnen ins Feld geführt, um den »in der Gesellschaft latent verbreiteten Sexismus« anzuprangern, weil es nicht um »nordafrikanisch aussehende Männer« geht, sondern um alle Männer, die immer nur das eine wollen. Männer sind Schweine!

Der zuständige Innenminister Ralf Jäger (SPD) weist seine Ordnungshüter an, bei Pressemitteilungen auf den Pressekodex zu achten. Die religiöse oder ethnische Zugehörigkeit von verdächtigen Tätern solle nur erwähnt werden, wenn das zum Verständnis der Tat beitrage. Frage: Trägt die Religionszugehörigkeit ernsthaft zum Verständnis der Tat bei? Gibt es tatsächlich Unterschiede von Tätern katholischen und muslimischen Glaubens? Wird eine Vergewaltigung demnach anders verarbeitet, wenn das Opfer weiß, welchem Glauben der Täter angehört? Wie erkläre ich die Tat, wenn der Täter sich als Atheist outet? Sollte man diese Unterschiede wirklich in die Überlegungen miteinbeziehen?

Ich hab es schon gesagt. Immer öfter kann ich nur mit Mühe ernst bleiben.

Von morgens früh bis abends spät

Thomas Bernhard: »Die Katastrophe fängt damit an, dass man aus dem Bett steigt.«

Und endet nicht mit dem Zubettgehen, weil du die Nacht damit verbringen musst, den geistigen Unrat, mit dem man dich tagsüber traktiert, im Traum zu »verarbeiten«. Dein Traum ist deine Wiederaufbereitungsanlage zur Bewältigung des geistigen Mülls, den du täglich in dich aufnimmst.

Distanz hilft nichts. Es gibt keine Distanz! Die Welt ist intim. Alles dringt in dich ein, vor allem Bilder, immer wieder Bilder, dreckige, bizarre, absurde, die wie ausgespuckte Kaugummis auf deiner Seele kleben.

Die Welt ist der Totalschaden. Der Riss, der sich auftut zwischen dir und der Welt, zwischen dir, dem »erkennenden Subjekt«, und dem zu »erkennenden Objekt«, dieser Riss, den du zu überbrücken versuchst, weil du nicht anders kannst, indem du die Welt konstruierst, weil dir nichts Besseres einfällt, dieser Riss ist der Totalschaden des Seins.

Diese Überbrückungsversuche sind alle zum Scheitern verurteilt. Das ahnst du. Aber du kannst nicht anders, als es immer wieder zu versuchen. Eine programmierte Sehnsucht treibt dich dazu an. Und weil du es nicht lassen kannst, hast du auch noch das Gefühl, daran selber schuld zu sein, wenn du die Welt in dich aufnimmst. Ich bin ja selber schuld, sagst du, warum lasse ich mich darauf ein?

Du probierst es mit Humor. Humor ist ja angeblich, wenn man trotzdem lacht, doch das Lachen ist dir schon lange vergangen. Dennoch klammerst du dich an das *trotzdem*. Du hältst dich an den kategorischen Imperativ des Humors, der ganz einfach lautet: Lache stets so, dass dein Lachen zur allgemeinen Maxime des Lachens aller erhoben werden könnte. Ist aussichtslos! Niemand außer dir lacht.

Satire ist, wenn man trotzdem … Mehr als dieses Trotzdem bleibt dir nicht übrig.

Halloooo! Odo Marquard sagt: Philosophie ist, wenn man trotzdem denkt!

Kant hat wohl gesagt, die Wahrheit sei nichts anderes als eine »regulative Idee«. Das hört sich humorvoll an und tröstlich. Wahrheit ist damit nichts Absolutes und Ewiges. Sie verliert die Eigenschaft des Letzten. Die letzte Wahrheit ist immer die vor der nächsten.

Wahrheit regelt zu einem bestimmten Zeitpunkt die Beziehung zur Welt. Wahr ist damit immer gerade das, was wahr sein könnte. Es fehlt der Beweis, die Annahme ist so lange wahr, bis sie von der nächsten regulativen Idee abgelöst wird. Doch ohne die regulative Idee der Wahrheit können wir uns nicht mitteilen. Die Wahrheit ist die sprachliche Form, eine Disposition, in der wir uns aussprechen, weil sie jeder irgendwann einmal aussprechen muss.

Peter Wapnewski: Humor ist Windstille der Seele, ist die mild lächelnde, gepflückte Frucht der Erkenntnis der eigenen Nichtigkeit im ahnungsvollen Erkennen der großen Nichtigkeit des Ganzen.

Oder so.

War was? – Nein, es war nichts. Im Wissen um das Nichts, das am Ende nichts ist, bleibt dir nichts außer Humor!

Und so was schreibe ich mir auf! Ts ts ts …

Themaverfehlung

Seit Stunden sitze ich am Laptop und schreibe. Ein gutes Gefühl. Tja, ich bin auch ein wenig überrascht. Aber so ist es, wenn es läuft, dann läuft es. Ich kann gar nicht mehr aufhören. Es läuft richtig gut. Es geht voran.

Die Bedingungen sind ja auch ideal. Ich habe einen Auftrag, der Verlag will ein Buch von mir, der Abgabetermin naht, ich verspüre Produktionsdruck. Was will ich denn noch? Das sind sehr gute Zeichen. Produktionsdruck bringt mich in Stimmung und löst immer Kreativität aus. Ohne Druck geht bei mir gar nichts voran.

Es ist ruhig. Bis auf einen Handwerker, der bohrt, schleift und hämmert. Nichts Ungewöhnliches in diesem Haus. Was mir fehlt, ist der Yilmaz, unser Hausmeister, mit seinem Laubbläser. Er wird heute sicher noch das Laub im Hof zusammenblasen.

Die Nachbarn verhalten sich ebenfalls rücksichtsvoll, wenn man von einigen musikalischen Beiträgen, die in der Wohnung über mir produziert werden, absieht. Andreas übt heute nicht. Weder am Akkordeon noch am Klavier. Der Ärmste hat sich beim Skifahren das Schlüsselbein gebrochen. Mein Glück, sein Pech. Es muss Klara sein, die Tochter, die am Flügel die Titelmelodie des *Titanic*-Films spielt. Sie scheitert immer an der gleichen Stelle. Die Titanic will heute wieder mal nicht untergehen.

Von der Straße dringen kaum Geräusche ins Arbeitszimmer. Ein Notarztwagen jagt durchs Viertel. Im Hintergrund der aktuellen Geräuschkulisse gibt es einige Schallwellen, die im unteren Dezibelbereich zu hören sind. Ich kann sie aber nicht genau identifizieren. Es könnte der Schleudergang einer Waschmaschine sein. Leider zu leise. Aber diese Frequenzen sind kaum der Rede wert. Seit etwa einer Stunde nervt der stechende Alarm eines Weckers. Entweder ist die betreffende Person tot oder längst aus dem Haus. Ich vermute, dass irgendjemand verreist ist und vergaß, die Weckfunktion abzustellen. Irgendwann wird das Ding doch aufhören!

Plötzlich werden Stimmen laut? »Ja, schon!«, brüllt jemand. Ein Streit? »So geht's nicht!«, schreit eine andere Person. Hat da jemand »Arschloch« gerufen? »Halt's Maul!« Eine Tür fällt ins Schloss. Jemand nimmt zwei Treppen auf einmal auf dem Weg nach unten. Eine gewichtige Person.

Das Haus befindet sich in einer verkehrsberuhigten Zone, an die sich fast alle Autofahrer halten. Hie und da wird gehupt, wenn ein Fahrzeug von DHL oder United Parcel Service eine Einfahrt blockiert oder jemand die Einbahnstraße in falscher Richtung durchfährt. Die Schreibatmosphäre könnte besser nicht sein.

Und dennoch, also, wie soll ich sagen, viel steht da noch nicht. Genau genommen habe ich noch keine einzige Zeile. Nicht ein einziger Buchstabe zeichnet sich im Bildschirm ab. Die Fläche ist weiß. Es ist alles unbeschrieben, einfach weiß, so weit das Auge reicht. Ein Text ist nicht in Sicht.

Das könnte daran liegen, dass ich das Thema dieses Textes noch nicht kenne. Normal ist das selbstverständlich nicht. Ich weiß in der Regel schon, was ich sagen will. Ich habe schon Autoren erlebt, die zum Beispiel während eines Vortrags in einer Akademie die Zuhörer im Unklaren darüber gelassen haben, worüber sie referierten. Ich weiß solche Vorträge durchaus zu schätzen, weil sie das Hirn nicht belasten. Man muss nichts verstehen, man kann getrost abschalten und ein Nickerchen machen.

Ich hatte immer Verständnis für solche leeren Reden. Wer weiß, wie es dem beim Verfassen des Vortrags ergangen ist. Es ist ihm zum Thema nichts eingefallen. Doch er musste einen Auftrag erfüllen. Er hatte zugesagt. Absagen kam nicht infrage. Also was blieb ihm anderes übrig, als mit vielen Worten nichts zu sagen. Ein Meister in diesem Fachgebiet ist unser Außenminister Frank-Walter Steinmeier. Keiner spricht leerer.

Ich habe schon nach dem Thema gegoogelt. Aber auch Google hat keine Ahnung, um welches Thema es sich handeln könnte. Wikipedia behauptet unter anderem, Thema sei eine Gegend im Nordwesten Arabiens. Außerdem verstehe man unter Thema den Teil des Satzes, in dem die Aussage formuliert sei. Aha. Thema bezeichnet den grundlegenden Gedanken des Gegenstands, vom dem die Rede ist. Ja was denn nun? Jetzt suche ich also auch noch einen Gegenstand!

Es ist wie verhext. Bloß gut, dass ich sehr geduldig sein kann. Rosi öffnet nun schon zum zweiten Mal ganz vorsichtig die Tür zu meinem Arbeitszimmer, einen Spaltbreit nur, ich tu so, als würde ich sie nicht bemerken, sie wirft einen sorgenvollen Blick auf mich und schließt sofort wieder die Tür, nachdem sie gesehen hat, mit welcher Konzentration ich das Thema bearbeite. Sehr rücksichtsvoll von ihr. Vermutlich wollte sie mich fragen, ob ich eine Kleinigkeit mit ihr essen wolle. Denn sie weiß natürlich auch, dass ich seit Stunden nichts mehr zu mir genommen habe außer Kaffee. Aber an Nahrungsaufnahme ist jetzt nicht zu denken. Um nicht vor der Zeit zu ermüden, führe ich mir in immer kürzeren Abständen doppelte Espressi zu. Ich betrachte die Espressomaschine im Raum. Nespressokapseln! Umweltsauerei, denke ich. Außerdem löst Aluminium Demenz aus! Das ist durch wissenschaftliche Studien belegt. Bei der Menge Kapseln, die ich in meinem Leben konsumiert habe, müsste ich eigentlich schon ... Nein, das will ich nicht denken, außerdem ist das nicht das Thema. Vielleicht in der nächsten Geschichte.

Espresso hält mich auf Trab. Ich verspüre zwar schon längere Zeit eine innere Unruhe in der Brustgegend, die vom Koffein herrühren könnte, dennoch besteht kein Grund zur Besorgnis, Herz und Kreislauf verkraften diesen Schreibvorgang bisher sehr gut. Erste Verspannungen im Nackenbereich ignoriere ich. Falls die Schmerzen zunehmen sollten, werde ich Tabletten nehmen, die griffbereit auf dem Schreibtisch liegen. Ibuprofen 400. Ich weiß, dass ich vor dem Computer zu körperlichen Fehlhaltungen neige. Darauf bin ich vorbereitet. Aber auf Unpässlichkeiten kann ich jetzt keine Rücksicht nehmen. Ich sollte eine Pause machen! Der Gedanke kam schon einige Male auf. »Pflicht und Neigung!«, schießt es mir in solchen Momenten durch den Kopf. Halte dich an Kants Ethik! Der große Philosoph der Pflicht hat recht. Die Ethik des Schreibens verlangt Disziplin, und der Autor hat die Pflicht, seine Fantasie ernst zu nehmen. Neigungen haben sich dem unterzuordnen. Ich neige dazu, meinem Wunsch, eine Pause einzulegen, nachzugeben, aber meine Pflichtauffassung sagt mir, dass ich sie mir versagen muss.

Meine Fantasie arbeitet auf Hochtouren und versorgt mich mit Gedanken, die keinen Aufschub dulden. Einen derartigen Kreativitätsschub darf ich nicht ungenutzt verstreichen lassen. Nur leider passt das meiste von dem, was in meinem Bewusstsein gedanklich entsteht, nicht zu dem, was ich schreiben will. Das könnte daran liegen, dass ich gar nicht genau weiß, was ich schreiben will. Wo bleibt nur das Thema? Vielleicht verspätet es sich. Möglicherweise ist es mit der Bahn unterwegs. Gegenstände auf dem Gleiskörper. Unvorhersehbare Störungen. Umweltaktivisten, die sich in die Gleise betoniert haben?

Normalerweise quält mich der Anfang nicht. Im Gegenteil. Ich bin geradezu ein Meister des ersten Satzes. Aber diesmal sperrt sich alles.

Denn ich habe noch kein Thema gefunden. Ich habe aber schon den Einstieg: Seit Stunden sitze ich am Laptop und schreibe. Ein gutes Gefühl!

In der Abgeschiedenheit

Ich finde, das Unvermeidliche findet zu wenig Beachtung. Zum Beispiel die bayerische SPD. Die ist besonders unvermeidlich. Es gibt sogar Leute, die behaupten, dass man sie braucht. Die bayerischen Sozialdemokraten waren in Klausur. Sie sperren sich jedes Jahr im Januar in Kloster Irsee ein, um zur Besinnung zu kommen. Dieses Jahr hat das richtig gut geklappt. In dieser klösterlichen Abgeschiedenheit sind sie draufgekommen, dass es ohne sie in Bayern nicht geht. Es muss eine tolle Stimmung gewesen sein, dort in Irsee. Die Wählerumfragen waren entsprechend. Also, die Umfragen innerhalb der SPD sind immer super, darum herrscht in der bayerischen SPD immer eine Aufgewecktheit, wie man sie sonst nur in Parteien kennt, die kurz vor dem Einschlafen sind.

Markus Rinderspacher, der Fraktionsvorsitzende der SPD in Bayern, hat im Kloster eine Erleuchtung gehabt. Eine andere Erklärung habe ich nicht für seine Erkenntnis: »Das ist die Stunde der bayerischen SPD.« Mit diesem

Satz überraschte er die Medien. Tja, und dann war sie auch schon wieder vorbei, die Stunde der SPD. So eine Stunde dauert ja nicht länger als sechzig Minuten. Möglicherweise dauert eine sozialdemokratische Stunde nicht einmal so lange, weil die Sozis ja mit der Gewerkschaft verbandelt sind. Gewerkschaftlich dauert die Stunde höchstens fünfundvierzig Minuten. Aber so eine kurze Stunde hat auch Vorteile, weil du dann pro Tag mehr Stunden zusammenbringst.

Lassen Sie mich rechnen – vierundzwanzig Stunden hat der Tag normalerweise. Bei einer Fünfundvierzig-Minuten-Stunde spart man pro Stunde fünfzehn Minuten ein, das macht dann dreihundertsechzig Minuten am Tag, macht insgesamt sechs Stunden mehr pro Tag. Auf diese Weise hat die SPD einen Dreißig-Stunden-Tag und dadurch mehr Zeit für neue Ideen. Nur so ist verständlich, warum der »Rindi« das Jahr des Handelns ausgerufen hat.

Bei der CSU in Kreuth sind sie gleich zusammengezuckt, als sie davon erfahren haben. Die SPD will handeln? Öha, haben sie gerufen, der Seehofer hat gleich einen Schwächeanfall vorgetäuscht. Das war unfair. Gleich auf Mitleid machen!

Mehr Polizei auf Straßen und Plätzen fordert wer? – Na? Die SPD! Und Straftäter müssen konsequent bestraft und sofort ausgewiesen werden! Ich spreche es ehrlich aus, ich hab Angst gehabt, dass der Markus Rinderspacher der Öffentlichkeit mitteilt: Wer betrügt, fliegt! So viel Logik darf man von den bayerischen Sozis dann doch nicht erwarten. Aber sie sind lernfähig. Darum fordert die bayerische SPD einen starken Staat. Einen starken Staat fordern traditionell die Rechten. Die Sozis werden sich gesagt haben, wir müssen unseren Katalog anpassen. Deshalb fordert der Rinderspacher auf der Pressekonferenz

»eine Reduzierung der Flüchtlinge«! Ich vermute, weil man das Thema nicht den Rechtspopulisten überlassen darf. Bravo!

Die bayerischen Wähler haben die SPD in der letzten Umfrage schon ziemlich reduziert. Auf sechzehn Prozent. Die Obergrenze für die bayerischen Sozis ist allerdings noch nicht endgültig ausgelotet. Sie haben noch Luft nach unten.

Ich bin dafür, die SPD als Teil einer bayerischen Leitkultur in der bayerischen Verfassung zu verankern. Es wäre doch schade, wenn die SPD vom Wähler komplett entsorgt würde. Die bayerische SPD ist fester Bestandteil des bayerischen Humors. SPD ist immer lustig! »Wir müssen wieder Vertrauen durch ernste Arbeit gewinnen«, sagt der Rindi Rinderspacher. Super Idee! Ernste Arbeit! Ha! Was war das bisher? Er will »parteiübergreifende Lösungen« erarbeiten. Eine solche parteiübergreifende Lösung wäre, wenn sich die SPD als »CSU light« beim Wähler zu erkennen gäbe. Quasi »SPD zero«. Das ist die neue Strategie der SPD. Wir tun so, als wären wir schwarz. Vielleicht merkt's keiner! Wir ziehen den roten Schweinebraten aus dem Rohr und behaupten: »Das ist die Stunde der SPD.«

So ein Käse

»Irgendwas ist im Kühlschrank«, sage ich.

Rosi sitzt am Küchentisch und hebt eine Augenbraue.

»Es riecht!«, sage ich. »Was könnte das sein?«

»Wenn du nachschaust, dann weißt du das!«

»Hast du eine Idee?«

»Frag nicht, schau einfach nach!«, fordert Rosi.

»Du hast die feinere Nase von uns beiden!«

Wir spielen dieses Quiz hin und wieder und haben immer einen großen Spaß dabei. »Es könnte ein Stück Appenzeller Käse sein«, vermute ich.

»Nee, den Appenzeller habe ich gestern entsorgt.«

»Was?«, rufe ich entsetzt. »Der war doch noch gut!«

»Vielleicht ist es der Stilfser? Der Käse vom Stilfser Joch. Hast du einen gekauft?«, fragt mich Rosi mit vorwurfsvollem Unterton.

»Nein«, wehre ich mich. »Würde ich nie machen. Ich weiß ja, dass du den Stilfser nicht erträgst.«

Ich halte meine Nase in den Innenraum des Kühlschranks. »Ich kann mir nicht helfen«, sage ich, »es riecht nach Käse. Gorgonzola? Es könnte ein Gorgonzola sein!«

Rosi winkt ab: »Gorgonzola ist das nicht. Der riecht anders.«

Jetzt stehen wir beide am geöffneten Kühlschrank und halten Ausschau nach der Quelle dieses unangenehmen Geruchs.

»Das ist kein Käse, das muss etwas anderes sein. Siehst du irgendwo Käse?«

Es ist kein Käse im Kühlschrank. Dafür finden wir in den untersten Fächern Gemüse im fortgeschrittenen Zersetzungsmodus.

»Zucchini, das könnten die Zucchini sein. Was meinst du?«

Rosi und ich sind Hobbywissenschaftler und forschen seit vielen Jahren im Lebensmittelbereich. Wir haben schon eine Menge Erkenntnisse gewonnen. Bananen beispielsweise werden in der Nähe von Äpfeln schneller faulig, als wenn sie diesen Prozess alleine ohne Katalysatoräpfel hinkriegen müssen. Bananen brauchen bei uns oft überdurchschnittlich lange, bis sie braun werden. Um die Überreife schneller herzustellen, lagern wir sie in der Nähe von Elstar-Äpfeln, die den Bräunungsprozess sehr schön in Gang setzen. Auch Äpfel der Sorte Boskoop können Bananen immens zusetzen. Das ist nur eine von vielen Erkenntnissen, die zwar auch andere weniger geübte Forscher schon gemacht haben, aber wir machen trotzdem weiter.

Wichtig ist uns, dass wir solche Ergebnisse immer wieder überprüfen, um die Datenbasis zu verbreitern und damit die Belastbarkeit unserer Aussagen zu untermauern. Genau in diesem Punkt liegt unsere Stärke. Wir können alles, was wir behaupten, beweisen. Also, ich will nicht übertreiben, aber was wir schon alles an leicht verderblichen Lebensmitteln unter Mühen in die Wohnung geschleppt haben, um sie Fäulnisprozessen auszusetzen, ist enorm. Natürlich haben wir bemerkt, dass Besucher die Nase rümpfen, wenn sie unsere Wohnung betreten. Aber wenn wir dann von unserem Fäulnis-Projekt erzählen, kriegen die meisten glänzende Augen und gratulieren uns zu unserem Mut, Wohnen und Forschen miteinander in Einklang zu bringen. Die Idee, die private Wohnung auch als Labor zu nutzen, um in der Lebensmittelforschung neue Erkenntnisse zu gewinnen, finden alle unsere Freunde super.

Es kamen auch schon skeptische Fragen auf. Klar, Meckerer gibt es immer. Es gab auch Kritik! Vor allem in moralischer Hinsicht wurde gefragt, ob wir es mit unserem Gewissen vereinbaren könnten, Lebensmittel einfach verrotten zu lassen, wo doch weltweit so viele Menschen hungern müssten. Wir nicken in solchen Fällen betroffen, verweisen aber immer auch auf die Forschung! Danach ist das Verständnis groß.

Wir handeln nicht unmoralisch. Nein! Wir kaufen grundsätzlich Bio- und Fair-Trade-Waren, um den Welthunger zu reduzieren. Wir bevorzugen erntefrische Produkte, bei denen wir sicher sein können, den Fäulnisvorgang zu unseren Bedingungen in Gang setzen zu können. Darauf legen wir größten Wert.

Bevor wir angefangen haben, uns wissenschaftlich mit den leicht verderblichen Lebensmitteln zu beschäftigen, sind uns mehr oder weniger zufällige Versuchsanordnungen gelungen, die wir als unbefriedigend empfunden haben, weil wir dabei das Gefühl hatten, zu viel dem Zufall zu überlassen. Wir wollten bewusster damit umgehen. Seitdem wir unsere Zersetzungsexperimente unter streng wissenschaftlichen Bedingungen starten, erzielen wir immer bessere und genauere Ergebnisse.

Neulich hatten wir einen Langzeitversuch laufen mit Münchner Leberkäs, der bei uns im Kühlschrank bei einer exakten Temperatur von sieben Grad nach vierzehn Tagen ins Grünliche schimmerte. Die Ungenießbarkeit war schon nach acht Tagen erreicht. Die Geruchsaromen, die den total verschimmelten Scheiben entströmten, waren dermaßen intensiv, dass wir den Versuch abrupt abbrechen mussten. Wir geben aber nicht auf. Demnächst werden wir eine neue Versuchsanordnung mit Schweineschinken angehen, den wir hoffen, im Kühlschrank so platzieren zu können, dass wir ihn länger als vier Wochen übersehen. Wir sind gespannt, wie lange wir es durchhalten. Was macht man nicht alles, um der Wissenschaft einen Dienst zu erweisen und damit der Menschheit zu helfen.

Vollkommen ungebildet

Karl Lagerfeld. Ich mag ihn. In der *FAZ* lese ich im Feuilleton eine Geschichte über ihn. Er gewährte einer Reporterin des Feuilletons Einlass in sein Reich und gab wie immer Antworten, die auf tiefe Einsichten schließen lassen.

»Ich bin nur an meiner Meinung interessiert. Ich will auch niemand überzeugen.«

Was will uns der große Karl Lagerfeld damit sagen? Nur noch an der eigenen Meinung interessiert zu sein könnte auf einen totalen Rückzug auf das eigene Bewusstsein hindeuten. Das Denken kreist demnach nur noch um das eigene Gedachte und denkt immer wieder nach über das Lagerfeld'sche Denken. Ein sich selbst genügender Denker, der genug damit zu tun hat, sich selbst zu verstehen? Die zweifelnde Erkundung der eigenen Meinung und die Frage, wie komme ich dazu zu meinen, was ich meine, könnte mehr als eine Meinung sein, eventuell eine gesicherte Haltung, eine Überzeugung, solche Reflexionen beschäftigen ihn voll und ganz. Lagerfeld, der von sich behauptet, »Kant mit dem größten Vergnügen zu lesen, je abstrakter, desto besser!«, benutzt abstrakte Vokabularien, um den Kopf frei zu bekommen. Die Kant'schen Antinomien im Raum-Zeit-Kontinuum lassen ihn zur Ruhe kommen und Kraft schöpfen, die sich andere beim Bergwandern oder Sonnen am Strand holen. Erholung durch Abstraktion. Vermutlich ist sein Kopf vollgestopft mit realer Unordnung, Perzeptionen und Affektionen, bloße Perzepte und Affekte, die durch Abstraktion zur Ordnung gerufen werden. Weg vom Realen! Das Reale strengt doch nur an, ist ohnehin, so vermute ich, schwer zu verstehen, ist lediglich Anlass für abstrakte Begriffsbildung. Verstehen kann ich nur mich selber. Das ist schon schwer genug und gelingt nur äußerst selten. Ja, da stimme ich zu. Große Künstler verstehen sich nicht und können daher auch niemanden überzeugen. Überzeugen hieße, den anderen mit dem eigenen Unverständnis zu traktieren.

»Ich hasse zu intellektuelle, kultivierte Unterhaltungen, die meisten Leute, mit denen ich zu tun habe, sind vollkommen ungebildet«, gesteht Lagerfeld. Damit gibt er sich als Romantiker zu erkennen. Er sucht die Nähe der Ungebildeten, der einfachen Leute. Natürlich werden diese Bekenntnisse mit Ironie aufgeladen. Dennoch skizzieren sie eine Utopie. Die einfachen, ungebildeten Leute leben das wahre Leben. Sie bleiben unbefleckt von den Metaebenen, den Verformungen der Zivilisation, den kulturellen Diktaturen, den artifiziellen Routinen. Nur er, Karl Lagerfeld, hat sich bedauerlicherweise schon zu weit davon entfernt, war nie vom Schicksal dafür ausersehen, einfach und ungebildet zu sein. Die persönliche Disposition, vorgenommen durch das Schicksal, sah für ihn einen anderen Plan vor. Er empfindet dies als persönliche Tragödie, die durch Lesen verursacht wurde. Lesen sei für ihn eine Krankheit, »aber ich möchte nicht vor ihr geheilt werden«.

Mensch, Karl, geht mir genauso!

Die Legende der Petra H.

In letzter Zeit reden Rosi und ich sehr oft über Totalschäden. Wir betrachten das Weltgeschehen und fragen, ob dies oder das ein Totalschaden ist. Heute früh ergab es sich, dass wir aus aktuellem Anlass über Petra Hinz ins Gespräch kamen. Vielleicht erinnern Sie sich an die Bundestagsabgeordnete Petra Hinz, die für sich eine Biografie erfunden hatte, die mit den tatsächlichen Umständen nicht sehr viel zu tun hatte. In Agentenkreisen ist es üblich, für eine Person eine Legende zu erfinden, um ihr eine neue Identität zu geben. Dabei wird bis in alle Einzelheiten hinein eine komplette Biografie entworfen, die dem Agenten die Möglichkeit gibt, ein anderes Leben zu leben. Vergangenheit und Gegenwart der Person müssen bis in alle Einzelheiten plausibel erscheinen. Das verlangt hohe schauspielerische Fähigkeiten. So umfassend waren die Erfindungen der Petra Hinz zwar nicht, aber auch sie hatte für sich ein Leben erfunden, das es nicht gab. Sie behauptete, das Abitur abgelegt zu haben, Jura studiert und mit beiden Staatsexamina abgeschlossen zu haben. Danach habe sie als Juristin in einem Konzern gearbeitet. Nichts davon entsprach der Wahrheit.

»Irgendwie faszinierend«, sage ich zu Rosi. »Diese Petra Hinz. Und nachdem nun diese Hochstapelei aufgeflogen ist, tritt sie als Bundestagsabgeordnete zurück.«

Rosi: »Blieb ihr ja auch nichts anderes übrig.«

Ich: »Ungewöhnlich!«

Rosi: »Was ist ungewöhnlich?«

Ich: »Dass sie zurücktritt. Normalerweise treten Politiker wegen so einer Sache nicht zurück. Die Verlogenheit gehört zur Grundausstattung eines jeden Politikers.«

Rosi: »Ich frag mich schon, was einen Menschen dazu bewegt, sein ganzes Leben mit so einer Lüge herumzulaufen. Was das für einen Druck bedeutet! Dauernd musst du aufpassen, dass dir keiner draufkommt. Stell dir mal vor, die musste mit einem Juristen reden! Was die für eine Angst gehabt haben muss!«

Ich: »Aber offenbar hat sie auch Vorteile von ihrer Lüge gehabt. Ohne das Jurastudium hätte sie in der SPD wahrscheinlich nie Karriere gemacht.«

Rosi: »Da haben wir es wieder. Akademiker, Doktor, Professor! Wenn nicht dieser Titeldruck der Gesellschaft existieren würde, hätte die Frau Hinz ihr Juraexamen doch gar nicht erfinden müssen.«

Ich: »Das ist tragisch!«

Rosi: »Wieso steht eigentlich ein abgeschlossenes Jurastudium in so hohem Ansehen beim Wähler?«

Ich: »Ist doch klar. Juristen gelten als Winkeladvokaten, als Rechtsverdreher, als gerissen und hinterhältig, solche Charaktere sind beim Wähler beliebt. Und außerdem brauchen wir gebildete Leute hier im Land.«

Das hat sich auch im Ausland herumgesprochen. Deshalb sind in der ersten Flüchtlingswelle letztes Jahr praktisch nur Akademiker gekommen. Kieferchirurgen, Ärzte, Physiker! – Kaum Juristen. – Ich versteh sehr gut, warum Menschen sich eine Biografie erfinden, die mit der Wirklichkeit nichts zu tun hat. Es gehört zum Menschsein, dass er fantasiert, dass er sich immer was ausdenken muss. Jeder konstruiert und bastelt an seiner Biografie. Es sind nur nicht alle Menschen mit der gleichen Fantasie gesegnet. Der Seehofer zum Beispiel ist in Wirklichkeit Fahrdienstleiter bei der Bundesbahn. Ja! Ich habe das nicht glauben können, aber darauf kommt es nicht an, wichtig ist, dass er selber nicht dran glauben kann. Darum schreibt er in seine Biografie lieber rein, dass er Verwaltungsfachmann ist. Ist aber nicht schlimm, weil ihm in seinem Job weder das eine noch andere nutzt. Ein Politiker muss keinen Berufsabschluss haben. Er muss nur gewählt werden können. Das langt. Die wichtigste Qualifikation, die ein Politiker mitbringen muss, ist Anpassungsfähigkeit. Den Leuten nach dem Mund reden. Und dabei ist es ganz egal, ob er Jurist ist oder Fahrdienstleiter.

Und je länger ich darüber nachdenke, desto mehr glaube ich, dass ich eigentlich auch einen akademischen Abschluss vorweisen kann.

Mir ist eingefallen, dass ich vor langer Zeit einmal SPD-Mitglied war! Dazu brauchte es auch eine gewisse Qualifikation! SPD-Mitgliedschaft entspricht in etwa einem Universitätsabschluss! Zumindest ist sie eine gute Voraussetzung für einen zweiten Bildungsweg mit anschließendem Jurastudium plus Promotion.

Faust, auch so einer

»Den schlepp ich durch das wilde Leben, durch flache Unbedeutenheit, er soll mir zappeln, starren, kleben, und seiner Unersättlichkeit … – wie geht das weiter?«, fragte mich Rosi, als wir das Theater verließen. Ich hatte keine Ahnung. Rosi ist ein leidenschaftlicher Faust-Fan. Sie kann ganze Szenen auswendig zitieren. Den Gründgens-Film hat sie in der Matinee im Filmcasino immer wieder angeschaut. Das ist lange her. Muss in der 1970er-Jahren gewesen sein.

Wir waren im Faust. Die Rosi, die Geli und ich. Neuinszenierung am Residenztheater in München. Zunächst war es aussichtslos, an Karten zu kommen. Aber dann gelang es mir doch, welche zu ergattern. Zwar weit hinten im Parkett, aber wir waren drin, und jetzt können wir mitreden. Ich habe einiges nicht verstanden. Das ist normal, ich versteh immer weniger, wenn ich ins Schauspiel gehe. Manchmal erkenne ich das Stück gar nicht. Aber das will ich erst mal für mich behalten. Schließlich gelte ich als Experte in Theaterangelegenheiten. Da kann ich nicht einfach sagen, ich hätte was nicht verstanden.

In dieser Inszenierung wird Faust kurz nach dem Osterspaziergang erschossen, was sich mir nicht zwingend erschloss. Er lebt dann weiter, weil ihn Mephisto sofort operiert. Der Teufel tritt als Frau in Erscheinung und jobbt wohl auch in der Notaufnahme. Martin Kušej, der Regisseur, hat die Rolle mit einer Frau besetzt, was nicht neu ist, das gab es schon öfter. Der Teufel ist weder weiblich noch männlich, er ist einfach nur böse. Das Geschlecht sollte gar keine Rolle spielen. Ganz unproblematisch ist das allerdings nicht in Zeiten des Gender-Mainstreaming. Bei diesem Thema ist Vorsicht geboten, dachte ich, als wir die Mäntel an der Garderobe zurückerhielten. Wenn die Rede bei der nun folgenden Nachbesprechung der Aufführung darauf kommen sollte, muss ich mich bei der Wortwahl zurückhalten, weil ich weiß, dass Geli bei den Grünen aktiv ist, und wir bei Genderthemen wahrscheinlich keine Übereinstimmung erreichen werden.

Es war zunächst nur eine Vermutung, aber die Gefahr, dass wir aneinandergerieten, war gegeben. Es hatte schon mal so eine Situation gegeben. Es ging um repressive, natürlich männliche Sprachstrukturen, unter denen Frauen zu leiden haben. Ja, ja, das ist vermintes Gebiet. Irgendwo an einer Uni haben sie beschlossen, alle Professoren nur noch als Professorinnen anzusprechen; auch die männlichen Mitglieder des akademischen Olymps. Das roch schon sehr nach Konflikt. Es wäre beinahe zum Streit gekommen.

Nach der Aufführung waren wir im Franziskaner. Der Kellner war unschlagbar. Ich weiß nicht, wer den inszeniert hat, egal, er war überzeugend, sehr aufmerksam, gar nicht aufdringlich, aber immer in der Nähe, um eingreifen zu können, falls die Situation es erfordern würde. Ich fühlte mich umsorgt. Ich dachte, wenn ich Hilfe benötige, der ist zur Stelle. Großartig! Auch war er sehr textsicher. Der österreichische Akzent in seinem »Wissen die Herrschaften schon, was Sie zu trinken wünschen?« war unüberhörbar. Eindeutig Wiener Schule, dachte ich sofort. Immer mit einer leichten Kopfneigung, und dennoch von Unterwürfigkeit keine Spur, auch nicht von Anbiederung geschweige denn Schleimerei, von alledem nichts, nein, es war eine sachliche, sehr höfliche Frage, in der sicheren Erwartung, dass wir bereits einen Entschluss gefasst haben könnten, was aber nicht der Fall war. Die Enttäuschung darüber ließ er sich kaum anmerken. Beinahe freudig konstatierte er: »Na, dann warten wir no a bissl.« Und entschwand. Einfach großartig, dieser Servicemann. Die Genderproblematik, falls er überhaupt schon mal etwas davon gehört haben sollte, wird ihm »am Oasch« vorbeigehen, kam mir in den Sinn.

Es ist bei mir oft so, dass ich nach Theaterbesuchen alles, was im Anschluss daran passiert, als Inszenierung wahrnehme. Ich selbst gerate dann in eine Art Lampenfieber und hoffe, dass mir in den Dialogen der richtige Text einfällt. Nein, wir waren begeistert, obwohl wir doch viel – wie soll ich sagen – vielleicht nicht ganz so verstanden hatten, wie vom Regisseur Kušej beabsichtigt.

Also im Residenztheater. Im Franziskaner haben wir

alles verstanden. Da war alles klar, vor allem das hervorragend gezapfte Bier, der wohltemperierte, lauwarme Kartoffelgurkensalat, die frischen, duftenden, beinah noch heißen Brezn im Körberl unterm Deckerl und natürlich der berühmte Franziskaner Leberkäs. Da war gar keine Deutung möglich. Er war eindeutig! Verschloss sich jeglicher Interpretation. So ein Leberkäs muss interpretationsfrei sein, sag ich immer, ansonsten kann man ihn vergessen. Es gibt manchmal Sorten, die entfernt das Aroma – ich bin jetzt vorsichtig in der Formulierung – eines männlichen Schweines, eines Ebers, hervorrufen. Der reife Leberkäskenner, für den ich mich schon halte, denkt dann: Der soachelt! Glauben Sie bitte einem ehemaligen Metzgerbuam: Wenn der Leberkäs Deutungen zulässt, ist alles zu spät. Im Franziskaner war er eindeutig.

Im Gegensatz zu dieser Faust-Inszenierung. Sie war großartig, wir wussten nur nicht recht, warum. Das ist eine befremdliche Lage, irgendwie unbefriedigend, wenn man etwas als höchst gelungen einstuft und keine Ahnung davon hat, warum. Was ist das? Selbstverständlich ist es das Bauchgefühl, das selten trügt. Es ist die Faszination des Unbeschreiblichen. Trotzdem sucht man eine griffige Erklärung. Das ist menschlich. Man will das Gefühl argumentativ abgesichert haben.

Die Schauspieler waren wirklich grandios, geradezu hinreißend. Vor allem Mephisto, der – ich habe es bereits erwähnt – von einer Frau gespielt wurde.

»Ich finde, das Böse als Prinzip, von einer Frau dargestellt, das ist einfach noch mal ganz etwas anderes«, habe ich, wie ich rückblickend einräumen muss, etwas unbedacht in die Runde formuliert und dafür sofort skeptische Blicke geerntet. Beide Frauen schauten mich abwartend lauernd an. Gender! Jetzt musste ich aufpassen. Am besten gleich zurückrudern, sich sofort entschuldigen und das Gegenteil behaupten. Aber zu spät!

»Was willst du damit sagen?«, fragte mich Geli im Ton einer Kommissarin von der Sitte und hob dabei ein wenig die Augenbrauen. Allein wie sie diese Frage an mich richtete, zeigte mir, dass ich mich bereits auf dünnem Eis bewegte. »Ganz dünnes Eis!«, dachte ich. Ich war praktisch schon eingebrochen. Natürlich versuchte ich, mich rauszureden.

»Ich will damit gar nichts sagen«, antwortete ich hilflos. Schon total in der Defensive, in der Hoffnung, sie möge mir Beistand leisten, schaute ich zu Rosi und fragte: »Weißt du schon, was du nimmst?«

»Lenk nicht ab!«, wies sie mein Hilfsersuchen zurück.

»Warum sagst du es dann, wenn du nichts damit sagen willst?«, fragte die Geli.

»Ich will damit nichts sagen«, wiederholte ich – und beide Frauen betrachteten mich erwartungsfroh in der Gewissheit, dass ich mich bereits in eine aussichtslose Situation hineingeredet hatte. Ich suchte nach einer griffigen, halbwegs plausiblen Aussage, die mich irgendwie retten könnte. Ich sagte: »Ich habe damit sagen wollen, dass das Böse von einer Frau verkörpert immer an Kraft verliert und automatisch feminin, äh, weiblich besänftigend wirkt, sodass der Mephisto beinahe liebenswert scheint.«

»Ach so. Aha. – So meinst du das?« Gelächter. Wissendes Gelächter. Oh dieses feminine Gelächter!

Ich fuhr unglücklich fort: »Es ist nur konkret, also speziell in dieser Aufführung, mir so vorgekommen, dass die Faszination des Bösen sozusagen in femininer Farbe etwas ganz Großartiges sein kann. Etwas, äh, dem sich kein Mann entziehen könnte, äh, kann.« Eine kleine Pause entstand.

Ich glaube, dass ich dabei ein bisschen ins Stottern gekommen bin. Beide Frauen gaben sich amüsiert.

Und widersprachen sofort und sagten, dass sie es – im Sinne der Gleichberechtigung, im Zuge des Gender-Mainstreamings – gerade gut fanden, dass das Böse von einer Frau dargestellt wurde.

»So könnte man es natürlich auch sehen«, sagte ich. »Insofern wäre es eigentlich nur logisch, wenn Faust auch noch von einer Frau gespielt würde und das Gretchen von einem Mann. Beispielsweise von Ottfried Fischer?«

Die beiden Frauen fanden meine Vorschläge amüsant. Ich fühlte mich dadurch ermuntert fortzufahren. »Mephisto«, sinnierte ich, »könnte auch einmal von einem Zwitter, einem Hermaphroditen, dargestellt werden.«

Rosi meinte: »Tolle Idee, dann wäre das männliche und weibliche Prinzip in einer Person vereint, ein optimaler Mephisto.«

»Das Böse ist also geschlechtsneutral?«, fragte ich.

»Nein!«, widersprach Geli. »Wenn wir uns exakt an die Gendertheorie halten, dann darf das Geschlecht überhaupt keine Rolle spielen.«

»Aha. Wir bräuchten also einen Schauspieler, der überzeugend das Prinzip der Geschlechtsneutralität verkörpern kann.«

»Schauspielerin! Oder Schauspieler!«, berichtigte Geli.

»Aber dann muss der gesamte Text umgeschrieben werden«, schlug ich vor. »Die Szene vor dem Dom. Gretchen geschlechtsneutral. Faust, ebenfalls geschlechtsneutral, findet das Gender-Gretchen attraktiv und sagt: Schönes geschlechtsneutrales Wesen, darf ich's wagen, nicht *ihr*, sondern *es* Arm und Geleit anzutragen …«

Geli sagte: »Das müsste man sich mal ernsthaft durch den Kopf gehen lassen.«

»Auf jeden Fall!«, rief ich.

Im Lokal drehten sich die Köpfe zu unserem Tisch.

Rosi meinte: »Nö, bin ich dagegen.«

»O. k.«, sagte ich, »dann bin ich auch dagegen.«

»Du warst doch grad noch dafür?!«, sagte Geli.

»Jetzt bin ich wieder dagegen. Ich bin Gender. Einmal so, dann wieder so.«

Geli meinte daraufhin: »Ich glaub, der verarscht uns.«

Und wir lachten alle zusammen.

Ich war erleichtert. Das war knapp. Es hätte mich voll erwischen können, und ratzfatz hätte ich im Sperrfeuer einer Geschlechterdebatte gestanden.

Der Kellner war wieder an unseren Tisch getreten und fragte, ob er die Getränke schon aufnehmen könne. Er konnte. Rosi und ich wussten bereits, was wir essen wollten. Leberkäs. Was sonst? Nur Geli zögerte etwas. Es war ein grünes Zögern, ein Bedenken breitete sich an unserem Tisch aus wie eine Nebelschwade, die plötzlich da ist. Wegen der Massentierhaltung, vermutete ich ins Blaue hinein. Nachdem Geli ihre Bedenken über Bord geworfen und ebenfalls den Leberkäs bestellt hatte, nahmen wir die Nachbearbeitung des Stücks wieder auf.

Ich muss vielleicht daran erinnern, dass ich mich auf diesen Theaterabend sehr gefreut hatte, und in diese Freude mischte sich auch ein gewisser Stolz darüber, dass ich mit zwei Frauen ins Theater gehen konnte. Mit Rosi, meiner Frau, und mit Geli, ihrer Freundin. Ich hatte überhaupt keine Bedenken, mit zwei Frauen Goethes Faust zu besuchen.

Faust, der Tragödie 1. Teil, ein Werk der deutschen Klassik, ist relativ unproblematisch, dachte ich, vom Inhalt her. Deutsche Klassik! Was soll da schon schiefgehen? – Faust zählt zum unangreifbaren deutschen Bildungsschatz. Alter Sack, Professor, Magister, Doktor gar, Geisteswissenschaftler mit vertrocknetem Hirn lässt sich mit dem Teufel ein, verkauft seine Seele, verspielt die Ewigkeit, wird im fortgeschrittenen Alter von einer Hexe verjüngt, um ein »blutjunges Ding« zu verführen. Margarete wird schwanger und tötet das Kind, die eigene Mutter wird aus dem Weg geräumt, muss auch ins Gras beißen, ein Tatort, ein Krimi, und Gretchen sitzt am Ende im Knast. Sie, das dumme Ding! Nicht er, der alte geile Sack.

Die Frauen waren sich ziemlich einig darüber, dass der Faust eigentlich ein bedauernswertes Mannsbild ist, das von seinem Sexualtrieb beherrscht wird. Ich dachte, so schlimm ist das auch wieder nicht, behielt es aber für mich. Stattdessen sagte ich: »Er ist ein Opfer seiner Männlichkeit«. Als ich diese Äußerung gemacht hatte, verstummten meine beiden Begleiterinnen abrupt. Auweh, schon wieder war ich aufs Eis geraten. Ich hatte aber nicht vor, darüber lang zu diskutieren. Goethe selber sei ja auch eigentlich ein unmöglicher Schwerenöter gewesen, habe ich dann noch einfließen lassen, bisschen Bildungshorizont, historischer Kontext, dachte ich, kann man mal dazwischenschieben, wobei beide Frauen den Schwerenöter mit ironischem Ton unterlegten und lachend wiederholten. Schwerenöter! – Schönes Wort!

»Faust, dieses schwanzgesteuerte Tier. Anders kann man es gar nicht ausdrücken«, legte ich nach.

Aber, meinten Rosi und Geli, Faust sei im Grunde genommen auch bemitleidenswert.

Wie bitte? Mitgefühl mit Faust? Dem schwanzgesteuerten Tier? Natürlich stimmte ich sofort zu. »Ein ganz armer, bemitleidenswerter Mann!«, deklamierte ich.

Der Kellner trat an unseren Tisch und fragte, ob noch alles in Ordnung sei.

Ja. Alles in Ordnung.»Falls Sie Hilfe benötigen, ich bin immer in der Nähe.«Damit entfernte er sich.

Der Faust sei völlig fertig, bemerkte Rosi. Zum Arsch werde er erst durch Mephisto. Die beiden Frauen begannen einen intensiven Gedankenaustausch über Faust und sein Verhalten unter Mephistos Einfluss.

Ich bemühte mich kurz, den inhaltlich wirklich schlagenden Argumenten zuzuhören, bis ich beschloss, mich in die innere Emigration zu begeben. Rein äußerlich vermittelte ich den Anschein von großem Interesse.

Mir tat Faust leid. Punkt. Ich konnte mich in ihn hineinversetzen. Sitzt der alte Doktor Faust in seiner Studierklause und beugt sich über seine Schriften, während draußen das pralle Leben tobt! Er hat die Phiole mit dem Gift schon in der Hand, er will sterben, es ist Ostern, der Auferstehungsmorgen, und dann taucht mitten in der Nacht dieser Trottel auf. Sein Schüler! Wagner.

»Ich hör Euch deklamieren, ihr last gewiss ein griechisch Trauerspiel …?«Weiß gar nicht, ob dieser Satz fiel. Es war viel gestrichen.»Habe nun, ach! Philosophie …«– war auch gestrichen. Es war überhaupt sehr viel gestrichen. Ehrlich gesagt, ich hatte eine ganz andere Erwartung an das Stück. Ich habe geglaubt, auch gehofft, ich krieg zu sehen, was ich kenne, aber dem war nicht so. Trotzdem war die Vorstellung spannend und aufregend. In dieser Aufführung leert Faust ein Röhrchen Schlaftabletten in sich hinein, er will in den ewigen Schlaf versinken. Und als er schon weg ist, »auf den Weg nach drüben«, da betritt Wagner die Szene und holt ihn zurück. Faust kotzt, was der Magen hergibt, und kommt wieder zu sich. Dann Dialog. Berühmte Sätze. Ist das schön, wenn man hört, was man kennt. Und dieser Wagner ist ein Komiker. Er schwärmt von den trocknen Seiten der Bücher. Da haben wir gelacht, war komisch. Sollten wir auch. Bei aller Tragödie.

Und dann Osterspaziergang: »Vom Eise befreit sind Strom und Bäche durch des Frühlings holden, belebenden Blick, im Tale grünet Hoffnungsglück …« Eine Anspielung auf den Klimawandel? Von wegen. Die Jungs stehen präpotent rum. Haben einen Steifen in der Hose. So viel Geilheit auf offener Szene! Da wird gevögelt und gefickt, dass es eine Freude ist. Logisch. Ostern, ein Fruchtbarkeitfest. Faust steht abseits und schaut verwundert zu. Es kommt zu einer Schießerei, der Osterspaziergang findet auf der Reeperbahn statt, Erotik und Gewalt. Zu viel Testosteron macht aggressiv und dumm. Ein Schuss fällt, und Faust sinkt getroffen nieder. Blut fließt. – Ich versteh es nicht.

Und dann tritt Mephisto auf. Mit brennender Zigarette im Mundwinkel. Er sieht aus wie ein Metzger, ein Lohnschlächter, trägt einen blutverschmierten weißen Gummischurz. Mephisto als Chirurg. Er hantiert mit einem Skalpell und operiert die Kugel auf offener Szene aus Fausts Leib heraus. Das Geschoss kullert über den Bühnenboden. Eine Messingkugel? Hat das was zu bedeuten? Nee. Kugel kullert halt so. Faust wird gerettet und überlebt.

Besser, er lebt wieder. Sonst wär das Stück hier zu Ende. Es ist eine Wiedergeburt, eine Auferstehung. Vorher war er nur noch Geist. Vertrockneter Geist. Kopfmensch! Und jetzt, durch teuflische Hilfe, erwacht sein Leib zu neuem Leben. Und das alles an Ostern.

Schon genial gedacht, was, von dem Kušej? Wenn es denn stimmt. Möglicherweise hat sich der Regisseur aber etwas ganz anderes dabei gedacht, und wir verstehen es nicht. Dann hätten wir ganz falsch zugeschaut. Es wäre doch auch nicht schlimm.

Geli und Rosi waren inzwischen bei der Analyse des Mephisto angekommen. Es war den beiden völlig entgangen, dass ich zwischenzeitlich geistig nicht anwesend war. Geli zitierte gerade ausdrucksstark Mephisto: »Ich bin ein Teil des Teils, der anfangs alles war ...«

»Das ist so«, klinkte ich mich wieder ins Gespräch ein. »Das ist das Leben.«

»Ich bin der Geist, der stets verneint! Und das mit Recht, denn alles, was entsteht, ist wert, dass es zugrunde geht ...«, fuhr Geli begeistert fort. »Ich liebe diese Sätze!«

»Der Mephisto wird meines Erachtens immer mit viel zu viel Gefühl auf die Bühne gebracht. Ich würde den ganz lustlos, gelangweilt, routiniert sprechen lassen. Ohne Engagement, kein Pathos. Der Faust ist bestimmt nicht der Erste, mit dem er so spielt«, gab ich zu bedenken.

»Drum besser wär's, dass nichts entstünde. So ist denn alles, was ihr Sünde, Zerstörung, kurz, das Böse nennt, mein eigentliches Element«, trug Rosi daraufhin bewusst gelangweilt vor.

»Das war gestrichen. Ich habe das nicht gehört.«

»Ich schon«, sagte Rosi.

»Geli? Hast du es gehört?«

»Ich? Ja.«

»Das versteh ich nicht. Wisst ihr, was ich auch nicht verstanden hab? – Gleich zu Anfang, die Szene am Waschbecken. Faust wäscht sich die Hände. War das eine Anspielung auf Pilatus? Ich wasche meine Hände in Unschuld.«

Rosi und Geli schüttelten den Kopf. Zu weit hergeholt.

»Und der kleine Junge mit dem Sprengstoffgürtel! Habt ihr das verstanden?«

Ich konnte es nicht fassen! Die beiden hatten keine Erklärung. Ich hatte das Gefühl, jeder von uns hatte ein anderes Faust-Stück gesehen. Ist das nicht großartig? Wir waren in derselben Aufführung, und jeder hat eine andere Inszenierung gesehen.

»Wisst ihr was«, sagte ich, »wir gehen da noch mal rein. Mir ist da einfach noch zu viel unklar.«

»Ja«, stimmten mir beide Frauen freudig zu. Purer Konsens! Mehr Einigkeit war an diesem Abend nie. Nachdem ich bezahlt hatte, zwinkerte mir der Kellner kurz zu:

»Wünsche noch einen angenehmen Abend.«

Beim Hinausgehen sagte Rosi: »Jetzt weiß ich, wie es weitergeht:

Den schlepp ich durch das wilde Leben,
Durch flache Unbedeutenheit,
Er soll mir zappeln, starren, kleben,
Und seiner Unersättlichkeit
Soll Speis und Trank vor gier'gen Lippen schweben;
Er wird Erquickung sich umsonst erflehn,
Und hätt er sich auch nicht dem Teufel übergeben,
Er müsste doch zugrunde gehn!«

Transparenz für Durchblicker

Es geht um Chlorhühner, um Hormone, um Ractopamin, Östradiol, Somatotropin, um Kennzeichnungspflichten und um private Schiedsgerichte. Jetzt wissen Sie bestimmt, um was es geht, es geht um TTIP, um dieses transatlantische Freihandelsabkommen, das »wir Europäer« mit den Amerikanern unbedingt abschließen müssen! Zumindest behaupten das die Befürworter. Verhandelt wird im Geheimen. Das ist auch gut so. Wir müssen nicht alles wissen. Vieles verstehen wir sowieso nicht. Ractopamin? Nie gehört! Lassen Sie mich damit in Ruhe, ich nehme das sowieso nicht!

Wozu haben wir Abgeordnete? Sollen die sich damit befassen! Warum hab ich die schließlich gewählt? Wir leben in einer repräsentativen Demokratie, da können wir uns auf unsere gewählten Vertreter verlassen. Die werden schon das Richtige zum Wohle aller tun.

Der Sigmar Gabriel, dieser außergewöhnliche SPD-Vorsitzende und Wirtschaftsminister, der mir übrigens inzwischen ein bisschen leidtut, ohne ganz genau zu wissen warum, verhält sich bei TTIP wie ein gestandener Sozialdemokrat. Er ist dafür und gleichzeitig dagegen und für Transparenz ist er sowieso.

Das Wort *Transparenz* nahm ich in meinen Wortschatz auf, nachdem ich damit in einem Zeitungsartikel konfrontiert wurde, in dem sich der Autor mit der modernen Architektur des Bundeskanzleramts in Berlin befasste. Die breite Glasfront stehe symbolisch für die Transparenz der Berliner Republik.

Ach was!

Dass es mit der Transparenz der Berliner Republik nicht weit her ist, begreift jeder, der einmal vor dem imposanten Bau stand und auf die Glasfront schaute. Von wegen durchsichtig! Die Glasfront des Kanzleramts lässt keine Einblicke zu. Sie spiegelt Transparenz vor. Insofern ist doch etwas dran an der unterstellten Symbolik. Es ist überhaupt immer mehr Symbolik im Spiel, die für irgendetwas steht. Und Gabriel? Für was steht der symbolisch? Für alles und nichts! Oder sagen wir, er steht einfach für Politik.

Gabriel spricht sich deutlich gegen TTIP aus, aber irgendwie auch dafür. Den Eindruck habe ich. Der kann falsch sein. Ich hoffe, dass ich mich täusche, aber alle Indizien sprechen dagegen. Jeder, der mich kennt, weiß, dass ich immer sehr viel Verständnis habe für die Nöte eines Wirtschaftsministers. Noch dazu, wenn er Sozi ist. Möglicherweise kann der Minister für wirtschaftliche Angelegenheiten gar nicht anders, als es möglichst allen recht zu machen. So halten es alle Politiker mehr oder weniger. Das kann ich dem Gabriel also gar nicht vorwerfen. Der Sigmar Gabriel hat seine Grundsätze, und denen bleibt er treu, solange es geht. Diese Prinzipienstärke zeichnet ihn aus und lässt ihn als geeignet erscheinen für höchste Staatsämter. Politiker, die wiedergewählt werden möchten, müssen halt flexibel bleiben. Sie versprechen den Leuten, was sie hören wollen, dann gibt's ungeteilte Zustimmung.

Natürlich versteht der Gabriel die Bedenken und Sorgen der TTIP-Gegner. Klar, für »die Sorgen und Nöte der Bürger« hat er immer ein offenes Ohr. Der Sigmar ist nett.

Die Gegner des Abkommens befürchten Gefahren und Beeinträchtigungen ihres Lebens. Sie sehen sich als potenziell Geschädigte, falls es zu diesem Vertrag kommen sollte. Schaden von ungeheurem Ausmaß drohe. Sie weisen darauf hin, dass es um Kennzeichnungspflichten, um Verbraucherschutz, Tierschutz, Medikamentenzulassung, arbeitsrechtliche Errungenschaften, Buchpreisbindung geht, kurz: TTIP verändert alle Bereiche des Lebens.

Die Kritiker rechnen mit der Rücksichtslosigkeit der Geschäftemacher. Freilich muss man damit immer rechnen. Die Marktradikalen kennen keine Moral und keine Ethik, nur Gewinnstreben und Profit, und dafür ist ihnen jedes Mittel recht. Man muss ihnen also das Handwerk legen, fordern die Gegner.

Hin und wieder muss er schmunzeln, der Sigmar Gabriel, wenn er die Argumente der TTIP-Gegner »zur Kenntnis nimmt«. Ja, er hat auch Humor, der Sigi aus

Goslar. Bleibt ihm gar nichts anderes übrig bei den vielen Klagen und Beschwerden, die er täglich zur Kenntnis nehmen muss. Die Lage ist für Leute, die gern zwischen allen Stühlen Platz nehmen, ideal. Gabriel spielt alle seine Stärken aus.

Er versteht auch die Amerikaner, die »unsere Freunde« sind und mit denen wir vielfältig verbunden sind. Und der Gabriel weiß, dass »die Chinesen als Wirtschaftsmacht immer mächtiger werden, die Inder drängen auf unsere (!) Märkte, die Südamerikaner wollen auch mitmischen auf dem Weltmarkt«. Und schließlich wird er ernst. »Die Erdbevölkerung wächst, bald wird es drei Milliarden Chinesen und Inder geben«, prophezeit uns der Herr Gabriel. »In Deutschland werden wir immer weniger. Es kommen zu wenig Deutsche auf die Welt, wir schrumpfen«, sagt der Gabriel. »Wenn wir die Balance in der Welt halten wollen, brauchen wir Partner. Zuallererst die USA.« Spätestens jetzt müsste eigentlich jedem halbwegs vernünftigen Menschen klar sein, dass wir dieses transatlantische Freihandelsabkommen brauchen. Sigis Argumente für TTIP sind wirklich stichhaltig, aber die Leute kapieren es einfach nicht. Schlimmer noch. Die TTIP-Gegner werden immer trotziger und wütender und nehmen zahlenmäßig zu.

Auch wenn die Befürworter ihre »stärksten Argumente« für dieses TTIP rausholen, nämlich dass dadurch »Hunderttausende Arbeitsplätze« entstehen werden und der Wohlstand der Bürger noch zunehmen wird, lassen sich diese verbohrten Kritiker nicht überzeugen.

Viele hatten von Anfang an das Gefühl, dass die Europäer mit diesem TTIP von den Amis über den Tisch gezogen werden. Man hörte dies und das. Genaues war zunächst nicht zu erfahren, weil die Verhandlungspartner, wie sich das für gute bürgernahe Transparenzdemokraten gehört, hinter verschlossenen Türen tagten.

Die Amerikaner, so hieß es, würden mit ihrem Warenangebot auf die europäischen Märkte drängen, unseren Bauern genmanipuliertes Saatgut verkaufen wollen und dafür bis in alle Ewigkeit Lizenzen kassieren. Wir Europäer sollen wie sie die Chance bekommen, »gechlorte« Hühnchen zu verspeisen, und die Kennzeichnungspflicht auf den Verpackungen, die auch jetzt schon einen hohen Grad an Verdummung erreicht hat, soll wegfallen, damit wir nicht mehr nachprüfen können, woher das Zeug stammt, aus Minnesota, aus Maine oder Arizona. Ist doch wurscht, wo das Huhn bis zur Schlachtung gegackert hat, Hauptsache keimfrei. Und dafür muss es eben ins Chlor getaucht werden. Wer kauft denn noch einheimische Hühner, wenn er gechlorte aus den USA haben kann?

Außerdem wollen die Amis ihre mit Hormonen gemästeten Rinder nach Euroland exportieren, und dafür müssen wir unsere strengen Brüsseler Agrarregeln aufweichen, am besten ganz streichen. Warum sollen wir nicht auch einmal Fleisch essen, das mit Hormonen angereichert ist, die in Europa bei der Mast nicht erlaubt sind? Ractopamin, Östradiol oder Somatotropin. Die Amis essen Steaks, die diese Stoffe enthalten, und gedeihen prächtig. Welche Hormone der Donald Trump zusätzlich einnimmt, möchte ich gar nicht wissen.

Es gibt angeblich ein fünfzehn Punkte umfassendes Papier, das in Gabriels Ministerium ausgeheckt wurde und die Haltung der Bundesregierung zum transatlantischen Freihandelsabkommen umreißt. Es stammt vom März 2014 und steht für Offenheit und Transparenz.

»Ziele und Bedingungen für die Berücksichtigung von Nachhaltigkeit, Arbeitnehmerrechten und die Gewährleistung der Daseinsvorsorge« steht über diesem Papier aus Gabriels Wirtschaftsministerium. Das liest sich fürs Erste ganz beruhigend. Mit dieser Position marschieren »unsere Vertreter« in die Verhandlungen mit den USA. Vielleicht ist es auch nur so ein Papier, das angefertigt wurde, um uns zu informieren, dass die Bundesregierung eine Position hat, über die man reden kann. Ganz genau weiß das niemand, außer denen, die am Verhandlungstisch sitzen und mitreden.

Und falls es zu Streitigkeiten kommen sollte unter den Wirtschaftsunternehmen, sollte sich der Staat raushalten und »unabhängige Schiedsgerichte« zulassen, fordern die Amerikaner. Das hört sich so an, als wollte man unsere unabhängige Justiz durch eine weitere unabhängige Gerichtsbarkeit ergänzen. »Warum nicht?«, fragen die Befürworter. Unsere Gerichte sind ohnehin überlastet, wenn Streitklagen durch diese Gerichte beigelegt werden können, warum sollen wir uns diesem Vorschlag verweigern? Es geht dabei um Streitfälle wie den des schwedischen Stromkonzerns Vattenfall, der die Bundesrepublik auf mehrere Milliarden Schadenersatz verklagt, weil wir aus der Atomkraft ausgestiegen sind. Bei diesen unabhängigen Schiedsgerichten könnten also Staaten verklagt werden, und falls der Staat verlieren sollte, würde der Schadensersatz mit Steuergeldern bezahlt. Solche Meldungen kursierten und schließlich kam raus, dass alles mehr oder weniger zutrifft und die Verhandlungen zu diesem TTIP deshalb unter strikter Geheimhaltung stattfinden müssen, unter Ausschluss der überkritischen Bürger, weil diese immer nur stören, indem sie dumme Fragen stellen und hinter allem ein Komplott vermuten. Außerdem lassen sich Verhandlungen sowieso besser ohne kritisches Dazwischengerede führen.

Die Amerikaner sind wie immer lustig, sie sagen, sie würden ja mehr mitteilen wollen, aber die Europäer seien dagegen. Die Europäer wiederum sagen, die Amerikaner seien so verschlossen und zurückhaltend. Wenn es nach ihnen ginge, würden sie alles, was an Vorschlägen und Formulierungen bei diesem Abkommen formuliert werde, offenlegen, denn Transparenz sei schon sehr wichtig, gerade wenn es um dieses Freihandelsabkommen gehe, von dem alle Menschen in dieser Freihandelszone betroffen sind. Nur in dem Fall sorgt Transparenz für Unruhe und gefährdet das Verhandlungsziel. Transparenz ist nichts für Durchblicker, Transparenz ist etwas für Abnicker. Im Niederbayernmodus würde ich sagen: »Das musst du gar nicht erst wiss'n, weil du blickst eh ned durch.«

Gabriel, der Edemann

Es gibt Müll, mit dem keiner rechnet. Der Gabriel zum Beispiel, der kann jetzt seine komplette Ministererlaubnis zur Fusion von Edeka und Tengelmann im Papiercontainer entsorgen. Das Oberlandesgericht Düsseldorf ist der Meinung, dass seine ministerielle Erlaubnis nicht rechtens ist, dabei hatte Gabriel doch nur das Beste im Sinn. Er wollte es wieder einmal allen recht machen. Den Unternehmern und den Arbeitern. Sozi halt. Ich versteh das, Ausbeutung gehört auch zu seinem Aufgabengebiet. Die SPD ist immer noch eine Arbeiterpartei, die bestrebt ist, der Wirtschaft zu helfen, damit die Unternehmen den Menschen immer genügend Ausbeutungsplätze zur Verfügung stellen können. Dagegen kann im Grunde genommen keiner etwas haben. Hat er gedacht, der Gabriel, aber die Richter am Oberlandesgericht Düsseldorf waren anderer Meinung.

Ich verstehe diese Edeka-Manager nicht. Warum wollen die überhaupt fusionieren? Wenn die Tengelmänner pleitegehen, dann haben sie einen Konkurrenten weniger. Prima. Wermutstropfen dabei wäre, dass Ausbeutungsplätze wegfallen würden. Und da hat sich der Gabriel mit einer Ministererlaubnis eingemischt, weil er Sozi ist und Arbeitsplätze retten will, wie er sagt. Aber da kann der Gabriel in die Verträge reinschreiben, was er will. Auch wenn die Eigentümer nach der Fusion bei Tengelmann sieben Jahre lang niemanden, entlassen dürfen, dann entlassen sie die Leute halt bei Edeka. So ist das Leben.

Aber Fusion ist allgemein groß im Kommen. Die Bundeswehr, haben Sie sicher gehört, soll aufgerüstet werden, weil wir »mehr Verantwortung bei der Neuordnung der Welt übernehmen müssen«. Da würde sich eine Fusion der Bundeswehr mit Saudi-Arabien anbieten. Weil den Saudis liefern wir bereits deutsche Waffensysteme. Das wäre für unsere Soldaten ein Heimspiel. Dann übernehmen wir Deutschen die Verantwortung für Frieden und Freiheit im Nahen Osten und ordnen dort einmal die Welt neu.

Da wäre es dann wieder sinnvoll, wenn Tengelmann mit der Bundeswehr fusionieren würde, um die Leute dort mit dem Nötigsten zu versorgen. Tengelmann müsste den Lebensmittelerstschlag in der Region garantieren. Bevor dort wieder Lidl und Aldi antanzen und ihre Ausbeutungsplätze sichern. Die könnten auch noch fusionieren mit der SPD! Wer an der Kasse seinen SPD-Mitgliedsausweis vorlegt, darf freiwillig mehr für den Einkauf bezahlen, damit die Ausbeutungsplätze erhalten bleiben. Die Sozis liefern die Ausbeutungsplätze, und die Lebensmittelkonzerne garantieren sie. Das wäre mal ein sinnvoller Vorschlag für eine Ministererlaubnis. Und dann hätte auch das Oberlandesgericht Düsseldorf sicher nichts dagegen!

Mehr Milch

Gibt es eigentlich noch irgendwo auf dieser Welt einen richtigen Kapitalismus? Mit einer ordentlichen Ausbeutung und einer Verelendung der Massen, die sich sehen lassen kann, mit all den bösen Folgen, die daraus entstehen? Ich denke an einen schönen klassischen Kapitalismus mit einer Geschichte, die sich in Klassengegensätzen vollzieht und an deren Ende die klassenlose Gesellschaft steht.

Man hört so wenig davon. Sie wissen, was ich meine? Kapitalismus. Allein das Aussprechen des Wortes löst bei vielen Systemkritikern schon Gruseln aus, weil die kapitalistische Wirtschaftsweise Menschen tötet. »Macht kaputt, was euch kaputt macht!« Mir kommt es so vor, als wäre dieser Kapitalismus vor einiger Zeit sanft entschlafen. Ich weiß, es gibt den Neoliberalismus, der auch ziemlich übel ist, aber mit einem richtigen Kapitalismus alter Schule kann der nicht mithalten. Und die sogenannte freie Marktwirtschaft hat mit der rein kapitalistischen Wirtschaftsweise nur noch entfernt zu tun. Wenn es sich gar um eine soziale Marktwirtschaft handelt, mit »sozialstaatlichen Strukturen«, also mit nationaler Armutsberichterstattung, dann kann man nun wirklich nicht mehr von einem Kapitalismus klassischer Prägung sprechen. Würde ich sagen. Bitte widersprechen Sie mir!

Ich will nicht ausschließen, einem total falschen Eindruck erlegen zu sein. Zumal ich bestimmt schon einen hohen Grad der Verblödung erreicht habe. Das kann gar nicht anders sein, weil ich dauernd informiert werde durch das Fernsehen, das Internet, die Medien, da kommt es zwangsläufig zu Verblödungserscheinungen. Vielleicht habe ich das System total verinnerlicht, sodass eine kritische Distanz dazu für mich gar nicht mehr möglich ist.

Ich bilde mir ein, die Grundzüge der kapitalistischen Wirtschaftsweise begriffen zu haben. Ich kenne die Produktionsverhältnisse, die ich natürlich in globaler Perspektive betrachte, keine Frage, ich weiß um den Warencharakter der menschlichen Arbeit, und ich kenne das Prinzip von Angebot und Nachfrage. Wie Sie an diesen Sätzen ablesen können, wage ich mich weit in ideologisches Gebiet vor. Und warum? Wegen der Milchbauern, die ziemlich aufgebracht sind und vor dem Umweltministerium demonstrieren. Sie sind empört über den Milchpreis. Sie können ihre Produktionskosten nicht mehr erwirtschaften. Es gibt zu viel Milch. Wie konnte es dazu kommen? Warum produzieren die Bauern so viel Milch?

Es gibt auch sehr viel Müll! Ich hab aber noch nie gehört, dass die Müllproduzenten vor dem Büro des Umweltministers demonstriert hätten, weil der Preis für Müll zu niedrig ist. Der Müll kostet praktisch nichts. Den kriegt der Müllentsorger geschenkt. Es könnte auch daran liegen, dass die großen Supermarktketten bisher keinen Müll verkaufen. Obwohl man das so auch wieder nicht behaupten kann, weil der Kunde ja mit der Milch auch den Müll kauft. Die Milchtüte wirft er in den Müll. Es gibt also einen Zusammenhang von Milch und Tüte. Die Milchbauern demonstrieren und fordern einen höheren Milchpreis. Für einen Liter Milch bekommen die Bauern jetzt von Lidl, Aldi, Tengelmann und Edeka vierundzwanzig Cent, eben weil es zu viel Milch gibt. Angebot und Nachfrage! Freie Marktwirtschaft! Die Bauern sorgen also selber für das Überangebot und fordern den Staat auf, diesen Missstand zu beheben. Der Landwirtschaftsminister soll dafür sorgen, dass pro Liter Milch, der *nicht* erzeugt wird, dreißig Cent vom Staat bezahlt werden. Eine super Idee!

Wenn uns Geld fehlt, muss der Staat einspringen, fordern die Milchbauern, die selber für das Überangebot an Milch verantwortlich sind. Die Bauern wollen also mehr Geld für weniger Angebot. Das scheint eine komplizierte Angelegenheit zu sein. Mit freier Marktwirtschaft, die dem Prinzip von Angebot und Nachfrage unterworfen ist, hat das nichts zu tun. Der Staat soll den Markt regeln und das Überangebot finanzieren. Sollte diese Lehre Schule machen, wäre es nur logisch, dass die Milchtütenhersteller auch pro Milchtüte, die nicht befüllt wird, Geld vom Staat verlangen, weil für jede Milchtüte, die nicht gebraucht wird, dem Milchtütenhersteller Geld fehlt. Auch dafür müsste der Staat, also der Steuerzahler, aufkommen. Logisch!

Jetzt hab ich das Prinzip verstanden. Wenn der Steuerzahler exakt so viel Milch trinken würde, wie auf dem Markt angeboten wird, könnte man von einem gesunden Milchmarkt sprechen.

Schaut aber nicht so aus. Die Milchbauern sagen, es liege am Sigmar Gabriel. Schon wieder! Durch seine Erlaubnis, die Fusion von Edeka und Tengelmann zuzulassen, sei der Preiskampf noch härter geworden, weil die großen Lebensmittelkonzerne nun noch leichter den Abnahmepreis für Milch diktieren könnten.

Was können wir tun? Anreize schaffen! Den Milchmarkt aufschäumen! Vielleicht würden wir mehr Milch kaufen, wenn freundliche Politikerbilder auf den Tüten drauf wären. Auf den Zigarettenpackungen sind jetzt Horrorbilder drauf, um die Raucher abzuschrecken. Der gegenteilige Effekt würde vielleicht entstehen, wenn man die Konterfeis von Politikern auf Milchtüten kleben würde. Ein Bild von Toni Hofreiter auf der Milchtüte. Da lässt man gern mal eine Milch sauer werden. Die kaufen sich sicher einige schon allein deshalb, um sie mit Genuss in den Ausguss schütten zu können. Sigmar Gabriel würde auf Joghurt draufpassen, bei dem das Haltbarkeitsdatum schon abgelaufen ist. Oder Käse! Noch besser, die SPD hilft den Milchbauern und steigt selber in den Milchmarkt ein, um die Überproduktion zu reformieren. SPD-Käse aus eigener Herstellung wird umsonst frei Haus geliefert. Damit punkten sie beim Wähler und kommen aus dem Umfragetief. Man muss auch einmal ungewöhnliche Strategien ausprobieren, um den Wähler zu überzeugen.

Am schönsten ist der Kapialismus, wenn ihn Sozialdemokraten organisieren.

Kann man so sehen

Das Buch heißt *Reichtum ohne Gier*. Na, wer möchte nicht reich sein ohne Gier? An wen richte ich diese Frage? – An mich! Ich trete also mit mir in einen Dialog. Führe ein Selbstgespräch. Gestern Vormittag saß ich auch schon allein am Küchentisch und las in der *SZ* Peter Gauweilers Kritik von Sahra Wagenknechts Buch. Eine Kritik war es eigentlich nicht, es war mehr eine Würdigung, eine Zustimmung, die ich vom »schwarzen Peter« nicht erwartet hätte. Der Peter Gauweiler hatte Frau Wagenknechts Thesen und Analysen dermaßen positiv besprochen, dass ich nicht anders konnte, als in den nächsten Buchladen zu laufen, um mir das wegweisende Werk zu holen. Ich habe mich sofort ins Lesevergnügen gestürzt und bin auch schon bis auf Seite zweiunddreißig angekommen. Und da erfahre ich, dass »das Wort *Freiheit* im Indogermanischen auf die gleiche Wurzel *fri* zurückgeht wie die Wörter *Freund* und *Frieden*«. Schau an, was die Sahra alles weiß. *Fri,* führt die Sahra weiter aus, bedeutet lieben, und frei sein heißt ursprünglich, *zu den Freunden gehören* oder auch *in Frieden mit anderen sein.* Ja, da schau her.

»Nicht Bindungslosigkeit, sondern Bindung macht frei, weil nur sie Halt gewährt.« Dieser Satz hat eine Logik! Aber man sollte sie vielleicht doch mal überprüfen. Die Logik, aber vielleicht auch die Frau Wagenknecht.

»Drum prüfe, wer sich ewig bindet, denn was Gott, der Herr, verbunden hat, das darf der Mensch nicht trennen.« Diese Beschwörungsformel kommt mir grad in den Sinn. Sie stammt aus einem ganz anderen Zusammenhang, dem katholischen Trauungsritus. Der Priester redet damit den frisch getrauten Eheleuten ins Gewissen. Auch hier wird ein Zustand als frei eingefordert, der bei näherem Hinsehen als ziemlich unfrei empfunden werden könnte. Aber die Liebe, gell, die Liebe überwindet alles. Amor vincit omnia.

Bindung macht frei! Deshalb deutet die Freiheitsphilosophin Sahra Wagenknecht die Unfreiheit als Freiheit. Menschen sind soziale Wesen, referiert sie, »die sehr viel zufriedener leben, wenn sie sich mit anderen verbinden, als wenn sie sich allein gelassen fühlen«. Dieses Freiheitsgefühl kennt sie aus der DDR, in der sie aufgewachsen ist. Im real existierenden Sozialismus waren alle Menschen frei, weil die Stasi niemanden allein gelassen hat und dadurch eine Bindung an die Freunde entstanden ist, die heute von vielen so schmerzlich vermisst wird. Ist das nicht unverschämt von mir? Den Freiheitsgedanken mit der Unfreiheit der Deutschen Demokratischen Republik in Verbindung zu bringen. – Ach was!

Aber Frau Wagenknecht meint es doch nur gut mit uns. Sie weiß, dass die Menschen oft egoistisch veranlagt sind, aber auch Mitgefühl aufbringen können. Freilich. Es muss halt eine gesunde Mischung vorliegen. Der menschliche Charakter changiert und bietet ein breites Spektrum. Die Menschen können selbstsüchtig sein, aber auch selbstlos. Es gibt beides und auch noch vieles dazwischen. Selbstverständlich, Frau Wagenknecht! Zwischen Rücksichtslosigkeit und Nächstenliebe liegt ein weites Feld.

»Individuell mag jeder seine eigene Mischung an charakterlichen Anlagen haben.« Ja, es gibt die Wiener Mischung, die ist charmant, verlogen und angereichert mit einer großen Portion Schmäh, dann gibt's die Münchner Mischung, die ist christlich, abendländisch, menschlich, manchmal sogar hilfsbereit, patriotisch, eben bayerisch, abgrenzend, im Gegensatz zur Berliner Mischung, die belehrend, unüberlegt, ein bissl von oben herab, natürlich auch menschlich ist, je nachdem, in welcher jeweiligen Partei die Menschlichkeit hergestellt wird. Und jetzt speist die Sahra den entscheidenden Gedanken in die Debatte ein. »Aber welche Eigenschaften gesellschaftlich die Oberhand gewinnen, welche Verhaltensmuster prägend für eine Gesellschaft sind, das hängt davon ab, welches Verhalten eine Gesellschaft fördert und belohnt, und welches sie mit Entzug von Anerkennung und Versagen von Erfolg bestraft.« Aha. Ich frage mich, wer ist die Gesellschaft, die fördert, belohnt und bestraft? Und wie kommt die Gesellschaft zu ihrem Maßstab, an dem sie das Verhalten der Menschen misst und dementsprechende Kopfnoten erteilt? Sie müssen zugeben, dass das zwei gute Fragen sind. Ich möchte wissen, wer mich in meinem Verhalten beurteilt?

Jonas? Betragen gut, sehr gut, zufriedenstellend, ausreichend, mangelhaft, ungenügend? Komme ich in Frau Wagenknechts Umerziehungslager, wenn ich nicht so spure, wie die Gesellschaft das von mir erwartet? Und selbst wenn, so schlimm kann es dort in dieser Gesellschaft nicht sein, es sind ja nur Freunde da, die mir beibringen, dass ich mich unter ihnen besonders frei fühlen darf, weil wir eine starke Bindung untereinander haben. Und wenn ich lang genug unter Freunden gelebt hab, fühl ich mich total frei. Täglich erklärt mir ein Freund, dass das Wort Freiheit im Indogermanischen auf die Wurzel fri zurückgeht und lieben bedeutet. Und weil ich länger brauche, um das zu lernen, erklärt mir jeden Tag aufs Neue ein Freund, was Freiheit bedeutet. Bis ich selber so weit bin und anderen, die es nicht kapieren wollen, immer wieder erkläre, dass Freiheit und Freund auf die Wurzel des indogermanischen fri zurückgehen und im Kern immer wieder von Liebe die Rede ist.

Und wenn die Liebe zu dieser Art von Gesellschaft bei mir endlich einprogrammiert und eingelebt ist, darf ich weiter lernen, dass es in der Gesellschaft einen direkten Zusammenhang gibt zwischen Ungleichheit und Vertrauen. »Je größer die gesellschaftliche Ungleichheit, desto weniger Vertrauen haben die Menschen zueinander.« Ach so. Bedeutet das, je größer das Misstrauen unter den Menschen ist, desto ungleicher ist eine Gesellschaft? Stimmt das? Welche Gesellschaft hat die Sahra im Auge? In der DDR – ich weiß schon, das ist nicht fair – waren alle gleich. Doch, das kann man so festhalten. Wenn keine Bananen am Markt waren, hat keiner eine bekommen. Und es ist eine Tatsache, dass es unter den Menschen in der DDR kaum Misstrauen gegeben hat. In der Deutschen Demokratischen Republik herrschte ein Vertrauen unter den Menschen, davon können wir neoliberal verseuchten, habgierigen Kapitalisten nur träumen. Ich traue mich jetzt, von einem staatlich organisierten Vertrauen zu sprechen. Sie hatten Versorgungsengpässe, das System war nicht perfekt, aber das Vertrauen untereinander war einmalig. Es war das Vertrauen in die Idee der Gleichheit, der Freiheit und der Brüderlichkeit. Sprechen wir es offen aus, es war die große Idee des Sozialismus. Warum sagt Frau Wagenknecht das nicht offen? Vor was hat sie denn Angst?

Wir leben doch momentan in einer Gesellschaft, die alles andere als optimal ist, in der es eben, wie sie selber in ihrem Buch ausführt, nur Ungleichheit gibt, mit allen unangenehmen Folgen wie Misstrauen und allgemeiner Krankenversicherung, Schulpflicht, Hochschulreife, bildungsfernen Schichten, Müllabfuhr, Energiewende und Wahrheitspresse.

»Eigentlich ist es leicht nachvollziehbar: Wo der Ehrliche der Dumme ist, wird Lügen zum Erfolgsrezept.« Gibt es in dieser Gesellschaft, die Frau Wagenknecht vorschwebt, nur Ehrliche? Strebt sie die Utopie der ehrlichen Gesellschaft an? Außerdem, wer sagt denn, dass der Ehrliche dumm sein muss? Wir können nicht ausschließen, dass es Kluge gibt, die ehrlich sind. Zumindest wenn sie einen Vorteil davon haben.

»Wo der Uneigennützige vor allem ausgenutzt wird, gedeihen Egoismus und soziale Kälte.«

Geh, Frau Wagenknecht! Was schreiben Sie denn da für einen Schmarrn! Es gehört zur Philosophie des Uneigennützigen, dass er ausgenutzt wird, anderenfalls müsste man fast glauben, dass er für seine angebliche Uneigennützigkeit doch etwas bekommen will. Bei Politikern findet man das öfter, dass sie uneigennützig tun – das gehört zu ihrem Aufgabengebiet – und sich dafür gut bezahlen lassen. Die Uneigennützigkeit gibt es nicht. Selbst die Mutter Teresa hat sich was im ewigen Leben ausgerechnet.

Ehrlich, ich habe die Erfahrung gemacht, wenn einer besonders uneigennützig handelt, stimmt oft etwas nicht mit ihm.

»Schon der große Wirtschaftshistoriker Karl Polanyi wusste, dass die Ziele eines Menschen stets in seine sozialen Beziehungen eingebettet sind.« Der große Polanyi hat das gewusst? Schön, ich hab es auch schon geahnt, nur mich hat die Autorin nicht gefragt.

Jetzt aber weiter im Text: »Sein Tun gilt nicht der Sicherung seines individuellen Interesses an materiellem Besitz, sondern der Sicherung seines gesellschaftlichen Ranges, seiner gesellschaftlichen Ansprüche und seiner gesellschaftlichen Wertvorstellungen.«

Immer wieder kommt sie auf diese Gesellschaft, ohne zu sagen, wer diese Menschen sind, die diese Gesellschaft bevölkern. Was ist das bloß für eine Gesellschaft? In dieser Gesellschaft legt man keinen Wert auf materiellen Besitz, das wissen wir bereits. Eventuell handelt es sich um eine klösterliche Gesellschaft? Einen Orden, wo keiner einen individuellen Besitz anstrebt, sondern alles allen gehört? Wo man hinter Mauern lebt?

Und jetzt trägt Frau Wagenknecht eine der schönsten Umschreibungen für das grüne Gefühl des Neids vor: »... dass Menschen ihre materielle Lage in der Regel in Relation zu der anderer Menschen beurteilen.« Und daran sieht man, dass sie sehr genau hinschauen kann, die Frau Wagenknecht, daher ihr Plädoyer für die Gleichheit.

Sie präsentiert ein Beispiel, das jeder kennt, der sich schon mal mit menschlichen Verhaltensweisen näher befasst hat. Es wurden psychologische Experimente durchgeführt, um das Neidverhalten der Probanden zu testen. Dabei mussten die Teilnehmer nach festgelegten Regeln Geldbeträge unter sich verteilen. Bei Frau Wagenknecht geht das so: »Wenn in Verhaltensexperimenten gefragt wird, ob die Betreffenden es vorziehen würden, ein monatliches Einkommen von 4000 Euro in einer Gesellschaft zu haben, in der das Durchschnittseinkommen bei 2000 Euro liegt, oder ein Monatseinkommen von 5000 Euro in einer reichen Gesellschaft, wo der Durchschnittsverdiener 10 000 Euro nach Hause trägt, entscheidet sich die Mehrheit regelmäßig für das niedrigere, aber relativ zu den Mitmenschen höhere Einkommen von 4000 Euro.«

Eine treffendere Beschreibung für die Neidgesellschaft habe ich selten gelesen. In dieser Gesellschaft, die unsere Autorin so erstrebenswert findet, besteht die Uneigennützigkeit der Menschen darin, auf 1000 Euro mehr im Monat zu verzichten, weil sie den Besserverdienenden die 10 000 Euro im Monat nicht gönnen. Lieber sollen alle weniger haben, weil es dann allen besser geht. Das ist Frau Wagenknechts Logik. Lieber habe ich weniger, damit du nicht mehr hast. Davon träumt jeder. Das ist Sahras Traum von der gerechten Gesellschaft! Neidfreiheit für alle!

Live is Life

Eine alte Lebensweisheit sagt, dass man ein Leben lang lernt. Es gibt aber auch Leute, die ihr Leben lang nichts lernen und immer dieselben Fehler machen, bis sie die Fehler richtig gut beherrschen und schließlich voller Überzeugung sagen, das ist mein Leben.

Tony Blair, der ehemalige britische Premierminister, scheint ein Vertreter dieser Lebensphilosophie zu sein. Wir erinnern uns, Blair stand fest an der Seite George W. Bushs, als es darum ging, einen Angriffskrieg zu beginnen, und rechtfertigt sich noch heute dafür mit der Behauptung, er habe diesen Irak-Krieg in der festen Überzeugung geführt, das Beste für sein Land zu erreichen. Aktueller Anlass für seinen Auftritt ist ein über sechshundert Seiten umfassender Untersuchungsbericht, der Großbritanniens Beteiligung an dieser Friedensmission und damit auch Blairs Rolle als Kriegsherr kritisch beleuchtet. Tony Blair tritt an ein Rednerpult und weist alle Vorwürfe zurück. In der *Tagesschau* sehen wir Bilder von demonstrierenden Müttern, deren Söhne im Irak gefallen sind. Sie halten Transparente hoch, auf denen steht, dass der Tod ihrer Söhne sinnlos gewesen sei.

»Wie lebt der Blair damit?«, fragt Rosi.

»Gut«, vermute ich. »Der ist mit sich im Reinen. Falls er doch Gewissensbisse haben sollte, kann er sie nicht zeigen. Zum Leben eines Politikers gehört offensichtlich dazu, Fehler nicht einzugestehen.«

In England ist in diesen Tagen sehr viel vom Leben die Rede. Dort auf der Insel soll es Leben geben, das von Menschen gelebt wird, die behaupten, es sei nicht ihr Leben. Bei Nigel Farage, dem bisherigen Parteiführer der rechten UKIP, muss dies über viele Jahre der Fall gewesen sein. Er war neben Boris Johnson einer der Wortführer, die für den Brexit geworben haben, der für viele überraschend Wirklichkeit geworden ist. Die Briten haben sich für ein Leben ohne EU-Mitgliedschaft entschieden. Dieser Nigel Farage ist zurückgetreten und hat dabei gesagt, er möchte jetzt sein Leben zurück. Das kann nur bedeuten, dass die letzten Jahre ein anderer sein Leben gelebt hat. Ich frage mich, wie das Leben aussieht, das er zurück haben will. War es das eines Gentleman? Oder das eines Gauners? Vielleicht war es auch nur eine humorvolle Bemerkung? Ich kann ihn verstehen. Dieser Farage hat die letzten Jahre das Leben eines rechten Politikers in England leben müssen. Immer nationalistisches Zeug von sich zu geben, immer recht zu haben ist ungeheuer anstrengend. Das zehrt offenbar an der Substanz.

Es gibt auch bei uns Politiker, die immer recht haben. Dieser Jörg Meuthen von der AfD ist so einer. Was hat der für ein Leben? Der muss Leute wie diesen Bernd Höcke treffen, möglicherweise sogar mit ihm in einen Gedankenaustausch treten, der wird sich auch fragen: Was habe ich für ein Scheißleben? Immerhin ist der Mann Universitätsprofessor und begibt sich in die Niederungen der parteipolitischen Debatten. Welche Charaktereigenschaften dominieren diese Person?

Oder, um noch einmal ein besonders tragisches Schicksal anzuführen, Sigmar Gabriel, der ist SPD-Vorsitzender und Minister. Bei ihm stellt sich die Frage, ob das überhaupt noch ein Leben ist oder ob man in seinem Fall besser von Existenz spricht. Das müsste mal jemand erforschen. So ein Leben als Spitzenpolitiker, das muss ein Albtraum sein. Dagegen spricht allerdings, dass viele dieser politischen Existenzen sich nichts sehnlicher wünschen, als in höchste Ämter aufzusteigen, um, wie sie sagen, »etwas zu bewegen und zu gestalten«. Gestalter wie Gabriel wollen Kanzler werden. Warum? Das müsste man ihn fragen.

Was das für ein Leben ist, kann man an der Merkel gut beobachten. Sie könnte so ein schönes Leben haben als Physikerin. Doch irgendetwas gab ihrem Leben eine andere Wendung mit dem Ergebnis, dass sie jetzt Kanzlerin ist und die Richtlinien der Politik bestimmen muss gegen starke Widerstände aus Bayern. Das Leben wird oft durch Schicksalsschläge bestimmt. Was bei der Merkel den Ausschlag gegeben hat, sich in die Politik zu begeben, wissen wir nicht. Vielleicht hat Helmut Kohl den »Wind der Geschichte« in ihre Richtung wehen lassen. Zufälle spielen sicher auch eine Rolle. Egal. Bei diesem Nigel Farage vermute ich allerdings Vorsatz und Humor. Das scheint eine typisch englische Mischung zu sein.

Die Merkel ist auch komisch, aber anders. Bei der bin ich sicher, dass es ihr Leben ist, das sie lebt. Durch die Flüchtlinge ist sie richtig aufgeblüht. Auf die Flüchtlinge hat sie gewartet. Das war ihr Schicksal, und es war ihr gnädig. Mit den Flüchtlingen hat die Merkel ihre Lebensaufgabe gefunden. Insofern hat sie Glück gehabt, dass ihr die Geschichte die Flüchtlinge beschert hat.

Glück haben in der Regel bayerische Politiker. Vorausgesetzt, sie sind Mitglied der CSU und erweisen sich als geeignet, die Geschicke des Landes in die Hand zu nehmen. Der amtierende Ministerpräsident behauptet, er habe das schönste Amt inne, das er sich vorstellen könne. Ich kann verstehen, wenn ein Politiker mit den Worten zurücktritt: Ich möchte mein Leben zurück. Ich habe überlegt, wer von unseren Politikern dazu in der Lage wäre. Mir ist keiner eingefallen, weil sie kein anderes Leben haben.

Kopfprobleme

Ich hab am Kopf ein Problem. Henry, mein Friseur, sagt mir das seit Jahren. Wir sind befreundet. Kennen uns aus Kinder- und Jugendtagen. Haben zusammen im selben Fußballverein gespielt. Vor allem der Hinterkopf mache ihm Sorgen. Der sei zu flach. »Da müssen wir was tun.« So seine Rede. Und immer wieder tut er, was er kann, um die Flachheit optisch so gut es geht auszugleichen. Henry, der eigentlich Heinrich heißt, arbeitet an meinem Hinterkopf wie ein Magier. Er lässt an gewissen Stellen mehr Haare stehen, damit dort, wo im Lauf der Zeit durch fortschreitenden Haarausfall wenige davon übrig geblieben sind, die Illusion entsteht, hier sei mehr, als tatsächlich ist. »Es ist weniger, aber es muss ausschauen wie mehr! Das muss unser Ziel sein! Ich mach aus weniger mehr.«

Mit dieser Logik hat er's mir erklärt. Ich habe es gehört und genickt. Darum überkommt mich von Zeit zu Zeit das Gefühl, meinen Freund Henry um einen Termin zu bitten, was gar nicht so leicht ist, weil Henry ein gefragter Friseur ist. Was heißt Friseur? Diese Berufsbezeichnung verweist auf eine ehrenvolle Tätigkeit, aber das trifft's nicht ganz. Henry ist selbstverständlich ein Meister seines Fachs, sowieso, er beherrscht alle Schnitttechniken, er weiß alles, was ein Friseur wissen muss, aber er ist eben nicht nur ein Haircutter, er ist ein Künstler. Er arbeitet wie ein Bildhauer, dessen Material das Haar ist. Er nimmt, was er vorfindet, und formt es nach den Gesetzen, die in jedem Haarschopf individuell angelegt sind. Seine Worte. Das Haar zeigt ihm von sich aus, wie es fällt und fallen will. Man muss sich aufs Haar einlassen können. Originalton Henry. »Lass dich auf dein Haar ein!« Er spricht mit ihm, und es sagt ihm, was los ist. Das Haar ist der Fall, und nur darum geht's! Es geht um Dichte und Proportionen und um Formen, die gegeben sind, die er sehen und erkennen muss. Das Haar ist ein geheimnisvoller Stoff, in dem seelische Ablagerungen Auskunft geben über den Zustand der Persönlichkeit, die im Haar ihren ganz eigenen Ausdruck findet. Das setzt Vertrauen voraus zwischen dem Haar, dem Kopf und dem Künstler, der von außen draufschaut. Unheimlich viel Vertrauen, das ich zu Henry habe.

Henry kennt mich, meinen Kopf, mein Haar, und ich kenne ihn und seinen Kopf, auf dem sich kein einziges Haar mehr befindet, weil es ihm schon vor langer Zeit ausgefallen ist. Und weil wir schon so lange befreundet sind, macht er mir auch einen Freundschaftspreis. Ein Haarschnitt kostet bei ihm 250 Euro. Ich hatte anfangs den Verdacht, dass dies ein doch ziemlich ordentlicher Preis ist für das Geschnipsel, das er mit den Überresten auf meinem Kopf veranstaltete, aber nachdem mir Henry erklärt hatte, dass es eigentlich gar nicht nur um das Haareschneiden gehe, sondern um »ganz andere Dimensionen«, sah ich ein, dass der Preis gerechtfertigt ist. Er sprach tatsächlich von »anderen Dimensionen«, die »über das Haar« irgendwie mit der Gesamtpersönlichkeit zu tun hätten. Haare seien »ein unendlicher Kosmos, der sich in der Endlichkeit eines jeden Haarschopfs« immer wieder neu auftue. Als ich mit einem erstaunten »Aha« reagierte, meinte Henry: »Ja.« Es folgte ein langes Schweigen. Er betrachtete mich ausgiebig und eingehend. Er entfernte sich einige Meter, ging wieder auf mich zu, fokussierte seinen Blick auf mein Haar, kam mir ganz nah, befingerte mit geschlossenen Augen die Konsistenz einiger Haare, ließ sie los und sah nachdenklich in die Ferne. Ja, ich hatte das Gefühl, dass er auf mich einging. In geistig-seelischer Hinsicht. In seinem Mienenspiel versuchte ich abzulesen, was in ihm vorging. Für mich bestand kein Zweifel daran, dass er über das Haar den Zugang zu meinen Inneren suchte und schließlich gefunden hatte.

Plötzlich wandte er sich ab, ging ein paar Schritte in Gedanken auf und ab, holte eine rote Tafel von irgendwoher und stellte sie vor den Spiegel, sodass ich mich nicht mehr betrachten konnte. »Ich mag mich bei der Arbeit nicht beobachten lassen«, erklärte mir mein Freund Henry. Vertrauen sei das Wichtigste. Es gehe jetzt um Vertrauen. »Vertrauen«, wiederholte ich. »Ich finde«, sagte ich, »dass es ohne Vertrauen überhaupt kein Zusammenleben geben kann. Übertriebener Narzissmus ist ungesund!« – »Da sagst du etwas ganz Wichtiges«, meinte Henry. Der Spiegel lenke ab vom Wesentlichen. »Ja!« Natürlich bekräftigte ich mein Einverständnis. »Mache es so, wie du meinst, dass es richtig ist.«

Anders ginge es ohnehin nicht, murmelte Henry und lachte ein wenig.

Und während dieser intensiven Momente des sich entfaltenden Vertrauens drängte sich mir der Gedanke auf, dass der Preis für eine Sitzung, die mir und meiner Persönlichkeit versprachen, ganz neue, bisher ungeahnte Dimensionen meines Selbst zu erkennen, doch mehr als gerechtfertigt sein könnte. 250 Euro! Soo viel ist es dann nun auch wieder nicht, sagte ich mir. Was bleibt ihm denn nach Abzug der Kosten, die wir alle zu leisten haben? Die Steuer nimmt ja doch viel weg, der Fiskus, und die Kosten für den Laden, fürs Auto (Henry fährt Porsche, einen Friseurporsche!) und was weiß ich noch alles, Krankenversicherung, Renten, Pflegeversicherung. Von irgendetwas muss er auch noch leben, der Friseur. Ja, das Leben ist schwer! Mit solchen Gedanken stellte ich mich ruhig, wenn Zweifel am Preis für meine Friseurbesuche bei Henry aufkamen.

Einmal im Monat besuchte ich meinen Freund Henry, nahm vor dem Spiegel Platz, den er sofort mit der roten Wand zustellte, und überließ mich ihm im Vertrauen, dass er »diese Laune der Natur«, meine »Hinterkopf-Flachheit«, mit Schere, Kamm und seinen ohne Zweifel großen handwerklichen Fähigkeiten ausglich.

Bis er mir eines Tages mitteilte, dass er den Preis für seine Kunst nun leicht erhöht habe. Ein Haarschnitt würde jetzt bei ihm 300 Euro kosten. Ich traute mich nicht, zu sagen, was ich dachte. Er hat sie nicht mehr alle, dachte ich. Er schnappt über. Er dreht durch. Er sei inzwischen so gut geworden, teilte er mir mit, dass er nicht anders könne, als den Preis zu erhöhen. Ich konnte meine Abwehr gegen die Aktion nicht ganz verbergen. Als er meine Skepsis wahrnahm, meinte er, es gehe ja gar nicht ums Geld. Sondern? Um Wertschätzung. Ich stimmte ihm stumm zu. Geld habe er genug. – Aha. Das beruhigte mich doch sehr. Ich dachte schon, es reiche nicht fürs Nötigste bei ihm. Ich sagte: »Die Mieten in München sind hoch. Die Lebenshaltungskosten steigen. Strom, Wasser, Heizung. Es ist der Wahnsinn!« Er nickte.

Aber umsonst könne er auch nicht arbeiten. Natürlich nicht. Es wisse, dass er zu den Besten gehöre. Ich beeilte mich, ihm zuzustimmen. »Du bist der Beste!«, rief ich ein bisschen zu laut. Im Grunde genommen seien seine Tätigkeiten unbezahlbar, fügte ich hinzu und legte noch eine Schippe Ironie drauf. 1000 Euro pro Schnitt wären vielleicht angemessen? Es sollte nach einer Frage klingen.

Er nickte und schaute mir lächelnd in die Augen.

»Es geht hier ja auch ums menschliche Miteinander«, sagte ich. »Und solche zwischenmenschlichen Sphären sind in Geld gar nicht auszudrücken«.

Da wir befreundet seien, sagte er, verlange er von mir weiterhin nur die 250 Euro pro Sitzung. »Danke, das ist großzügig, aber nicht nötig«, sagte ich ablehnend. »Ich möchte keine Sonderbehandlung.«

»Nein«, wehrte er ab, »es bleibt bei den 250 Euro.«

Wir verabschiedeten uns wie immer mit einer Umarmung, und ich verließ sein Atelier, also den Salon, seine künstlerische Wirkungsstätte.

Auf dem Heimweg ließ mir die Geschichte keine Ruhe. Eine innere Stimme sagte mir immer wieder, dass ich viel zu viel Geld für die Dienstleistung meines Freundes an meinem Kopf ausgab. Kopfflachheit hin oder her! Warum sage ich ihm nicht, dass er jegliches Maß verloren hat? Dass er in meinen Augen an einer Hybris leidet und ich nicht mehr bereit bin, diese Summe zu zahlen? Beim nächsten Mal würde ich die Angelegenheit offen ansprechen, und falls er sich weigern sollte, auf meinen Vorschlag einzugehen, müsste ich zukünftig auf seine Künste verzichten.

Ich komme pünktlich zu unserem nächsten Haircut-Termin. Henry ist noch beschäftigt. Er fuchtelt mit einem Föhn herum. Er föhnt sehr routiniert, fachmännisch und sichtlich zufrieden mit dem Ergebnis des soeben geschnittenen Haars eines älteren, »gut situierten« Herrn. Ja, so würde ich den Herren nach dem ersten Augenschein beschreiben. Dichtes, blondes Haar, das schnittlauchartig nach allen Seiten des Kopfs fällt. Natürlich gefärbt. Logisch. Seinem Alter gemäß müsste der Herr weiße Haare auf dem Kopf haben. Hat er aber nicht.

Henry sieht mich vor dem Laden am Schaufenster entlanggehen und winkt mich herein. Er eilt an die Tür, um mich persönlich hereinzulassen. Wir umarmen uns.

»Grias di. Servus.« – »Grias di. Schön, dass wir uns sehen.«

Er stellt mir den Herrn vor und fordert ihn auf, mir zu sagen, was er freiwillig bereit ist, für seine Dienste zu löhnen.

»Das ist der Gerold. So, Gerold, jetzt sag dem Bruno mal, was du zahlen würdest.«

»1000 Euro«, sagt er.

Ja, er habe Henry angeboten, 1000 Euro pro Haarschnitt zu bezahlen, weil Henry ein Genie sei. Ein Friseurgenie, das ungeheuer viel raushole aus seinem Haar. Er fühle sich danach »wie aufgemacht«.

»1000 Euro?«, wiederhole ich staunend. Wie aufgemacht, denke ich. Er sieht wirklich aufgemacht aus, dieser Gerold.

»Da kannst du es sehen!« meint Henry und deutet auf den frisch geschnittenen Kopf von Gerold.

»Ich sehe es«, bring ich tonlos hervor. »Ich seh's. Wirklich schön gemacht. – Aber ich seh die 1000 Euro nicht, tut mir leid.«

Henry schenkt mir ein fernöstliches Lächeln und sagt voller Mitleid: »Mir auch«.

»Henry, wir müssen reden. Mir ist das unangenehm, dass du unter deinem Preis für mich arbeiten sollst. Du bist mehr wert. Nur ich erkenne deinen Wert nicht.«

Henry schaut ungläubig.

»Henry, es liegt an mir.« Ohne ein weiteres Wort verlasse ich den Laden. Seitdem sind wir nur noch entfernt befreundet.

Die nicht!

Gutmensch. – Das darf man auch nicht mehr sagen. Es ist zum Unwort des Jahres gekürt worden. Es gibt eine Jury aus kompetenten Sprachreinigern in diesem Land, die zusammenhocken und die Sprache nach Unwörtern durchforsten, die geächtet werden müssen als Unwörter eines Jahres. Bestimmt sind es mehr Wörter, die in die engere Wahl gelangen für diese Ächtung, als nur eines. Aber nur ein Wort bekommt den Stempel »Unwort des Jahres« aufgedrückt. Und dieses Jahr ist es das Wort Gutmensch. Ich habe es auch schon gebraucht, um damit Leute zu benennen, die mir mit ihrem moralischen Getue auf die Nerven gegangen sind. Es gibt Menschen, die eine moralische Unfehlbarkeit ausstrahlen und sie einfach nicht für sich behalten können. Dabei dulden sie keinen Einwand, geschweige denn ein Argument. Es ist dieser missionarische Eifer, mit dem sie einen überfallen. Sie haben die Wahrheit, und nun müssen alle, die sich nicht gemäß dieser Wahrheit verhalten, umerzogen werden. Zunächst versuchen sie es sanft und reden mit dir wie mit einem Kindergartenkind. »Du weißt schon«, sagen sie und schauen dich dabei eindringlich an, »du weißt schon, dass du mit deinem Essverhalten der Umwelt keinen Gefallen tust. Fleisch ist im Übrigen gar nicht so gesund. Weißt du, dass für ein Kilo Fleisch fünf Kilo Pflanzen ihr Leben lassen müssen?« Und dann folgen Hinweise, die du dir zu Herzen nehmen solltest! Dein Darm freut sich auch, wenn du kein Fleisch ist! Krebs! Willst du Krebs? Zu viel Fleisch und Wurst können Krebs auslösen! Denk mal darüber nach! Du bist doch ein kluger Mensch! So oder so ähnlich klingt das, wenn der Gutmensch dich ins Gebet nimmt.

Immer sanft und bestimmt. Fehlt nur noch, dass sie dir versprechen, für dich zu beten, damit auch du auf den richtigen Weg kommst. Bei dir soll ein Gefühl von Schlechtigkeit zurückbleiben. Du sollst dein Verhalten ändern. Es geht doch um die Grundlagen unseres Lebens. Also ändere dein Verhalten. Fange an, vegan zu leben. Wenn du das nicht schaffst, dann versuche wenigstens, Vegetarier zu werden. Das Klima! »Hast du schon einmal über den Klimawandel nachgedacht?«, fragen sie dich. »Solltest du! – Wir verschmutzen die Atmosphäre! – Das Artensterben ist ein großes Problem! Der Mensch ist schuld. Und du bist ein Mensch!«

Ja, ich bin ein Mensch, aber ich will nicht ständig erzogen und belehrt werden von Menschen, die behaupten, zu wissen, wie wir alle zu leben haben.

Neulich stehe ich beim Tengelmann an der Kühlzeile und will gerade eine Milch in den Einkaufswagen legen. Da fasst eine Hand an meinen Arm, und eine Stimme sagt: »Herr Jonas, diese Milch nicht! Das wissen Sie doch!« – Ich schüttle den Kopf: »Ist mit dieser Milch etwas nicht in Ordnung?« – »Der Eigentümer dieser Molkerei, Herr Jonas«, der Mann schaut mir jetzt tief in die Augen, »Herr Jonas, das wissen Sie doch?« – Verdammt, ich weiß es nicht, ich werde gleich eine Sechs eingetragen bekommen von diesem Oberlehrer, der vielleicht sogar tatsächlich den Lehrerberuf ausübt. Ich sage: »Ich weiß, diese Milch darf man nicht kaufen, sie ist verseucht.« Der Oberlehrer lacht. »Immer witzig, der Jonas, aber das wissen Sie doch, der ist doch politisch rechts.« – »Ahh, richtig«, sage ich, »der ist rechts. Welche Milch soll ich stattdessen …?« Der Oberlehrer stellt sie zurück und reicht mir eine Biomilch.

Jetzt muss ich Danke sagen. Ich sage Danke. Bitte, sagt

er. Gern geschehen. Grade noch einmal gut gegangen. Gott sei Dank entfernt er sich. Schlendert weiter an den Regalen entlang. Sicher weiß er genau Bescheid über alle Produkte, die man kaufen darf, und über die, die man auf keinen Fall in den Korb legen sollte. Und ich? Ich weiß viel zu wenig über unsere Lebensmittel und wer dahintersteckt.

Seitdem bin ich verunsichert, wenn ich einkaufen gehe. Ich werde das Gefühl nicht mehr los, mir könnte gleich einer über die Schulter schauen und mich in meinem Kaufverhalten korrigieren.

War das ein Gutmensch? Wahrscheinlich. Ich hätte ihn fragen sollen, warum er bei Tengelmann einkauft und nicht in einem politisch korrekten Laden, wo Leute wie ich gar nicht in Versuchung geführt werden können, das Falsche zu kaufen, weil dort gar keine inkorrekten Waren angeboten werden. Er war vielleicht auf einem Kontrollgang, um Irrläufer wie mich vor falschen Einkäufen zu retten. Ich hätte mir seinen Namen und seine Adresse geben lassen sollen, um ihn bei zukünftigen Einkäufen zurate ziehen zu können. Gott sei Dank gibt es immer mehr Menschen, die bereits den moralisch einwandfreien Bewusstseinszustand erreicht haben. Beinah hätte ich ihn als Gutmensch beschimpft, als er mir die »rechte Milch« aus der Hand nahm. Ich hatte das Unwort schon auf der Zunge. Wenigstens das konnte ich vermeiden. Das lässt mich hoffen, dass doch noch etwas Ordentliches, ein Gutmensch, aus mir wird.

Rückrufaktion

»Schatz, ich trag jetzt den Müll raus!«, sag ich zu meiner Frau und mach mich auf den Weg. Ich bin schon auf der Treppe, als sie mich zurückruft. »Ich muss noch mal kontrollieren, ob der Müll sauber getrennt ist!«, sagt sie und kommt gleich auf mich zu, um die zugezogene Mülltüte wieder zu öffnen.

Wir stehen also zu zweit im Treppenhaus und wühlen im Abfall. Eine schöne Szene. Und tatsächlich fischt meine Frau zwei Joghurtbecher raus. Ich ernte einen vorwurfsvollen Blick. Plastik im allgemeinen Müll! Das geht gar nicht!

Das war noch harmlos. Ich habe schon ganz andere Rückrufaktionen erlebt. Einmal war unser Müll schon im Container, da ruft meine Frau den kompletten Inhalt zurück. Ich frage, warum. Sagt sie, sie habe so ein Bauchgefühl, dass irgendetwas mit dem Müll nicht in Ordnung sei. Bin ich runter, in den Container eingestiegen und habe gestaunt, was die Nachbarn alles wegschmeißen. Es war gar nicht so leicht, unseren Restmüll vom Müll der anderen zu unterscheiden. Das war eine besondere Herausforderung. Das muss ich schon sagen. Ich habe es aber hingekriegt. Und meine Frau hat recht behalten mit ihrem Gefühl. Es war tatsächlich eine kleine Batterie im Müll, die dort nicht reingehörte.

Die Rückrufaktion liegt voll im Trend. Bei VW kommen sie mit dem Rückrufen gar nicht mehr hinterher. Von der Autoindustrie kennt man das ja, dass sie Fahrzeuge zurückrufen. Ich hab fast den Verdacht, dass dahinter eine Werbeaktion für die Automarke steckt, die grade zurückgerufen wird. Ich traue ihnen alles zu, nur um uns auszutricksen. Den Fahrzeugen fehlt oft nichts, aber durch eine Rückrufaktion bleiben sie im Gespräch.

Diese Rückrufaktionen sind aber nicht nur auf Autos beschränkt. Andere Wirtschaftszweige nutzen diese Strategie inzwischen auch. Lebensmittel werden aus dem Regal genommen, wenn irgendein verrückter Menschenfreund glaubt, die Milch mit Pflanzengift anreichern zu müssen.

Sollten sich im Bergkäse Metallsplitter befinden, dann ist das nur etwas für ausgesuchte Feinschmecker. Schimmelpilze in Salmonellen vertragen auch nicht alle Organismen. Oder auch mal Fruchtstücke im Joghurt! Das ist selten. Deshalb werden Joghurts nicht zurückgerufen.

Aber jetzt haben sie in einem Schokoriegel Plastikteile gefunden. Hat mich, ehrlich gesagt, nicht verwundert. Plastik findet man inzwischen überall. Auch in den Weltmeeren! Viele Fischarten bestehen zu einem großen Teil nur noch aus Plastik. Das hat den Vorteil, dass sie dadurch abwaschbar und länger haltbar werden. Wenn mich nicht alles täuscht, fordert Greenpeace, dass alle Fische zurückgerufen werden. Von der Nordsee! Oder waren es Fischstäbchen? Ich bin schon ganz durcheinander. Es werden Fischstäbchen gewesen sein, die zu viel Fisch enthalten haben und zu wenig Stäbchen. Die plastikverarbeitende Industrie entwickelt jetzt ein Verfahren zur Rückgewinnung von Plastik aus dem lebenden Fisch. Die Politik unterstützt diese Initiative. Voraussetzung dafür ist allerdings eine Rückrufaktion.

Nur in der Politik wird nie einer zurückgerufen. Selbst wenn da mal einer kleine Schäden aufweist, gell, was weiß ich, eine Sehschwäche – recht, links, egal auf welchem Auge – oder einen Haltungsschaden oder auch mal einen Fleck auf der weißen Weste, dann ist das grundsätzlich zu vernachlässigen. Wenn von diesen Politikern mal einer im Handel ist, nimmt den keiner mehr aus dem Regal. Die werden immer weiter angeboten. Egal, wie schädlich sie sind. Der Höcke von der AfD zum Beispiel. Der spielt bestimmt schon mit dem Gedanken, die Flüchtlinge auf Schadstoffe untersuchen zu lassen, weil er dann mit dem Assad zusammen eine groß angelegte Rückrufaktion starten könnte. Man weiß gar nicht genau, wie viel Schadstoffe in Politikern erlaubt sind. Dafür gibt es noch keine EU-Norm. Braucht es vielleicht auch nicht. Die Merkel zum Beispiel ist völlig frei von Schadstoffen. Deshalb kann die auch niemand zurückrufen.

Komplexität

Köln, Domplatte, Silvesternacht, Übergriffe. »Nordafrikanisch aussehende« Männer – und dann steht plötzlich irgendwo im Fernsehen ein Experte und erklärt uns das Unverständliche. Er spricht aus, was keiner zu denken wagt: »Die Situation ist komplex«. Ist das möglich! Hat das Komplexe wieder zugeschlagen. Die Situation ist komplex! Und nicht nur die, einfach alles ist heute komplex. Das Komplexe selber ist auch komplex! Das ging ja noch. Aber das Schlimme am Komplexen ist, dass es sich immer weiter ausbreitet. Es gibt keine komplexfreie Zone mehr. Es wundert mich, ehrlich gesagt, schon, dass noch niemand ein Ministerium für Komplexität gefordert hat!

Die Ursachen für Depressionen beispielsweise sind tatsächlich komplex. Die Entstehung des Lebens? Komplex! Eine Ausnahme bilden die Kreationisten, für die klar ist, dass Gott die Welt ganz allein in sechs Tagen erschaffen hat. Sie stehen für das Unterkomplexe an sich. Für alle anderen, die das nicht glauben können, ist die Welt auf ziemlich komplexe Weise entstanden.

Und darum ist alles daraus Folgende auch »von hoher Komplexität«. Der Mensch, die menschliche Psyche, die Technik, die Natur, die Kultur, der Dieselabgasfilter, das Abwassersystem, einfach alles in allen möglichen Bereichen ist komplex. Es gibt Überlagerungen in den verschiedenen Systemen, die anschlussfähig sind, aber eben auch hochkomplex. Politisch, wirtschaftlich, soziologisch. Blickt einer nicht durch, kommt als erste Erklärung: Wir können nichts sagen, die Ermittlungen laufen noch, aber so viel steht fest, die Ursachen sind komplex. Auch wenn keine Ursachen vorliegen, geht man von einem komplexen Ursachenbündel aus. Irgendeiner ist zuständig für das Ursachenbündel!

Aber wer? Der liebe Gott oder der Innenminister? Ist selber ein Ursachenbündel! Es gibt immer »ein ganzes Ursachenbündel«, auf allen Ebenen, monokausal ist gar nichts, war noch nie irgendetwas auf dieser Welt, es ist eben alles komplex! Heißt, man kann eigentlich nichts Genaues sagen, außer dass es komplex ist und damit unerklärbar, nebulös, dubios und manchmal auch obskur. Man kann nur sagen, dass es dies und das sein könnte oder auch noch eine Ursache vorliegt, die wir bisher gar nicht bedacht haben. Da schau her. Möglicherweise ist es nicht unwahrscheinlich, dass verschiedene Ursachen in ihrem Zusammenwirken eine neue, noch komplexere Eigenschaft ergeben und die Suche nach der einen, alles bestimmenden Bedingung in die falsche Richtung führt, weil das Zusammenspiel vieler Bedingungen als Grundbedingung für alle sich bedingenden Bedingungen angenommen werden muss.

Komplexität ist oft nichts anderes als die Verschleierung von Tatsachen. Die Kant'sche Forderung, doch bitte das Wagnis einzugehen, den eigenen Verstand zu gebrauchen, wird durch die Aufforderung, sich freiwillig in die undurchsichtige Komplexität zu begeben, ersetzt. Der Imperativ lautet heute: Wage bloß nicht, deinen Verstand zu gebrauchen! Befreie dich nicht aus deiner selbstverschuldeten Unmündigkeit. Gründe für Unmündigkeit gibt's immer.

Der Deutsche Presserat verspricht, in der Berichterstattung bei Straftaten auf die Herkunft, die Religion und Staatsangehörigkeit der Täter zu verzichten. Warum? Auf diese Weise will man ethisch korrekt in jeder Beziehung auf Vorverurteilungen verzichten.

Gibt es nun ein durch Religion geprägtes Frauenbild in muslimischen Glaubensgemeinschaften oder nicht? Wahrscheinlich ist diese Fragestellung nicht komplex genug. Wo war der Hinweis auf komplexe Strukturen in der »Dirndlaffäre Brüderle«? Wie verhielt es sich mit der Komplexitätsvermutung bei Thilo Sarrazin? In der medialen Aufbereitung war von vornherein klar: Brüderle ist ein Sexist! Sarrazin ist ein Rassist! Schön und beruhigend ist es schon, dass es doch auch unterkomplexe Zusammenhänge gibt, die unsere geistige Orientierung vereinfachen. Und jetzt warte ich darauf, dass mich einer vorwurfsvoll fragt, warum ich für diese »total indiskutablen Männer« Partei ergreife. Äh, wie bitte? Tu ich das, wenn ich frage, warum einmal Beurteilungen ganz schnell und einfach ausfallen und das andere Mal unheimliche Komplexität angenommen wird?

Einbrüche

Jetzt wär's beinahe zum Gesprächsabbruch gekommen. Nur weil ich anderer Meinung war! Wir verstehen uns eigentlich sehr gut, meine Frau und ich. Doch, das kann man schon sagen. Im Wesentlichen stimmen wir überein. Religiös, philosophisch, politisch, weltanschaulich, aber nicht, wenn es um kriminologische Angelegenheiten geht.

Es geht um die aktuelle Kriminalitätsentwicklung in Deutschland. In Nordrhein-Westfalen kommen auf hunderttausend Einbrecher sechzehn Millionen Einwohner. Nein, das ist falsch. In NRW haben sie sechs Mal mehr Einbrecher als in Bayern – auf hunderttausend Einwohner bezogen. So ist es. Angesichts dieser Tatsache schlägt meine Frau einen Ländereinbruchsausgleich vor, der nach dem gleichen Muster funktionieren soll wie der Länderfinanzausgleich. Was wir in Bayern an Einbrüchen zu wenig haben, wird uns über NRW ausgeglichen, weil wir Bayern, was die Einbrüche angeht, eindeutig im Nachteil sind.

Ich habe das sofort abgelehnt, weil wir Bayern uns nicht von NRW abhängig machen können, was die Einbrüche angeht. Wo kommen wir denn da hin? Das wäre ja noch schöner, dass wir auf Einbrecher aus NRW angewiesen sind, nur um in Bayern gleiche Lebensverhältnisse herzustellen. Ich habe diese Forderung als populistisch zurückgewiesen. Wir dürfen der AfD keine Vorlage liefern! Wir sind ein Freistaat, hab ich gesagt, das müssen wir selber hinkriegen.

Bevor wir allerdings übereilt Maßnahmen ergreifen, müssen wir die Ursachen für die bayerische Einbruchsarmut erforschen.

Ich bin davon überzeugt, dass wir in Bayern kriminelle Vollprofis haben, die so geschickt einbrechen, dass die Menschen es gar nicht mitkriegen. Da kommt es eben auf die Qualität der Einbrüche an. Ein Wohnungseinbruch ist etwas anderes als ein Bankeinbruch. Auf dem Bankensektor muss sich in Bayern kein Bürger beschweren, dass er zu wenig ausgeraubt wird. Allein bei der Bayerischen Landesbank wurden dem Bürger mehrere Milliarden entwendet, ohne dass eine einzige Fensterscheibe kaputtgegangen wäre. Nicht eine einzige Alarmanlage ist losgegangen. Es wundert mich, ehrlich gesagt, deshalb schon, dass wir Bayern in der Einbruchsstatistik so schlecht dastehen. Verbesserungen sind immer möglich. Keine Frage. Da könnten wir uns an der Europäischen Zentralbank orientieren. Wie dieser Mario Draghi die Bürger enteignet, also das sind Einbrüche, die sich sehen lassen können. Respekt.

Airportchen

Wer in Deutschland fliegen will, hat viele Möglichkeiten. Die Flughafendichte ist hoch, aber noch nicht hoch genug, sonst würden führende Politiker und ebenso führende Wirtschaftsleute sich nicht immer wieder neue Airports ausdenken.

Ein Flughafen, der in den Gedankenspielen der Luftfahrtexperten eine immer größere Rolle spielt, befindet sich in Rheinland-Pfalz in der Gemeinde Hahn. Das Airportchen, das auf den Namen »Frankfurt-Hahn« hört, liegt malerisch mitten im Hunsrück und wurde von führenden Sozialdemokraten des Bundesländchens Rheinland-Pfalz gewünscht, versprochen und gefördert, um der »strukturschwachen Region einen Wachstumsschub« zu gewähren. Dummerweise blieb der erhoffte Wachstumsschub aus unerfindlichen Gründen aus. Es wollten in Hahn einfach nicht genug Passagiere in ein Flugzeug steigen, um von dort aus in die große weite Welt zu reisen, nach Kassel oder nach Memmingen, wo sich auch sehr schöne Start- und Landebahnen befinden, die Starts und Landungen von Flugzeugen ermöglichen. Aber leider gibt es nicht genug Leute, die von Hahn aus nach Kassel fliegen müssen. Da reißen sich die Politiker vor Ort einen Haxen aus, um der Region einen Wachstumsschub zu gewähren, und die Region kümmert sich einen Scheiß darum.

Ich versteh es nicht, wer einmal im Hunsrück unterwegs war, bleibt entweder für immer da, weil es dort so schön ist, dass er im Hunsrück begraben werden möchte, oder aber er will sofort wieder weg. Für diese Leute wäre der kleine Flughafen Hahn die Rettung. Nur leider ging die Kalkulation weder in der einen noch in der anderen Richtung auf. Ich weiß nicht, wie die Friedhöfe im Hunsrück ausgelastet sind, der Flughafen Hahn rentiert sich jedenfalls nicht, er ist pleite. Bis 2024 kann man ihn noch mit »Landesmitteln« am Leben erhalten, danach ist Schluss, Sense, Flugbetrieb eingestellt. Irgendwelche Investoren aus China wollten kürzlich das Airportchen Hahn kaufen, aber der Deal platzte. Die Medien berichteten darüber wie üblich mit Häme. Die Regierung in Rheinland-Pfalz habe kein glückliches Händchen mit solchen Projekten, war zu lesen.

Diese Mini-Airports sind bei Politikern aller Parteien immer noch sehr beliebt. Vor allem vor Wahlen stellen sie ihren Wählern in der Region solche Flughäfen in Aussicht, um damit Stimmen einzufahren. Die Leute fühlen sich mit einem Regionalflughafen aufgewertet, weil sie mit einer Start- und Landebahn vor der Haustür Verbindung zur Welt aufnehmen können. Die Verbindung Hahn (Hunsrück) – New York (USA) wäre schon reizvoll, keine Frage. »Wohin geht die Reise?« – »Ich fliege von Hahn nach New York JFK.«

Wichtiger als die Verbindung zur Welt ist aber für solche Flughäfen die Verbindung zur jeweiligen Landesregierung, die den »Wachstumsschub« und das defizitäre Fluggeschehen aus Steuergeldern bezuschusst.

Solche putzigen Flughäfen gibt es nicht nur im Hunsrück, sondern überall in unserem schönen Land. Im Saarland gibt es beispielsweise einen Flughafen in der Landeshauptstadt Saarbrücken und dann noch einen ganz in der Nähe in Zweibrücken, wobei ich jetzt nicht sagen kann, ob Zweibrücken noch im Saarland liegt. Der nächste Airport befindet sich vielleicht schon in Planung? In Dreibrücken, das auf halber Strecke zwischen Saarbrücken und Zweibrücken liegt.

Wenn Sie mich fragen, haben wir noch zu wenige Flughäfen in Deutschland. Es gibt noch viel zu viele Orte, die nicht mit dem Flugzeug erreichbar sind. Es gibt Gemeinden in Deutschland, die liegen dermaßen abseits, dass man bis zu siebzig Kilometer bis zum nächsten Flughafen per Bahn oder mit dem Auto zurücklegen muss. Solche Distanzen sind den Menschen nicht zuzumuten.

Ich bestreite nicht, dass auf dem Luftfahrtsektor schon sehr viel geschehen ist. Es gibt eine Vielzahl richtiger Flughäfen mit allem, was das Herz begehrt. Man findet dort alles, was Fliegen so aufregend macht. Toiletten, Sicherheitsschleusen, Sprinkleranlagen, Gepäckbänder, Towers, Gates und Restaurants, eine Duty-Free-Einkaufszone und selbstverständlich Flugpläne.

Ich möchte Sie dennoch gerne aufmerksam machen auf die Luftstandorte Kassel, Dortmund, Memmingen und Hof.

Hof?, werden Sie neugierig die Augenbrauche anheben. Hof? Wo liegt das noch mal? Wer will da hin? Eine berechtigte Frage.

Die Zahl der Passagiere sei beträchtlich zurückgegangen, teilte irgendwann ein Direktor des Flughafens mit trauriger Miene mit. Von den geplanten 25 000 Flugpassagieren pro Jahr habe man sich verabschieden müssen. Es seien nun nur noch 8000. Und der Trend bewege sich am Flughafen Hof weiter nach unten. Der Trend ist inzwischen der einzige Passagier, der am Flughafen in Hof noch ankommt. Eine Auslastung des Flugbetriebs von null Prozent liege in greifbarer Nähe.

Dennoch spielt das Luftdrehkreuz Hof in der deutschen Luftfahrt eine herausragende Rolle. Weniger bei den zu erwartenden Fluggästen als vielmehr bei den Betreibern, die auch immer weniger werden. Die Lufthansa fliegt gar nicht mehr nach Hof, die fliegt nur noch drüber. Dafür ist der Flughafen Hof bestens ausgestattet. Es herrscht uneingeschränkte Überflugsfreiheit. Und eine Fluggesellschaft, die auf den schönen Namen Cirrus hört, will nun auch nicht mehr nach Hof. Warum bloß? Was ist da los?

Auch wenn Sie noch nie in Hof runtergekommen sind, dürfen Sie sicher sein, dass der Airport in der Region Hof/Plauen in wirtschaftlicher Hinsicht unverzichtbar ist. Wer das sagt? Der Abgeordnete der CSU, der auch einen Namen hat, der mir aber gerade nicht geläufig ist. Egal, der Mann macht sich stark für den Flughafen. Das ist löblich. Von einem Abgeordneten kann man erwarten, dass er sich für seinen Wahlkreis einsetzt. Politiker können gar nicht anders als sich einzusetzen, denn in der Region wohnen Wähler, deren Stimme sie bei der nächsten Wahl gerne wieder hätten. Und wenn da gerade mal Geld für einen Flughafen fehlt, den keiner braucht, verspricht der Abgeordnete, sich dafür zu verwenden. Bei Wahlen geht es immer auch um die Verwendungsfähigkeit von Politikern. Und vor Wahlen steigt naturgemäß die Verwendungsfähigkeit von Politikern ins maßlos Unvernünftige an. Natürlich wissen auch alle verantwortlichen Politiker, dass der Betrieb des Flughafens in Hof mit vernünftigen Argumenten nicht zu begründen ist. Das spielt aber keine Rolle. Ein Flughafen ist ein Flughafen, und der ist für die regionale Wirtschaft unverzichtbar!

Es gibt zwar kaum Flugbewegungen, weder am Himmel noch am Boden, dafür aber jede Menge ungenutzte Luft, die von der Politik gerne dazu benutzt wird, als heiße Luft die Köpfe der Wähler zu erhitzen.

Irgendwann muss das einem, vermutlich aber mehreren Politikern eingefallen sein, und seitdem hält man an der Idee fest, dass Hof ohne Flughafen nicht lebensfähig ist. Die Lufthansa fliegt Hof zwar nicht mehr an, weil es sich nicht rentiert. Der Flughafen insgesamt ist, tja, ich weiß nicht, ob es erlaubt ist, die Wahrheit auszusprechen, unrentabel. Warum gibt es ihn dann? Eben weil er »unverzichtbar« ist. Es ist nur eine Vermutung meinerseits, aber es werden seit vielen Jahren Millionen von Steuergeldern für den Erhalt des Flughafens eingesetzt. Damit ist klar, dass dieser Flughafen, koste es, was es wolle, überleben muss. Das bestechende Argument lautet: Hof hat Luft nach oben. Nicht anders verhält es sich mit den Flughäfen in Memmingen, Kassel, Saarbrücken, Dortmund und was weiß ich noch wo. Überall rechnet man mit vielen Fluggästen, die es auch gibt, die aber aus irgendwelchen Gründen nicht von Hof aus in die Welt fliegen wollen, sondern von München, Frankfurt, Köln oder Hamburg. In Nürnberg gibt es auch einen Flughafen. Auch dort jammert und lamentiert man, weil zu wenige Fluggäste die Flieger besteigen, die dort noch starten und landen.

In Regensburg fehlt noch ein Flughafen, genauso wie in Ingolstadt, Passau und Landshut. Das Argument, Landshut liege zu nah an München, zieht nicht. Denn auch Hof liegt ziemlich nah an Nürnberg, und in beiden Städten ist man stolz auf die Airports. Augsburg verfügt übrigens auch über einen Flughafen und liegt etwa so weit von München entfernt wie Landshut. Es ist nur eine Frage der Zeit, bis ein Abgeordneter, der wiedergewählt werden möchte, der Region einen Wachstumsschub verspricht und diesen nur mit dem Bau eines Regionalflughafens gewährleistet sieht.

Die Flughafenversorgung in diesem Land ist mangelhaft. Es gibt im Luftraum Deutschland Luftlöcher, die geschlossen werden müssen. Ein Hopfenairport in der Hallertau ist überfällig. Ebenso fehlt schon seit langer Zeit ein Flughafen in Deggendorf in Niederbayern.

Die Altersforschung füttert uns schon seit Jahren mit der Erkenntnis, dass wir immer älter werden. Rentner bilden ein immer größeres Wählerpotenzial. Senioren brauchen aber unbedingt den Flughafen in der Nähe, um mobil zu bleiben. Man will also für diese Wählerschicht eine optimale Mobilität aufrechterhalten. Ich bin überzeugt, wenn wir die Gesellschaft zukunftsfähig machen wollen, brauchen wir eine intakte Infrastruktur, zu der ein dichtes Netz von Flughäfen gehört. Das Luftkreuz Hof ist nur ein besonders gutes Beispiel dafür, wie in der Politik die richtigen Weichen gestellt wurden. Sagen Sie jetzt nicht, das sei unvernünftige Politik, einen Regionalflughafen in Hof, Hahn oder Münster zu bauen. Wenn mit unvernünftigen Strukturmaßnahmen ein Wachstumsschub erreicht werden kann, dann sind sie vernünftig! Wir müssen die Flughafendichte in Deutschland weiter vorantreiben. Es geht um die grundsätzliche Option, fliegen zu können. Das ist Demokratie. Fliegen ist ein Grundbedürfnis, es gehört zum Leben wie Essen, Trinken und Autofahren. Und: Wer fliegt, entlastet den Straßenverkehr.

Ready for take-off! All doors in flight!

Une catastrophe

Eine ältere, dem äußeren Anschein nach vornehme Dame, die neben mir im Rang sitzt, starrt entsetzt auf das Bühnengeschehen und wiederholt immer wieder fassungslos: »Une catastrophe. C'est une catastrophe!« Und sie schüttelt ungläubig ihr graues Haupt, weil sie, was sie da an Inszenierung über sich ergehen lassen muss, als gänzlich missraten erachtet. Es handelt sich um eine Inszenierung der Oper *Don Giovanni* von Wolfgang Amadeus Mozart in der Opéra Bastille in Paris. Ich stimme ihr zu. Ich sage: »Oui, d'accord, c'est une catastrophe. Une grande catastrophe, Madame, mais totalement!« Die alte Dame versteht mich. »Une catastrophe!«, wiederholt sie mit einem Ausdruck des Entsetzens. Selten gab es so viel Übereinstimmung zwischen Frankreich und Deutschland.

Ich spreche sehr gut Französisch. Doch, das muss ich sagen. Mein Französisch ist sehr gut. Meine Aussprache könnte nicht besser sein. Die Franzosen verstehen mich zwar oft nicht. Das stört mich aber nicht im Geringsten. Die Franzosen wundern sich ja immer, dass es außer ihnen noch Menschen auf der Welt gibt, die so gut Französisch sprechen wie sie selber.

»Mon dieu, les Français mit ihrer Überheblichkeit. Eine ordentliche Arbeitsmarktreform bringen sie nicht hin, aber unseren Mozart verhunzen!«, murmle ich auf Deutsch. Die alte Dame neben mir schaut mich fragend von der Seite an. Da mir das französische Wort für Arbeitsmarktreform gerade nicht einfällt, sage ich: »Mozart est mort. Wenn er noch leben würde, würde er heute Abend sterben.« Ich übersetze den Satz nicht wörtlich und sage lediglich: »Moi je crois, si Mozart voudrait vivre, äh …«, und weil mir der Rest nicht einfällt, sage ich schließlich: »C'est la vie! Mai c'est une catastrophe.« Die alte Dame betrachtet mich eindringlich und entschließt sich zu einem »Oui, c'est vrai«. Und auf einmal ist Pause.

Ich bin enttäuscht, zum einen, weil die Inszenierung eine Katastrophe ist, zum anderen, weil ich davon ausging, dass wir in der alten Pariser Oper den *Don Giovanni* sehen. Und jetzt haben wir Plätze in einem modernen Opernhaus, in dem alles von den Aufgängen bis zu den Toiletten nach neuer, vielleicht auch alter Sachlichkeit schreit. Ich weiß es nicht. Ich will es auch gar nicht wissen. Wer hat die Karten organisiert? Der Gerd! Als ich ihn später darauf anspreche, spielt er den Naiven und behauptet, er habe auch gedacht, dass wir in der Alten Oper säßen, die sich im Palais Garnier befindet. Das ist ein alter Kasten mit einer schlossähnlichen Fassade. Da kommt höfische Stimmung auf, wie ich sie als Opernliebhaber schätze. Und nun ist es die neue, die Opéra Bastille an der Place de la Bastille, weil sie dort steht, wo vor 200 Jahren am 14. Juli die Pariser Revolutionäre das Gefängnis stürmten. Nur dieses moderne Gebäude wird nie jemand stürmen, weil es da nichts zu stürmen gibt. Da geht man rein. Aus. Und jeder ist froh, wenn er wieder rausgehen kann. Mehr ist da nicht. Reingehen wie in eine Behörde, in der sich verschiedene Referate befinden. In dieser Oper könnte sich auch das Referat für Abfallwirtschaft befinden. So ein Gefühl überfällt mich.

Es kommt an diesem Abend bei mir überhaupt keine Opernhausstimmung auf. In Wien zum Beispiel stellt sich bei mir sofort eine Opernhausstimmung ein. Im Münchner Nationaltheater ebenfalls. Und nun werden Sie fragen, was meint er mit Opernhausstimmung? Ganz einfach, wenn ich den Zuschauerraum betrete, streift mein Blick die vergoldeten Balkone, Ränge und die Königsloge, und automatisch stellt sich ein ehrfürchtiges Gefühl ein. Natürlich auch durch die Höhe des Raums. In der Oper will ich ein ehrfürchtiges Gefühl bekommen. Das ist grauenvoll, ich weiß. Ich verfalle feudalen Mustern des Denkens. Der König sitzt schon lange nicht mehr in der Königs- oder Kaiserloge. Weder in München noch in Wien. In Madrid soll er ab und zu noch in seiner Loge sitzen, wenn er nicht gerade auf Löwenjagd in Afrika weilt.

Das Volumen des Saals, die Höhe und Breite, die Gesamtheit des Interieurs. Natürlich nimmt auf den angrenzenden Rängen schon lange nicht mehr der Hof Platz, dort sitzen heute Bauunternehmer, mittelständische Unternehmer mit ihren gestrafften Ehefrauen. Oder halt wir. Im Parkett sitzt auch kein Volk auf den »billigen Plätzen«, aber wenn ich in ein prunkvolles Opernhaus eintrete, kommen bei mir Untertanengefühle auf, und ich find's toll. Ich weiß, es ist verrückt, aber die Atmosphäre suggeriert einen Zauber, eine Magie, die mich verführen, mich umfangen muss, sonst komme ich nicht in Opernstimmung. Ich brauche eine gewisse Dekadenz, um das Besondere, auch das Überholte, das artifiziell aus der Zeit Gefallene akzeptieren zu können. Die Oper braucht für mich die Illusion des Überladenen und des Überkommenen. Ich erwarte in der Oper metaphysische Schwingungen, die Übertreibungen plausibel erscheinen lassen. Ich fordere für Räume, in denen Opern aufgeführt werden, eine Schwülstigkeit, die mich die Wirklichkeit vergessen lässt. In den katholischen Kirchen glänzt ganz weit vorne der Tabernakel. Im Opernhaus will ich selber im Tabernakel sitzen.

Aber diese neue Pariser Oper sieht von außen aus wie die Versicherungskammer Bayern. Na ja, die Versicherungskammer Bayern kommt im Gegensatz zur Pariser Oper ganz ohne Opern aus. Mit letzter Sicherheit kann ich das nicht beweisen. Jedenfalls empfand ich die Inszenierung als Katastrophe. Der Regisseur lässt seinen *Don Giovanni* in einem Bürohochhaus spielen. Er ist ein Wüstling, das wissen wir schon lange, und er nimmt sich die Frauen, wie sie ihm über den Weg laufen. Bei der Nacht sind auch Putzfrauen im Haus unterwegs, die nimmt er sich auch, weil der Don Giovanni der Vorstandsvorsitzende in diesem Hochhaus ist und die Macht dazu hat. Der Komtur ist logischerweise auch im Haus, er ist der Chef des Rechenzentrums. Gerd und ich einigen uns später darauf, dass er Leiter der IT-Abteilung war. Donna Anna, Don Elvira, Zerlina, alle laufen Don Giovanni über den Weg, und er legt sie alle flach, weil er nicht anders kann. Ich kenne die Oper in- und auswendig und liebe die Musik, aber diesmal freute ich mich tatsächlich auf die Pause.

Im Foyer gibt es eine Bar, und ich habe Lust auf ein Bier. Ich frage in die Runde, wer außer mir noch etwas trinken wolle, und stelle mich in die Reihe. Gerd wollte auch Bier, und die Frauen wünschten sich ein Wasser.

»Wir lassen es krachen!«, sage ich. »Wie Gott in Frankreich!« Gleich würde ich wieder Gelegenheit bekommen, mit meinen Französischkenntnissen zu glänzen. »Je prends deux bières et deux l'eau.« Der sehr freundliche Garçon reicht mir zwei Flaschen Bier. Nach einem Blick darauf erkenne ich, dass es sich um Bockbier aus Belgien handelt. »Oh«, seufze ich, »c'est très fort.« Er lächelt und gibt mir ein »Oui«. Aha. »Est-ce qu'il y a une autre sorte de la bière?«

»Non!«, antwortet er mit gespieltem Bedauern.

»Dann miassma des saufa«, sage ich in tiefstem niederbayerischem Dialekt und lächle ihn an.

»Comment?«, fragt er höflich.

»Nix!«, sag ich. »Passt schon.« Ich bezahle und schleiche mit zwei Bockbier und zwei Wasser von dannen. Gerd und ich nehmen das Bockbier wie richtige Männer zu uns. Alkoholgehalt um die acht Prozent.

»In der Alten Oper«, teilt Gerd mit, »spielen sie nur noch Ballett.«

»*Schwanensee* brauchen wir nicht«, sage ich.

»Obwohl das sicher auch sehr schön ist«, gibt der Gerd zu bedenken.

»Bestimmt! Nur, da fehlt uns das Feingefühl.«

»Feingefühl haben wir schon«, sagt der Gerd.

»Ja, doch«, stimme ich schon wieder zu. »Hamma!« Und weil ich grad im Niederbayernmodus laufe, füge ich hinzu, dass ich di Hupferei ned pack!

Rosis Kommentar: »Banause!«

Ich: »Hilft ja nix.«

»Was sagst du zur Inszenierung?«, fragt sie der Gerd.

»Passt zur Architektur des Hauses. Ein moderner Bau.«

»Ist das der Existenzialismus?!«, frage ich.

Rosi schüttelt den Kopf. »Existenzialismus ist das nicht.«

»Doch«, sage ich. »Das ist Architektur, die zum Selbstmord einlädt.«

»Schmarrn!«, sagt die Rosi.

Geli meint, so schlimm sei der Bau auch wieder nicht.

Ich lass mich davon nicht beirren: »Schlimm ist er nicht. Aber der Mensch ist frei. Er ist verdammt zur Freiheit!«

Gerd meint: »Bruno, dir tut das Bockbier nicht gut.«

»Die Franzosen sind schon gut«, sage ich, »verkaufen in der Oper belgisches Bockbier.«

»Das ist postmodern«, wirft auf einmal die Geli ein.

»Das Bockbier?«

»Die Architektur!«

»Der Architekt war Belgier!«, wirft der Gerd dazwischen.

Viel Glas. Soll vermutlich Transparenz ermöglichen. Einsichten halt! Der Architekt hat sich sicher etwas dabei gedacht! »Einsichten!«, sage ich und betone das Wort ein bisschen zu stark. »Schon von außen sollte der Opernbesucher Einsichten gewinnen. Alles am Bau sollte Offenheit signalisieren. Nichts Verschlossenes. Die Bastille war ein schlimmer Knast des Ancien Régime, und da wollte der Architekt als krassen Gegensatz ganz bewusst Offenheit demonstrieren.«

Die Geli lacht.

Die Rosi meint: »Mir gefällt es auch nicht.«

»So schlimm ist es auch wieder nicht«, meint Geli.

Ich: »Die Oper?«

Geli: »Die Inszenierung!«

Ich: »Ach so.«

Und jetzt bekommt das Gespräch Niveau.

»Ach komm!«, sag ich. »Der Don Giovanni ist CEO in einem Unternehmen, was weiß ich, was die dort produzieren.«

»Vielleicht entwickeln Sie Lösungen für Abrechnungen im Gesundheitsbereich«, spekuliert der Gerd, unser IT-

Spezialist. Und fragt gleich: »Packen wir noch ein Bier, ha? Eins zischen wir noch!«

»Lieber nicht«, winke ich ab.

Rosi unterstützt mich und meint, dass es mir schon reicht.

»Eigentlich nicht!«, widerspreche ich.

»Ich glaub nicht, dass der Don Giovanni so intelligent ist«, kann ich grad noch sagen, als die Pause zu Ende ist und wir uns wieder auf den Weg machen, um unsere Plätze einzunehmen.

Als ich zu meinem Platz komme, wartet die alte Pariser Dame schon darauf, dass die Katastrophe auf der Bühne eine Fortsetzung findet. Ich habe ein bisschen Mühe, mich weiter auf den Fortgang der Oper einzustellen. Der belgische Bock entfaltet allmählich seine volle Wirkung.

Die Sänger und Sängerinnen machen ihre Sache sehr gut. Sie spielen und singen, was sie singen und spielen können. Den Sängern und Sängerinnen kann ich nichts vorwerfen. Schöne Stimmen! Was sollen die armen Menschen machen, sie sind dem Regisseur hilflos ausgeliefert. Mir will die Inszenierung nicht gefallen, auch wenn sie schlüssig ist. Am Schluss springt der Don Giovanni in den Innenhof des Bürokomplexes. Selbstmord! »Ich glaub es nicht«, entfährt es mir. »Unmöglich. Ein Don Giovanni bringt sich nicht um! Der da Ponte hat sich das anders vorgestellt. Das ist nicht stimmig.«

»C'est une catastrophe«, sagt die Dame ein letztes Mal mit einer Verzweiflung, die ich gut nachvollziehen kann. Ich stimme ihr auf Deutsch zu: »Eine Katastrophe ist diese Inszenierung!« Als der Schlussapplaus verklungen ist und wir uns von unseren Plätzen erheben, verabschiedet sich die alte Dame mit einem akzentfreien: »Ich brauch jetzt dringend ein Bier. Auf Wiedersehen!«

Wahr ist das Gegenteil

Was hab ich mir denn da wieder notiert? Aha, ein Zitat von Carolin Emcke, die immer samstags in der *Süddeutschen Zeitung* eine Kolumne schreibt.

Es geht ums Denken.

»So sortiert der narzisstisch-ideologische Filter vor, was zum eigenen Deutungsmuster passt, was das eigene politische Passepartout bestätigt, und sortiert aus, was abgetan und wer als gegnerisch denunziert werden kann.«

Das ist auf den Punkt formuliert. Komme aus der Zustimmung gar nicht mehr raus. Die Emcke schreibt, was ich denke, aber ich hege Zweifel. Soll ich ja sogar, schreibt die Emcke. Gerade das eigene Denken soll ich zweifelnd bedenken. Klar, mache ich doch. Ja aber was denke ich denn? Über Obergrenzen, über Flüchtlinge, über Kontingente, über die unbegrenzte Zuwanderung. Was *soll* ich denken? Was *darf* ich denken?

Mir kommt dazu wieder einmal der Kant in den Sinn: Wage deinen Verstand zu gebrauchen, befreie dich aus der selbst verschuldeten Unmündigkeit. Ich kann es einfach nicht lassen. Immer dieser Klugschiss!

Und jetzt wenden wir das eben Gelernte gleich an: Der Boris Palmer, grüner Bürgermeister in Tübingen, kommt in einem Gespräch mit dem *Spiegel* zu ähnlichen Schlüssen wie Beatrix von Storch, was die Sicherung der deutschen Grenzen angeht. Er benutzt dazu fast die gleichen Worte wie die für meine Begriffe ein bisschen *strange* wirkende Beatrix von Storch. Auf Bayerisch täten wir sagen: »De Oide is ned ganz sauber!« Von Palmer will das niemand behaupten. Zumindest nicht in der Empörungsstärke wie bei der von Storch. Seltsam ist das schon, oder?

Vielleicht gehört sich das einfach so. In dem einen Fall urteile ich scharf und frage mich, wer die aufgeladen hat, an welchen verrotteten Akku sie die angeschlossen haben. Im Fall Palmer hingegen bin ich, ohne großes Aufsehen davon zu machen, dazu bereit, darüber hinwegzusehen. Warum verurteile ich ihn nicht mit derselben Härte wie Beatrix von Storch? Warum gehe ich mit Frau von Storch nicht genauso verständnisvoll um wie mit Boris Palmer? Es kann natürlich sein, dass ich ein »frei schwebendes Arschloch« bin, das die Unterschiede nicht sehen will, wie mir ein besonders höflicher Parteipolitiker entgegenhielt. »Sehe ich schon«, hab ich gesagt, »ich will nur differenzieren.«

»Wo stehst du eigentlich?«, hat er mich schließlich gefragt. Ja, wo eigentlich? Auf jeden Fall außerhalb des herrschenden Parteienspektrums. Frei schwebendes Arschloch eben!

Ich frage mich, ob es ein Denken außerhalb der Parteien geben darf.

Warum wird bei einer vergleichbaren geistigen Lage mit zweierlei Maß gemessen? Liegt es daran, dass es sich einmal um eine Politikerin (von Storch) des rechten und das andere Mal um einen Politiker (Palmer) des linken Spektrums handelt?

Und wieder taucht die Frage auf: Wird das Richtige falsch, wenn es der Falsche sagt? Und weiter: Wird das Falsche richtig, wenn es der Richtige sagt?

Oder gilt der Martin-Walser-Satz »Nichts ist wahr ohne sein Gegenteil!«?

Die AfD gehört zu Deutschland?

Jetzt wird es heikel. Die CSU gehört zu Bayern. Bayern gehört zu Deutschland, und Deutschland gehört zu Europa. Darüber herrscht weitgehend Einigkeit. Bestimmt gibt es auch Menschen, die das bestreiten würden, weil sie der Meinung sind, Bayern gehöre im Grunde genommen gar nicht zu Deutschland. Ja, diese Ansicht kann man vertreten. Und es ist ja auch immer lustig, für einen Austritt Bayerns aus der Bundesrepublik Deutschland zu plädieren. Wer sich an solchen Überlegungen beteiligt, weiß genau Bescheid, dass es sich beim Freistaat Bayern um ein politisches Gebilde mit klaren kulturellen Grenzen handelt.

Noch nie wurde meines Wissens von höchster Stelle darauf hingewiesen, dass Bayern zu Deutschland gehört. Das muss auch nicht sein, weil es eh fast alle wissen. Darum hat das auch noch kein Bundespräsident behauptet.

Schwieriger wird die Sache, wenn die Religion mit ins Spiel kommt. Der ehemalige Bundespräsident Wulff hat einmal darauf hingewiesen, dass der Islam zu Deutschland gehöre.

Einige, die genau zugehört haben, haben sofort darauf hingewiesen, dass er von Bayern nichts gesagt hat. Zu Deutschland mag der Islam gehören, aber zu Bayern nicht! Vielleicht waren das aber auch nur witzige Leute, die lustig sein wollten. Denn selbstverständlich gibt es auch gläubige Muslime in Bayern, aber gehört deshalb der Islam schon zu Bayern? Zumal man ja nicht »grob vereinfachend« von dem Islam sprechen soll, sondern wissen sollte, dass der Islam vielfältig und in verschiedenen Formen auftritt. Die meisten Muslime sind friedlich.

Leider gehört auch der Salafismus zu Deutschland. Leider. Und der Hinduismus? Der Buddhismus, gehört der zu Deutschland? Das Judentum, gehört es zu Deutschland? Gehört der Katholizismus zu Deutschland? Diesen Fragen wurde bisher aus dem Weg gegangen.

Ich könnte mich täuschen, möglicherweise hat Heinrich Böll in seinem Roman *Ansichten eines Clowns* eine Antwort darauf gegeben, ob der Katholizismus zu Deutschland gehört.

Gehört der Atheismus eigentlich zu Deutschland? Warum kann der Bundespräsident nicht noch schnell, bevor er aus dem Amt scheidet, mitteilen, dass der Atheismus zu Deutschland gehört? Zum »hellen Deutschland«, nicht zum »dunklen«, das es, einer groben Einteilung des Bundespräsidenten folgend, auch geben soll und dem man zumindest Teile der AfD zuordnen darf.

Die AfD ist islamfeindlich, das hört man immer wieder. Und sie wollen tatsächlich das Tragen der Burka in Deutschland verbieten lassen. Minarette sollen nicht gebaut werden. Der Muezzin soll in Deutschland nicht zum Gebet rufen dürfen. Sie behaupten, der Islam gehöre nicht zu Deutschland! Das ist ein Skandal! Wie kommen diese Menschen da bloß drauf? Wo doch das Gegenteil stimmt.

Ein Gesetz, das den Islam als deutsche Religion festschreibt, gibt es zwar noch nicht. Aber wenn es immer mehr deutsche Islamleugner – darf man das überhaupt sagen? – gibt, dann hilft wahrscheinlich nur noch ein Bundesgesetz, das den Islam für Deutschland zugehörig verordnet.

Die Grünen würden dazu sicher einen Gesetzentwurf einbringen. Wer den Islam als zugehörig zu Deutschland leugnet, wird mit einer Gefängnisstrafe von bis zu drei Jahren bestraft.

Der Islam gehört zu Deutschland. Hat der ehemalige Bundespräsident Wulff gesagt und dafür großen Applaus bekommen. Und seitdem ist dieser Satz in der Welt und sorgt für Diskussionen.

Und jetzt werden sich einige schon wundern und fragen, ob der Jonas umgedreht wurde und auch zu diesen AfD-Anhängern gehört, möglicherweise schon Mitglied bei diesem Naziverein ist? Geben Sie's zu!

Nein! Und noch mal nein!! Ich ärgere mich darüber, dass ich glaube, das extra betonen zu müssen. Warum macht er sich dann über diesen Satz lustig, der Jonas? Was soll die Ironie, der Islam gehört doch zu Deutschland! Ja, irgendwie stimmt das schon. Gebe ich ja zu, aber andererseits könnte man auch meinen, dass er nicht so zu Deutschland gehört, wie viele es gern hätten.

Ich weiß, wir haben in diesem Land Religionsfreiheit. Jeder darf glauben, was er will. Es gehört ja auch bis zu einem gewissen Grad der Katholizismus zu Deutschland. Und der Protestantismus auch. Sogar der Buddhismus gehört zu Deutschland. Ich weiß nicht, wie viele gläubige Juden es in Deutschland gibt, aber all diese religiösen Gemeinschaften gehören zu Deutschland und sind durch das Recht auf Religionsfreiheit geschützt. Die Religionsfreiheit gehört auch zu Deutschland. Ich zum Beispiel bin vor vielen Jahren aus der katholischen Kirche ausgetreten und bin nun religionsfrei und gehöre auch zu Deutschland. Aber wie lange noch? Vielleicht kommt die Bekenntnispflicht? Es gibt inzwischen sehr viele frohe Heiden in Deutschland, die an die aufklärende Vernunft glauben. Ich habe aber noch nie irgendwo gehört, dass die Vernunft zu Deutschland gehört. Warum eigentlich nicht? Weil sich ein Proteststurm dagegen erheben würde.

Der bayerische Ministerpräsident würde als einer der

Ersten eine Obergrenze für Vernunft fordern. Unterstützung würde er sicher aus der katholischen Kirche bekommen. Der Papst würde ihm die uneingeschränkte Solidarität zusichern, weil die Vernunft ohne den Glauben außer Kontrolle geraten muss. Der emeritierte Papst Benedikt XVI., der Ratzinger, würde sich noch einmal zu Wort melden und kundtun: Erst durch den wahren Glauben wird Vernunft wirklich vernünftig! Halleluja!

Andreas Englisch würde sofort ein Buch zur katholischen Vernunft veröffentlichen. Die Kanzlerin würde sich zum Glauben an die Vernunft bekennen, sich vom europäischen Einigungsgedanken verabschieden und Erdoğan in einem Telefonat um Verzeihung bitten für die vielen Entgleisungen der westlichen Vernunft. Außerdem würde sie ihm versichern, dass sie persönlich davon überzeigt sei, dass die Türken nie einen Völkermord an den Armeniern begangen hätten. Die Türken seien vernünftige Menschen. Völkermord widerspreche jeglicher Vernunft. Deutschland stehe in der Völkermordsache Seite an Seite mit den Türken. Die Türkei gehöre nicht zu Deutschland. Aber irgendwann gehöre Deutschland vielleicht zur Türkei! Allahu akbar!

Die Geschichte, oder besser der Gang der Geschichte, ist immer vernünftig. Denn das Wirkliche ist immer vernünftig. Diesen Satz habe ich aus einem Philosophieseminar ins Leben herübergerettet. Beim Hegel Schorsch steht geschrieben: Das Vernünftige ist das Wirkliche, und das Wirkliche ist das Vernünftige.

Ich wünsche mir, dass der Bundespräsident vielleicht mal in einer seiner Reden feststellt, dass die Vernunft zu Deutschland gehört. Ich fürchte allerdings, dass ihm diesen Satz keiner glaubt. Die Leute werden lachen und sagen, nee, jetzt geht er aber zu weit.

Elefantenrunde

Hab ich schon gesagt, dass ich immer öfter nur mit Mühe ernst bleiben kann? Schon öfter, ich weiß. Aber da es jetzt um Ereignisse geht, die »unsere unabhängigen Medien« betreffen, genauer gesagt nämlich die einer öffentlich-rechtlichen Fernsehanstalt, die sich unheimlich viel auf ihre Informationspflicht einbildet, kann ich nicht umhin, es noch einmal zu betonen. Ich musste lachen, als ich davon erfuhr, dass der Intendant des SWR sich den Wünschen der amtierenden Ministerpräsidenten Winfried Kretschmann und Malu Dreyer fügen will, die Vertreter der AfD nicht an der sogenannten Elefantenrunde in seinem Studio teilnehmen zu lassen. Sehr demokratisch, hab ich gedacht.

Die beiden haben damit gedroht, an der Sendung nicht teilzunehmen, wenn ein Vertreter der AfD mit am Tisch säße. Frau Dreyer ließ mitteilen, dass sie »dieser rechtspopulistischen Partei« kein öffentliches Forum geben möchte. Das klingt aufrecht und mutig, und es soll uns allen mächtig imponieren. Malu Dreyer und Winfried Kretschmann stellen sich den Rechten entgegen und weigern sich, mit ihnen zu sprechen. Nachträglicher Widerstand der Enkelkinder gegen die Nazis ist in diesem Land sehr beliebt. Respekt! Mit denen reden wir nicht, weil man mit denen nicht redet. Was die zu sagen haben, ist Unsinn, weshalb man sie am besten nicht zulässt zum Gespräch. So sieht er also aus, der herrschaftsfreie Dialog, den der Philosoph Jürgen Habermas beschrieben hat.

Dumm ist nur, dass die AfDler in den Umfragen im Südwesten der Republik so viel Zustimmung erfahren. Noch dümmer ist, dass sie auch bei den Sozialdemokraten Stimmen klauen und dazu beitragen, dass die SPD zu einer sehr kleinen Volkspartei degradiert wird. Einigen fällt es sogar schwer, noch von einer Volkspartei zu sprechen, so wenig Wähler wollen der SPD ihre Stimme geben. Blöd ist so etwas. Einfach blöd. Aus Sicht der Sozialdemokraten kann man diese Kränkung durch den Wähler, der bis vor Kurzem noch als »mündiger Bürger« bezeichnet werden musste, natürlich nachvollziehen. Von wegen »mündiger Bürger«, ein dummer Bürger ist er, wenn er sein Kreuz bei der AfD macht. Zu blöd, um zu erkennen, was die Sozis und Grünen für das Land geleistet haben. Die Sozialdemokraten sind davon überzeugt, zusammen mit den Grünen das Ländle hervorragend regiert zu haben. Nur gibt es eben viele undankbare und unzufriedene Bürger, die nichts Besseres zu tun haben, als diese AfD zu wählen.

Undankbares Pack! Was man halt so sagt, wenn Wahlkampf ist und man Angst hat, die Macht zu verlieren. Das Übliche halt.

Für den Kretschmann schauen die Umfragen gar nicht so schlecht aus, er selber kommt bei den Wählern an, und seine Grünen freuen sich still und heimlich, dass die SPD abgestraft wird. Hauptsache, der Kretschmann bleibt im Amt. Das ist das oberste Ziel. Die CDU sieht dagegen nach der Wahl ziemlich alt aus. Ihr Spitzenkandidat, bei dem allein sein Name ein bisschen präpotent wirkt, er heißt Wolf, kommt mir optisch vor wie der Willi von der *Biene Maja*. Wenn ich ihn im Fernsehen sehe, muss ich lachen. Ich kann nicht anders. Der Mann hat eine komische Ausstrahlung. Er tut unheimlich ernst und wirkt dabei wie ein dummer August. Fragen Sie mich nicht, warum es mir so geht. Es gibt eine Komik, die einfach da ist, die sich von selbst einstellt und keine Erklärung braucht.

Und ich denke, schade, dass es nicht zu dieser Elefantenrunde mit der AfD kommt, weil die Komik dieses Wolfs dort sicher voll zum Tragen gekommen wäre. Eine Witzfigur!

»Die Elefantenrunde droht zu platzen«, lese ich in der *FAZ* und muss schon wieder lachen, weil ich plötzlich das Bild platzender Elefanten vor mir sehe. Eine surrealistische Szene.

Selbstverständlich kann man viele Erklärungen für das Verhalten dieser »demokratischen Parteien« finden, diese Elefantenrunde zu torpedieren, die alle eine gewisse Stichhaltigkeit hätten.

Ich verstehe auch, dass Parteien, die miteinander um die Macht konkurrieren, einen lästigen weiteren Konkurrenten am liebsten von vornherein ausschalten möchten, aber warum leitende Angestellte eines unabhängigen Fernsehsenders sich zu Bütteln der Parteien machen, verstehe ich nicht. Oder doch, natürlich versteh ich dieses Verhalten.

Rekapitulieren wir das noch einmal: Ein öffentlich-rechtlicher Rundfunksender, der sonst keine Gelegenheit versäumt, auf seinen »öffentlich-rechtlichen Informationsauftrag« hinzuweisen, lässt die Vertreter der AfD nicht an einer Debatte im Fernsehen teilnehmen, weil zwei führende Spitzenkandidaten damit drohen, nicht zu kommen, wenn der AfD-Vertreter mit am Tisch sitzt.

Der Intendant geht vor der Politik in die Knie! Er beugt sich. Ich weiß schon, er wird das anders sehen. Er wird bestimmt triftige Argumente dafür finden, dass sein Handeln »unter den gegebenen Umständen nur so und nicht anders, blablabla …« Andernfalls müsste die Sendung insgesamt entfallen, und der Zuschauer habe schließlich ein Recht darauf … Lass doch diese Phrasen einfach weg!

Ich will trotzdem versuchen, mich in die Seelenlage eines Intendanten hineinzuversetzen. Warum gibt der nach? Ich versuche eine Deutung. Voll erklären wird man solche, wie soll ich sagen, psychischen Zustände, in denen sich Intendanten wiederfinden, sobald sie gewählt sind, nicht können.

Intendanten werden gewählt?, werden Sie vielleicht fragen. Selbstverständlich demokratisch. In der Regel vom Rundfunkrat. Dort sitzen Vertreter der Parteien und spiegeln den Proporz der Parlamente wider. Sie bilden im Rundfunkrat die Mehrheitsverhältnisse des zuständigen Parlaments nach. Natürlich hocken im Rundfunkrat auch Vertreter aller anderen gesellschaftlich relevanten Gruppen. Gewerkschaften, Verbände und auch die Religionsvertreter der großen Religionen dürfen nicht fehlen. Ohne die geht gar nichts. Und alle zusammen beobachten sie das Programm, kontrollieren, ob auch alles, was an Sendungen und Formaten produziert und versendet wird, gemäß dem in den Rundfunkgesetzen formulierten öffentlich-rechtlichen Auftrag erledigt wird. Zum Kernbestand dieses Auftrags gehört selbstverständlich die Wahrung der demokratischen Werte.

Zu den wichtigsten Handlungen des Rundfunkrats zählen aber die turnusmäßig stattfindenden Wahlen des leitenden Personals. Die Parteien achten streng darauf, dass die zu wählende Persönlichkeit über gewisse Fähigkeiten verfügt, die für das Amt zwingend notwendig sind. Er oder sie braucht unbedingt das richtige Parteibuch. Selbst sogenannte Parteilose werden einer Partei zugeordnet, andernfalls ist die Person nicht wählbar. Die Wählbarkeit einer Person wird vorher von den Parteien geprüft und dann werden sie dem Rundfunkrat zur Wahl empfohlen. Und diese, das versteht sich von selbst, Mitglieder des

Rundfunkrats sind deshalb so wichtig und bedeutend, weil sie die Intendanten, die Programmdirektoren und Hauptabteilungsleiter wählen. Man kann sich vorstellen, wie Mehrheiten in diesem Gremium entstehen. Auf demokratische Weise selbstverständlich.

Die vornehme und feine Gesellschaft der Rundfunkräte findet sich in den großen Sitzungssälen »des Hauses« regelmäßig ein, um ihre Einflüsse aufs Programm zu sichern. Selbstverständlich nehmen die Damen und Herren ihre Aufgabe sehr ernst. Wie könnte es anders sein, denn auch sie fühlen sich den Organisationen verpflichtet, die sie in dieses Gremium entsenden. Wenn nun einer der Topleute zur Wiederwahl ansteht, wird er bestrebt sein, sich weiterhin als kompetent und zuverlässig zu empfehlen. Er braucht also eine Mehrheit. Mehrheiten entstehen durch Willensbildung. Wenn du mir bei dem hilfst, wähl ich später deinen Kandidaten auch.

Die Parteien wirken an der politischen Willensbildung des Volkes mit. Steht so im Grundgesetz. Sie haben recht, da steht viel. Und wie intensiv sie dieser Aufgabe nachkommen, verdeutlichen die Parteien und ihre Vertreter auch und vor allem in den leitenden Positionen des öffentlich-rechtlichen Rundfunks. Sie verordnen einmal im Jahr einen Thementag. Erzieherische Maßnahme des Volkes zu aktuellen Fragen, mit denen wir uns zu befassen haben. Toleranz! Integration! Frieden! Europa! und andere lustige Sachen denken sie sich für uns aus, damit wir etwas dazulernen.

Intendanten, Programmdirektoren, Unterhaltungschefs helfen mit, den Einfluss der Konsensparteien, wie sie die AfD abfällig bezeichnet, zu erhalten. Dass die Parteien dort jede Chance nutzen, um unabhängigen Journalismus zu verhindern, beweisen sie immer wieder aufs Neue. Die

Beispiele ihrer wenig rühmlichen Aktivitäten füllen Bände! Und so ist es wirklich nicht zum Lachen, wenn führende Vertreter der Parteien in den Sendeanstalten vorstellig werden und fordern, bei einer Sendung die AfD nicht einzuladen. Sollte sich der Intendant weigern, diesem Wunsch zu entsprechen, könnte seine Widerwahl gefährdet sein. Und das wäre doch sehr schade, wenn der Mann oder die Frau für das viele Geld nur noch spazieren gehen würde.

So funktioniert politische Willensbildung. Und das ist wirklich keine Freude. Weder für den Intendanten noch für die Parteien. Schon eher für die AfD, weil sie von solchen Ausgrenzungen profitiert. Auf jeden Fall aber ist es ein Spaß für die Zuschauer, die nur mit Mühe ernst bleiben können.

Ganz normal

Morgenstund hat Gold im Mund. Manchmal aber auch nur einen schalen Nachgeschmack. »Ich habe gestern Abend zu viel Pils getrunken«, sage ich im Halbschlaf. »Du hast geschnarcht!«, schallt es fröhlich an mein Ohr.

»Ich habe nichts gehört.«

»Aber ich.« Rosi hält mir ihr iPhone ans Ohr.

Ich höre jemand schnarchen.

»Ich habe dein Schnarchen aufgenommen.«

»Unverschämtheit!«

Ich öffne die Augen und sehe als Erstes meine Frau, die konzentriert auf ihr iPhone starrt. Wenn ich sie frage, was sie da treibt, kommt die lapidare Antwort: »Ich lese«. Scheint interessant zu sein.

»Das glaubst du nicht!«, sagt sie.

»Doch!«, sage ich. Ich stehe mit einem tiefen Seufzer auf. – »Warte doch mal. Das ist interessant.«

»Wir sehen uns gleich in der Küche«, sage ich und mache mich ins Bad davon. Erst mal Zähne putzen. Wie die das hinkriegt? Meine Frau wacht auf, nimmt ihr Smartphone und surft erst mal ein bisschen im Internet. Alles ist von höchstem Interesse. Politik, Wirtschaft, Wissenschaft, weniger Kultur. Medizinische Studien. Coliquio heißt eine ihrer bevorzugten Seiten.

Als ich aus dem Bad komme, sitzt Rosi am Küchentisch und ist immer noch damit beschäftigt, Seiten im Internet zu besuchen.

Während ich mich anstrenge, einen Cappuccino zu fabrizieren, der den Namen verdient, den Milchschäumer in Bewegung setze und dabei versuche, mich an Träume zu erinnern, die mich panisch aus dem Schlaf hochschrecken ließen, bekomme ich mein erstes Briefing für den Tag.

»Ich lese hier gerade …«, beginnt Rosi, und ihre Stimme klingt empört – und schon weiß ich, dass etwas Ungeheuerliches geschehen ist, eine große Ungerechtigkeit zwischen den Menschen herrscht, ein Skandal, von dem meine Frau überzeugt ist, dass ich ihn zur Kenntnis nehmen muss, weil andernfalls mein Tag keinen ordentlichen Anfang hat. Mein Tag beginnt mit einer Empörung. Wir starten in letzter Zeit immer wieder mit einem Skandal in den Tag. An Skandalen herrscht Gott sei Dank kein Mangel, im Gegenteil, jeden Tag kommen neue dazu. Überall auf der Welt gibt es Leute, die sich korrupt verhalten, die sich kaufen lassen, die für Geld einfach alles machen, die sich wie Menschen verhalten, die ihren Vorteil suchen. Und ehrlich gesagt, sind wir ein bisschen süchtig danach. Wir nehmen jede Chance zur Empörung wahr.

Immer öfter weist sie mich auch auf interessante Artikel in den Printmedien hin, die ich unbedingt lesen muss. Und zwar sofort! »Hast du die *Zeit* gelesen?«, fragt sie, ohne von ihrem iPhone aufzuschauen. »Nein, habe ich nicht«, murmele ich entschuldigend, »noch nicht, ich habe sie, ehrlich gesagt, noch nicht einmal gekauft.«

»Ach? Die kaufst du doch sonst immer!«

»Nein, schon lange nicht mehr.«

»Schade«, senkt sie die Stimme, »da ist ein sehr interessanter Artikel drin.«

»Ja? Dann muss ich sie kaufen.«

»Solltest du unbedingt.«

»Um was geht es denn?«

»Um Medikamente!«

»Medikamente?«, rufe ich etwas zu laut. »Ein Skandal?«

»Mein Gott, ist das ein Schwein! Das glaubst du nicht.«

»Doch, das glaube ich schon. Von welchem Politiker redest du?«

»Kein Politiker.«

»Kein Politiker?«, tue ich überrascht.

»Ein Vorstand eines amerikanischen Pharmaunternehmens.« Und dann liest sie aus einem Artikel in der *Zeit* vor. »›Alles für die Aktionäre‹ ist die Überschrift. Hör dir das an.«

Ich unterbreche meine Cappuccino-Tätigkeiten und setze mich an den Küchentisch.

»Anfang 2015 gründete Shkreli ein Pharmaunternehmen, das er Turing nannte, nach dem Mathematiker Alan Turing.«

»Kenn ich nicht.«

Rosi: »Egal! ›Doch statt, wie großspurig angekündigt, bahnbrechende neue Mittel zu entwickeln, kaufte Turing die Rechte an einem sechzig Jahre alten Medikament namens Daraprim.‹«

Ich: »Daraprim? Kenn ich nicht.«

Rosi: »Egal. ›Dann hob Shkreli den Preis des Mittels praktisch über Nacht von 13,50 Dollar auf 750 Dollar pro Pille an – um obszöne 5500 Prozent.‹«

Um meiner Überraschung Ausdruck zu verleihen, bringe ich nur ein »Leck mich am Arsch« zustande.

»Daraprim? Nehm ich das?«

»Noch nicht. Aber wer weiß, vielleicht später. Daraprim«, fährt Rosi fort, »wird zur Bekämpfung von Toxoplasmose eingesetzt, einer Infektionskrankheit.«

Toxoplasmose. Krieg ich nicht. Die Krankheit ist mir einfach zu teuer. »Toxoplasmose!«, wiederhole ich das Wort, »das ist eine kostenintensive Erkrankung. Und damit ein Riesengeschäft. Aber darf der das denn? Dieser Shkreli?«

»Darf er.«

»Ja, aber das ist doch menschenverachtend!«

»Zynismus hilft hier nicht!«, meint Rosi

»USA!«, sage ich vielsagend im Ton eines großen Klugscheißers. »Das Land der unbegrenzten Möglichkeiten. Das ist der Kapitalismus!«, resümiere ich.

»Das sagt der Shkreli auch.«

Und sie fährt mit einem Zitat fort: »›Wir leben im Kapitalismus, meine Investoren erwarten, dass ich den Profit maximiere, sagte er auf einer Konferenz der Gesundheitsbranche und meinte, eigentlich hätte er den Preis für Daraprim noch höher treiben sollen.‹«

»Siehst du, dieser Shkreli ist ein armes Schwein. Der Mann steht unter Druck. Der kann nicht anders. Er ist ein

Opfer des Systems. Der Kapitalismus ist unmenschlich. Wie lange rede ich schon davon?«

»Ich wünsche ihm die Toxoplasmose an den Hals.«

»Das ist jetzt für den sicher kein Problem. Der kann einen satten Rabatt aushandeln für die Tabletten. Ein bisschen mehr Verständnis für die Zusammenhänge könntest du schon aufbringen. Außerdem verhält sich der Mann nur marktgerecht. Was soll er machen, die Konkurrenz sitzt ihm im Nacken.«

Rosi liest weiter. »›Der Sohn albanischer Immigranten, die sich als Hausmeister durchschlugen, schaffte es dank eines Begabtenprogramms auf eine der renommiertesten Schulen in Manhattan.‹«

»Das glaube ich einfach nicht. In der *Zeit* steht, dass er ›Sohn albanischer Immigranten‹ ist?«, frage ich aufgebracht. Ist das nicht ein Verstoß gegen die selbstverpflichtende Ethik des Deutschen Presserats, die ethnische Herkunft zu verschweigen, wenn sie nicht zwingend notwendig für das Verständnis der Tat ist? Ich bin entsetzt. Da wird in der liberalen *Zeit* ein ganzes Volk in Misskredit gebracht. Wir dürfen uns nicht wundern, wenn zukünftig alle Albaner mit dem Ressentiment der menschenverachtenden Profitmaximierung belegt werden. Wie heißt denn der Autor?«

»Heike Buchter.«

»Eine Frau. Noch schlimmer. Heike Buchter!«

»›Anfang 20 gründete er einen Hedgefonds.‹«

»Na siehst du, er ist risikobereit. Das sind Unternehmerpersönlichkeiten, die das Land braucht.«

»›Martin Shkreli sei ein nützlicher Idiot der Branche, meint Arthur Caplan, Medizinethiker an der New Yorker Universität, die Empörung über ihn lenkt davon ab, dass es längst alle machen.‹«

»Also, der Mann macht nur, was allgemein anerkannt ist. Und du und ich, wir fallen wieder einmal darauf rein, lassen uns zu einer Empörung hinreißen, die völlig unangebracht ist. Krankheiten sind ein Geschäft. Medikamente müssen entwickelt werden, die Forschung kostet immens viel Geld.«

»Nicht immer. Hör dir das an.«

»Ach nö, lieber nicht!«, wehre ich ab. Ich will nicht noch einen Skandal in mich aufnehmen.

»Doch«, besteht Rosi darauf. »›Der Mann heißt Michael Pearson. Er hat die Rechte von Medikamenten gekauft und einfach die Preise erhöht. Der hat nicht einen Dollar in die Entwicklung gesteckt.‹«

»Ist doch nicht verboten.«

»›Das Herzmittel Nitropress verteuerte er um 500 Prozent. Die Aktie des Unternehmens entwickelte sich überdurchschnittlich.‹«

»Optimal. Aus marktwirtschaftlicher Sicht.«

Es gibt ihn also doch noch, den guten alten Kapitalismus.

Rentenrituale

Rituale sind feierliche Regelmäßigkeiten, Handlungen, die nach eingeübten Verhaltensmustern ablaufen. Kommt in Berlin ein Staatsgast zu Besuch, wird er mit allen Ehren empfangen. Die Kanzlerin erwartet ihn vor dem Kanzleramt, sie reicht ihm die Hand, das Musikkorps der Bundeswehr spielt Hymnen, der rote Teppich ist ausgerollt, eine Ehrenformation der Bundeswehr wird abgeschritten. Diese beindruckenden Bilder haben wir oft gesehen. Ich schau solche Szenen in der *Tagesschau* gerne an. Das sieht nach etwas aus, hat eine feste Form, und wir wissen, dass es Dinge im Leben gibt, die immer wiederkehren und immer nach demselben Muster ablaufen. Solche Rituale ordnen das Leben. Taufen, Hochzeiten, Beerdigungen, Staatsakte sind Ereignisse, an denen man sich orientieren kann. Der Mensch braucht etwas im Leben, woran er sich festhalten kann, etwas, das mit Sicherheit eintritt, die Rente! Die Rente ist sicher, versprach schon vor vielen Jahren der große Sozialminister Norbert Blüm. Und viele Rentenbeitragszahler haben es ihm geglaubt. Sie haben fleißig gearbeitet und ihre Beiträge entrichtet. Dabei hatten sie ein gutes Gefühl. Wenn ich einmal alt bin, dann krieg ich eine Rente!, haben sich viele gesagt. Diese Rente garantiert mir das staatliche Rentensystem. Darauf kann ich mich verlassen. Daran kann ich mich orientieren. Und wenn es so weit ist und ich in den »wohlverdienten« Ruhestand gehe, dann lasse ich es mir gut gehen. Die Rente sichert mir nicht nur ein Auskommen, nein, mit meiner üppigen Rente, die zweiundvierzig Prozent meiner über die Jahre gezahlten Beiträge ausmacht, lasse ich es krachen. Da geh ich jeden Tag zum Lidl und leiste mir etwas. Dann konfrontiere ich die Gemeinschaft der Beitragszahler mit meinem Langlebigkeitsrisiko. Die werden staunen! Ja, was ist denn mit dem los? Lebt der immer noch?, werden sie sich fragen. Liegt uns der immer noch auf der Tasche! Unfassbar! Jetzt hat er eh schon kaum eine Rente, die hinten und vorne nicht langt, und lebt immer noch!

Das ist dieser Lebensabend, der immer länger dauert. Da ist die Sonne längst untergegangen, da müsste längst eine ewige Ruhe sein, aber nein, da wird immer noch in Saus und Braus gelebt. Das passt einfach nicht zusammen, das lange Leben und die Rente. Da braucht man bloß einmal zu rechnen. Das haben sie auch schon öfter gemacht, unsere Rentenexperten. Rechnen können sie schon. Und da sind sie draufgekommen, dass wir zu wenig Beitragszahler haben, die in die Rentenkasse einzahlen, und das liegt wiederum an der relativen Kinderarmut. Ich weiß nicht, woran es liegt, dass die Leute so wenig Kinder kriegen, wo wir doch so ein kinderfreundliches Land sind. Die Leute wissen vielleicht nicht mehr, wie man Kinder zeugt? Man müsste mal staatliche Zeugungskurse anbieten. Wer in der Jugend keine Kinder zeugt, darf sich nicht wundern, wenn er als Oldie zu wenig Rente bekommt. Darum hat der Bundeskanzler Schröder in seiner Regierungszeit das Rentenniveau abgesenkt. Seitdem kriegt jeder von dem, was einer einzahlt, am Ende so um die vierzig Prozent wieder raus. Das ist ein echtes Sparmodell. Das rentiert sich.

Jetzt droht die Altersarmut. Da sind sie jetzt draufgekommen. Zufällig. Natürlich war es wieder der Gabriel, der Blitzspanner, dem das aufgefallen ist. Und weil er gerade einen hellen Moment erwischt hatte, ist er sofort zur Tat geschritten und hat seine Leute angewiesen, sofort mal zu überprüfen, wie sich diese Rentenreform des großen Sozialreformers Gerd Schröder auswirkt. Und tatsächlich entdeckt die SPD jetzt die Altersarmut. Das ist ein Thema für die Sozialdemokraten! Hat der Gabriel freudestrahlend gerufen. Im Sozialen sind wir Sozialdemokraten stark! Thematisch findet der Gabriel immer etwas, womit er glänzen kann. Die Sozialdemokraten agieren im Sozialen auch sehr geschickt. Erst sorgen sie in der rot-grünen Koalition mit allerlei Gesetzen dafür, dass die Altersarmut zunimmt, und dann erklären sie sich für die Lösung zuständig. Auf diese Weise binden sie die Wähler an sich und ihre Lösungskompetenz!

Die Rente, als Thema, gell, ist auch ein Ritual, das immer wiederkehrt, weil es den Bürgern Sicherheit und Halt gibt. Wir haben heute in der Früh auch schon über die Renten und die drohende Altersarmut gesprochen. Und wir waren uns einig, dass es nur die SPD richten kann, weil die SPD als einzige Partei bei der Armut eine Kompetenz hat. Die SPD ist ja selber eine armselige Partei und tut alles dafür, dass es auch so bleibt. Auf die SPD ist Verlass, wenn es um die Armut geht.

Beim nächsten Rentenritual spielt ein Musikkops der Bundeswehr und Andrea Nahles schreitet eine Ehrenformation von Rentnern ab.

Nepalhilfe

Heute muss ich früh raus. Um 5:30 Uhr klingelt der Wecker. Aber ich lieg schon seit 3:30 Uhr wach und warte darauf, dass der Wecker meine Schlafphase, die im Grunde genommen schon seit zwei Stunden eine Wachphase ist, beendet. Ich konnte nicht mehr einschlafen, nachdem mich »ein letztes Weißbier«, das nur das letzte von insgesamt mehreren war, wie ich einräumen muss, die ich abends vor dem Fernseher getrunken hatte, vermutlich aus Verzweiflung über das Programm, zum Toilettengang gedrängt hatte. Weil ich blöd bin, murmle ich.

Ich beobachte die Uhr und stoppe den Alarm, bevor er loslegen kann. Ich will nicht aufstehen. Keine Debatten jetzt!, widerspreche ich mir. Ich muss! Ich verlasse die Bettstatt, rein ins Bad, Dusche, Zähneputzen, Hygieneroutinen. Rein in die Klamotten, und auf geht's zum Flughafen. Wieso steht das Auto nicht vor der Tür? Weil kein Parkplatz war. Also geh ich missmutig zur Garage an der

Postwiese. Es regnet. Schirm wäre hilfreich. Habe ich nicht zur Hand. Um einen zu holen, müsste ich noch mal zwei Stockwerke in die Wohnung rauflaufen. Nein. Es muss ohne gehen. So stark regnet es auch wieder nicht. Ein Mann zieht die Schultern hoch und drückt sich an den Hauswänden entlang.

Ich komme durchnässt am Garagentor an. Der Regen ist doch stärker, als ich dachte. Krame in meinen Taschen nach dem Autoschlüssel. Kann ihn nicht finden. Hm? Der liegt auf der Ablage vor dem Spiegel der Garderobe. Ich muss zurück. Ich möchte vor Zorn schreien. Bringt aber nichts. Also trabe ich den halben Kilometer zur Wohnung zurück. Als ich die Wohnungstür öffne, kommt mir Rosi entgegen und fragt, ob es regnet. »Ich hab den Autoschlüssel vergessen«, sage ich mit zusammengebissenen Zähnen.

»Der liegt da vorne am Spiegel.«

»Weiß ich«, sage ich. Sie greift sich einen Schirm, und wir verlassen beide die Wohnung in Richtung Garage. Meine Stimmung ist gedämpft. Der Regen hat an Intensität noch einmal zugenommen. Fette Tropfen trommeln auf den Schirm.

Unsere Tochter Franziska war mit ihrem Freund Ruslan fast drei Monate in Nepal. Die beiden haben sich in einem Kinderhaus der Beilngrieser Nepalhilfe als Nachhilfelehrer nützlich gemacht. Anschließend waren sie noch eine Woche in Bhutan, einem Staat, der Glück als Staatsziel in die Verfassung aufgenommen hat. Ein Staat erklärt sich zuständig für das Glück seiner Bürger. Diese Idee gefällt mir.

Ich bin gespannt, was Franzi und Ruslan erzählen. Staatlich organisiertes Glück! Der Gedanke beschäftigt mich. Vielleicht haben sie in Bhutan ein Ministerium für

Glück mit verschiedenen Referaten, an deren Spitze jeweils Glücksreferenten immer wieder neue Ideen für glückliche Momente ihrer Bürger ersinnen. Im Regen spazieren gehen? Die Natur genießen?

Ich stelle mir vor, dass es in Bhutan einen Glücksbeauftragten gibt, der dafür zuständig ist, dass die Bhutanesen (sagt man so?) immer und überall einen Parkplatz direkt vor der Haustür bekommen. Mich würde so eine Parkplatzgarantie glücklich machen. Bei Regen steht ein freundlicher Bhutanese am Hauseingang und reicht dir ein Regendach an.

Ich lenke unser Auto durch die Stadt über die Autobahn zum Flughafen nach Erding. Natürlich sind wir nicht die Einzigen, die heute Morgen mit ihrem Wagen unterwegs sind. Und weil es regnet, fahren alle sehr vorsichtig. Jedenfalls vorsichtiger als bei Sonnenschein. Außerdem habe ich das Gefühl, dass zu viele Menschen mit dem Auto unterwegs sind. Nur, der eigene Wagen gehört sicher zur Glückskonzeption der Menschen im Westen, oder?

»Schau dir das an«, sage ich zu Rosi, »jeder fährt mit dem Auto.« Eine Mitteilung, die mir in ihrem Erkenntnisgehalt enorm gewichtig vorkommt. Ich verkneife mir einige Hinweise auf den kapitalistischen Konsumterror. Aus irgendeinem Grund, der mir nicht klar wird, assoziiere ich das Wort »Kriegsopferglückshafen«. Daraus ergeben sich weitere freie Gedankenspiele. Das Glück der Kriegsopfer, das Opferglück, das Kriegsglück, das Hafenglück?

»Das größte Glück besteht für Buddhisten darin, nicht mehr wiedergeboren zu werden«, sage ich, während wir an einer roten Ampel am Landtag stehen, die ich schon einmal als die dümmste Ampel Münchens identifiziert habe, weil sie für mich sinnlos ist. Sie hält nur auf!

»Aber so eine Ampel ist für die Buddhisten sicher so etwas wie der Sechser im Lotto mit Zusatzzahl«, denke ich laut weiter.

»Buddhisten spielen nicht Lotto«, sagt Rosi müde.

»Ach so. Ist doch nur eine Metapher!«

»Na dann. Buddhisten regen sich nie auf. Die bleiben immer gelassen.«

»Den Buddhisten möchte ich sehen, der an dieser Ampel gelassen bleibt.«

»Wenn du Buddhist wärst, wäre diese Ampel für dich eine Gelegenheit zur Gelassenheit.«

»Ich bin aber kein Buddhist«, sage ich, »ich bin Katholik, Exkatholik, und in meiner Exreligion gibt es keine sinnlosen Ampeln! Im Katholizismus spielen Ampeln überhaupt keine Rolle.«

»Es gibt das ewige Licht. Und das leuchtet auch rot«, ergänzt Rosi.

Eine Straßenbahn schleicht quietschend an uns vorbei, um auf die Maximilianbrücke einzubiegen. Deshalb gibt es diese Ampel, damit die Straßenbahn fahren kann. Eine ganz und gar sinnlose Ampel!, denke ich. Sie existiert nur, damit die Tram ungestört auf die Brücke einbiegen kann.

Ich überlege, ob ich diesen Dialog weiterführen möchte, und entscheide mich erst einmal für eine Schweigeminute.

»Du kannst fahren«, sagt Rosi emotionslos.

Die Ampel ist auf Grün umgesprungen.

»Wir kommen zu spät«, sage ich. »Der Flieger landet eine halbe Stunde früher.«

»Ist egal«, sagt Rosi. »Wir können daran jetzt nichts ändern.«

Ich frage mich, woher sie diese Gelassenheit nimmt.

Es herrscht dichter Verkehr bis zur Autobahnauffahrt.

Danach dürfen wir im Stau stehen. Eine weitere Gelegenheit, um Gelassenheit einzuüben. Bei der Autobahnauffahrt blinke ich vehement, um einfädeln zu dürfen. Es gibt Verkehrsteilnehmer, die mir diese Bitte nicht gewähren. Sie schauen stur geradeaus und schieben sich stockend an uns vorbei.

Ich krieg einen Hals! »Arschlöcher!«, entfährt es mir. »Nur Arschlöcher unterwegs!«

Rosi wirft mir einen Blick voller Mitgefühl zu. Ich vermute, dass sie heimliche Buddhistin ist, weil sie Gleichmut ausstrahlt.

»Ich weiß«, sage ich, »das sagt man nicht, aber ...«

Rosi lacht.

»Sag nichts«, sage ich, »ich weiß schon, das ist schon wieder ein Gelassenheitsangebot.« Ich lache auch ein wenig.

Endlich dürfen auch wir im Stau zum Flughafen stehen und Gelassenheit einüben. Dabei merke ich, dass ich ein bisschen ungeübt bin.

Wie ist das mit der Gelassenheit in Bhutan? Fördert die Regierung in Bhutan die Gelassenheit? Legt die Regierung in Bhutan Programme zur Förderung der Gelassenheit seiner Bürger auf? Denn zu einem glücklichen Leben scheint mir seelische Ausgeglichenheit ganz wesentlich dazuzugehören. Sicher gibt es im Glücksstaat Bhutan eine Bürokratie mit Beamten, die ihren Bürgern permanent die Chance zur Gelassenheit bieten. Dieses Beamtenangebot gibt es bei uns im Prinzip auch.

Ich hatte schon Gelegenheit, mit Polizeibeamten Bekanntschaft zu machen, bei deren Freundlichkeit sich selbst bei mir das Gefühl der Gelassenheit nicht mehr vermeiden ließ. Zumindest dem äußeren Anschein nach. Innerlich war ich am Kochen von Wut.

Auch der Kontakt mit Finanzbeamten führt immer wieder zu buddhistischen Gelassenheitsübungen. Der Steuerbescheid ist für die meisten eine Freude. Klar, weil sie wissen, dass mit ihrem Geld verantwortungsvoll umgegangen wird. Da werden Flughäfen gebaut und Bahnhöfe, Konzerthallen und Bürgerhäuser, auch Schulen und Hochschulen, Kindergärten, und die Hälfte der Steuergelder wird gebraucht, um den Staat zu bezahlen, der all diese sinnvollen Projekte auf den Weg bringt. Bei uns gibt es eine Chancengerechtigkeit. In Bhutan gibt es eine Chancengelassenheit, die im Glückshaushalt des Landes ihren festen Platz hat.

Das Königreich Bhutan kommt mir vor wie ein Märchenland. An der Spitze sitzt auf einem goldenen Thron ein gütiger und weiser König, der das Glück seiner Untertanen nicht aus den Augen lässt. Neben ihm sitzt eine ebenso gütige und weise Königin, die ihn in allen Glücksfragen berät. Die beiden herrschen über ihre glücksbedürftigen Staatsangehörigen, die sich freuen, von diesem Königspaar regiert zu werden. Die Freude darüber gehört zum Kernbestand ihres Daseins. Kommt dem Königspaar zu Ohren, dass sich einer ihrer Untertanen nicht freut, kommt der königliche Beauftragte für Freude ins Haus und übt das Jubeln mit den freudlosen Untertanen, bis sie es von allein beherrschen.

Das Königspaar kümmert sich persönlich um die Anliegen ihrer Untertanen. Weil Geld allein nicht glücklich macht und zu viel davon auch eher das Unglück fördert, sorgen die beiden dafür, dass keiner in ihrem Königreich zu viel Geld zur Verfügung hat, sodass von finanzieller Seite keine Gefahr für das Glück droht. Ab und zu wird ein übler Schurke in den Kerker geworfen oder des Landes verwiesen, weil er die Ordnung stört und sich dem Glück verweigert. Auf Glücksverweigerung steht sogar die Todesstrafe.

Die Judikative erledigt der König persönlich. Es gibt keine unabhängigen Gerichte, Rechtsprechung gehört zu den vornehmsten Aufgaben des Königs. Er fällt immer weise Urteile, weshalb man in seinem Land auf eine unabhängige Justiz verzichten kann. Eine Gewaltenteilung, wie wir sie aus unserem demokratischen Alltag kennen, würde in diesem Königreich wie ein Fremdkörper wirken. Die Untertanen jubeln ihrem König zu, weil sie unter seiner Herrschaft das beste Leben haben, das sie sich denken können. Und damit sie nicht allzu viel zum Nachdenken kommen, schenkt ihnen der König einen Fernsehsender, in dessen Programm sie immer wieder erklärt bekommen, wie glücklich sie sind und wie froh sie sein dürfen, in einem Glücksstaat wie Bhutan zu leben, weil das Ideal der Gleichheit konsequent beachtet wird, zumindest was die individuellen Glücksbestrebungen angeht.

Der König bestimmt, wie ein glückliches Leben auszusehen hat. Seine Majestät entwirft höchstpersönlich den großen Glücksplan für alle, individuelle Abweichungen sind möglich, müssen aber vorher im Glücksministerium beantragt werden. Es herrscht Glückspflicht. Die Untertanen sollen glücklich und zufrieden leben. Jeder hat so viel zum Leben, wie er braucht. Also ungefähr so viel wie bei uns die Hartzer. Mehr muss nicht sein. Was braucht man denn, um glücklich sein zu können? Ein Smartphone, Apple, Google und Facebook und einen Fernseher, na ja, besser wäre ein Beamer. Aber wir wollen nicht übertreiben. Also, ich brauche zum Glück nicht viel. Eine Waschmaschine, einen Trockner, die in einer warmen Wohnung stehen und von meiner Frau oder der Haushaltshilfe bedient werden können. Mehr braucht doch kein Mensch zum Leben. Ab und zu einen Glückskeks, in dem mir die nächsten Glücksmomente angekündigt werden.

In Deutschland braucht niemand Glück. Wir sind tüchtig. Deshalb lautet einer der populärsten Sätze zum Glück: »Jeder ist seines Glückes Schmied.« Staatlich verordnetes Glück kommt bei uns kaum vor. Praktisch kommen nur Abgeordnete in diesen Genuss, die auf Listenplätzen kandidieren und mit Glück in die Parlamente gelangen, weil es zu Überhangmandaten kommt. Ja, Glück basiert in Parlamentskreisen auf einem Überhang.

In diesem Land ist jeder aufgerufen, selbst daran zu arbeiten. Darum schlägt dem Glücklichen auch keine Stunde. Der deutsche Glücksschmid ist fleißig und arbeitet notfalls das Wochenende durch, wenn es um sein Glück geht. Das Durcharbeiten ist sehr beliebt, wenn Schulden fürs Eigenheim abgezahlt werden müssen, das für viele Deutsche das höchste der Gefühle ist. Allerdings gibt es auch Glücksbremser. Die Gewerkschaften bestehen auf geregelten Arbeitszeiten, weshalb es in den Reihen der Gewerkschaften kaum glückliche Menschen gibt, weil für sie immer alles zu wenig ist und sie mit nichts zufrieden sind. Die Unglücklichen sind gewerkschaftlich organisiert, weil sie überall und immer den Mangel zum zentralen Punkt ihres Denkens erhoben haben. Gewerkschaften gibt es in Bhutan wahrscheinlich nicht. Warum auch? Der König sorgt für den gerechten Interessenausgleich zwischen Kapital und Arbeit.

Die Regierung von Bhutan sorgt sich nicht nur um das Glück ihrer Einwohner, sie findet auch Mittel und Wege, die das Glück ihrer Staatsangehörigen befördern.

Während ich so vor mich hin sinniere, erreichen wir den Flughafen in Erding. Natürlich finde ich sofort einen Parkplatz.

Bin gespannt, was die beiden erzählen können über die Glücksbestrebungen im Königreich Bhutan. Fürs Erste sind wir glücklich, dass die beiden wieder gesund in München ankommen.

Nun holen wir sie am Terminal 1 ab. Sie flogen von Kathmandu aus über Abu Dhabi nach München. Die Landung ist für 7:00 Uhr geplant, um 6:30 Uhr aber findet der Touchdown schon statt. Zu früh! Wegen Rückenwind vielleicht. Und jetzt stehen wir bei der Ankunft in einer Traube von Menschen, die ebenfalls darauf warten, dass ihre Lieben rauskommen

Die Gepäckbänder drehen sich schon. Es dauert trotzdem noch eine Ewigkeit, bis sie endlich am Zoll vorbei zu uns kommen und wir sie in die Arme schließen können.

Ein unangenehmes Geräusch lässt mich zusammenfahren. Es handelt sich um stechendes, nervtötendes Piepsen. Der Trockner? Die Waschmaschine? Der Alarm eines Weckers? Es ist mein Wecker, der auf dem Nachttisch neben meinem Bett steht. Ich werde aus dem Schlaf gerissen. Bin orientierungslos. Weiß nicht, wo ich bin. Schließlich schaffe ich es, die Stopptaste zu drücken. Es ist sechs Uhr. Ich spring aus dem Bett.

Rosi: »Wo willst du denn hin?«

Ich: »Wir müssen zum Flughafen.«

Rosi: »Morgen! Morgen!« Und dreht sich zur Seite, um weiterzuschlafen.

Klugscheißer

»Die Klugscheißer werden mehr!« Kaum hab ich das Wort ausgesprochen, stellt meine Frau fest: »Du gehörst da auch dazu!«

Ich sag: »Ja, mein Gott, damit muss ich leben. Bin ich halt ein Klugscheißer! Na und? Das trifft in gewisser Weise auf alle Gebildeten zu. Und es ist eine Tatsache, dass ich vieles besser weiß.«

»Ach was!«

»Ich lese hier grade in der *SZ* einen Leitartikel. Sehr interessant! Der Autor schlägt vor, die Ursachen des Syrienkriegs zu bekämpfen!«

»Hat er den Friedensnobelpreis schon, oder bewirbt er sich dafür?«

»Der Friedensnobelpreis wird gern auch Persönlichkeiten verliehen, die einen Krieg anzetteln.«

»Das meine ich. Das ist Klugschiss! Und der Ton, in dem du solche Bemerkungen über den Tisch fliegen lässt, gefällt mir nicht. Arrogant und eben besserwisserisch. Das ist die Art, wie du dein Wissen vorbringst, die ich nicht ausstehen kann.«

»Ach so. Die Art ist es. Sollen meine Sätze tanzen?«

»Warum nicht? Das wär vielleicht komisch. Solo für Klugschiss und Spitzentanz mit zwei Anführungszeichen, Pas de deux für Frieden und Freiheit.«

»Sehr lustig!«

»Irgendwie ist es richtig, was du sagst. Es ist aber nur die halbe Wahrheit. Zur ganzen gehört …«

»Ich weiß, das Gegenteil!«

»Sagt wer?« – »Na?«

»Ist mir egal!«

»Martin Walser.«

»Noch so einer, der alles besser weiß. Nur nicht klug genug, um sich nicht lächerlich zu machen.«

»Ich weiß! Hat er sich wieder verliebt, der alte liebende und sterbende Mann? Lächerlichkeit ist eine sehr subjektive Beschreibung für den Zustand, dem sich reifere Männer ausgesetzt sehen, wenn sie die Liebe befällt.«

»O. k. Der Mann erinnert sich vielleicht daran, wie es sich angefühlt hat, als er jung war, aber was finden junge Frauen an solchen Opas?«

»Es ist die Erotik der Reife.«

»Erotisch ist etwas anderes. Und Sex mit solchen überreifen Männern will ich mir nicht vorstellen müssen.«

»Walser rechtfertigt die ›asymmetrische‹ Liebe damit, dass ein älterer Mann einer wissbegierigen jungen Frau etwas beibringen kann – an Lebenserfahrung, an Weisheiten, an Erkenntnissen.«

»Ja, die Erkenntnis, dass er ein alter Sack ist. Glaub mir, diese Erkenntnis ist die Voraussetzung dafür, dass sich junge Frauen auf den alten Faltenhengst stürzen. Seine Anziehungskraft besteht in seinem Ruhm.«

»Liebe sei altersunabhängig, ein überzeitliches Konzept, sagt Walser.«

»Gleich glaub ich's! Ich würde gern wissen, was ein älterer Mann sich einbildet, warum eine zwanzig, dreißig, vierzig Jahre jüngere Frau sich mit ihm einlässt. Da vernebeln ihm doch die paar Hormone, die er noch hat, das Gehirn. Was glaubst du?«

»Ich weiß es nicht. Ältere Männer haben schon auch Qualitäten.«

»Ja sicher doch! Und was für welche! Vor allem aber haben sie Quantitäten. Ein Bankkonto, ein Vermögen und ein hohes Alter. Und je älter sie sind, desto größer ist die

Hoffnung der jüngeren Geliebten, er möge sich bald endgültig verabschieden, damit sie das überzeitliche Konzept der Liebe mit einem Jüngeren genießen kann.«

»Ja. Ich weiß nicht, ob das immer so sein muss. Da gibt's bestimmt auch Ausnahmen. Im Übrigen stelle ich fest, dass du ein ziemlich negatives Bild von deinen Geschlechtsgenossinnen zeichnest.«

»Bruno, das ist die Wahrheit, um den Philosophen Bruce Darnell zu zitieren.«

»Ich frag mich gerade, wer von uns beiden hier der Klugscheißer ist.«

»Immer noch du.«

»Musst du eigentlich immer das letzte Wort haben?«

»Nö. Muss ich nicht.«

»Schon wieder.«

»Was?«

»Das letzte Wort!«

»O.k. Dann hast du es eben diesmal. Ich sag nichts mehr.«

»Ja, bitte, nur einmal!«

… Pause …

Rosi: »Magst einen Espresso?«

Ganz normale Werbung

Ganz besonders wichtig für Kabarettisten sind Haltungsfragen. Auch Kabarettkollegen werden von Kabarettkollegen zur richtigen Haltung ermahnt. Als Faustregel gilt: Die richtige Haltung ist immer die, die der kabarettierende Kollege für richtig erachtet. Damit befindet er sich in bester Gesellschaft, nämlich all jener, die empört sind über dies und das und was sonst gerade ideologisch auf der Prangeragenda steht. Das sind immer mal wieder die Reichen, die Neoliberalen, die Banken, die Klimaleugner, die Konservativen, die Rechten, die Herrschenden und alle, die Ärger machen, weil sie an den ungerechten Verhältnissen nichts ändern wollen. Und da ist ja auch was dran.

Die Feindbildproduzenten versorgen die Kabarettisten mit den richtigen Feindbildern, die diese dankbar annehmen, weil sie dann auf der richtigen Seite stehen. Gegen Rechts, gegen Rassismus, klare Sache.

Kabarettisten agieren nie allein. Sie bilden immer zusammen mit anderen Medienschaffenden, die alle eine politische Heimat haben immer eine Einheit und stoßen in die gleiche Richtung, legen ihre Finger in die offenen Wunden, bis es wehtut.

Besonders groß war die Empörung, als der Zuckerproduzent Ferrero die Idee hatte, die Verpackung seiner Kinderschokolade mit Kinderfotos deutscher Nationalspieler zu bestücken. Ich finde, das ist eine geniale Werbemasche. Da greift das Kind gern zu. Um diese gesundheitsgefährdende Zuckerschmiere an die Kinder zu bringen, bewirbt man das Produkt mit süßen Kinderfotos der nationalen Balltreter Boateng, Özil, Khedira, Götze und wie die Idole der kleinen Racker alle heißen. Werbung halt.

Nun hat sich irgendwo in diesem schönen Land jemand darüber im Netz aufregen können und seinen Ärger auf Facebook gepostet. Eine Frechheit sei es, mit diesen Bildern ausländisch aussehender Kinder für deutsche Kinderschokolade und den deutschen Fußball zu werben. Boateng, Özil, Khedira, wie die schon aussehen, Kinder werden indoktriniert … das Übliche halt, Rassismus pur. Daraufhin brach ein Shitstorm los über diesen politisch inkorrekten »Post«.

Prompt meldete sich eine »Pegida-Baden-Württemberg-Bodensee« und bekannte sich zu diesen rassistischen, menschenverachtenden Kommentaren.

Pegida distanzierte sich von der Aktion und dementierte, eine »Pegida Bodensee« existiere nicht. Wie bitte? Pegida distanziert sich von rassistischen Kommentaren im Netz?

Claus Kleber nahm das Thema im *heute-journal* auf und prangerte den alltäglichen Rassismus an. Kinderschokolade in Großaufnahme in allen Nachrichten. Eine bessere Werbung hätte sich diese Schokolade nicht wünschen können.

Niemand regte sich darüber auf, dass die süße Kalorienbombe schädlich für unsere Kinder sein könnte, dass durch die Kinderbilder eine Verbindung zwischen Sport, gesunder Ernährung und einem Schokoriegel suggeriert wurde, die jeden gesundheitsbewussten Menschen auf die Palme hätte bringen müssen. Niemand forderte den DFB auf, aus Rücksicht auf die Gesundheit unserer Kinder auf derartige Werbeeinnahmen zu verzichten. Niemand verlor darüber ein Wort.

Ich habe einen Verdacht. Die ganze Geschichte war von der Werbeagentur strategisch geplant. Die Fotos, der Post im Internet, die Reaktion darauf, die Empörung, und alle haben wie erwartet mitgespielt. Und es hat funktioniert. Riesiger Werbeeffekt für Ferrero. Kostenlos! Wann war Ferrero mit der Kinderschokolade schon mal zur besten Sendezeit in den Nachrichten? Für das moralisch Richtige muss auch das moralisch Verwerfliche eingesetzt werden, damit Ersteres zu seinem Recht kommt. Ist nicht so schlimm, wenn's der guten Sache dient. Ich sehe schon die Werbefachleute, die heute alle Creative Directors sind, neue Strategien aushecken, die alle die antirassistische

Stimmung für ihre Produkte nutzen. Dunkelhäutige Models werben für sexy Underwear! Auf einer riesengroßen Werbefläche am Münchner Marienplatz. Schöne schwarze Frauenkörper tragen nichts auf der Haut als ganz knappe Strings und Tangas.

Die Werbeagentur weist uns dezent darauf hin, dass es sich bei den Frauen um geflüchtete Models aus Kriegsgebieten handelt.

Eine Münchner Flüchtlingsaktivistin findet das empörend und fordert den Oberbürgermeister auf, dafür zu sorgen, dass diese frauenverachtende Werbung verschwindet.

Mindestens genauso empörend findet diese Werbung eine Gruppe Pediga-Ammersee, die es nicht gibt, die aber auf Facebook fordert, für deutsche Unterwäsche nur deutsche Models einzusetzen. Ein Shitstorm bricht los. Ganz Deutschland ist empört. Rassismus! Jeder weiß, um welche Marke es sich bei dieser Unterwäsche handelt. Der hinterhältige Werbetrick kommt raus. Die Werbefachleute sollen sich erklären. Sie rechtfertigen ihr Vorgehen und teilen mit, dass sie auf den latent verbreiteten Rassismus aufmerksam machen wollten. Seitdem gilt das Tragen jener beworbenen Unterwäsche als antirassistischer Akt.

Im Wilden Westen

Was ist denn mit unseren Werten los? Einmal sind sie »im Wandel begriffen«, ein anderes Mal sind sie gefährdet, dann hapert es wieder mit der Wertevermittlung. Immer ist was mit den Werten! Nach dem Anschlag von

Nizza hat unser Bundespräsident zur Verteidigung unserer Werte aufgerufen. »Wir wissen genau, was wir zu tun haben in dieser Situation. Aus dem Geist von Freiheit, Gleichheit und Brüderlichkeit müssen wir alle denen widerstehen, die mit Hass, Terror und Vernichtungswillen gegen unsere Werte agieren!« Wo er recht hat, hat er recht. »Wir sind bereit, unsere Werte zu verteidigen und zu schützen!« Hat er trotzig hinzugefügt.

Der bayerische Ministerpräsident hat sofort reagiert und ankündigt, Bayern sicherer zu machen. Endlich! Horst Seehofer wird ständig von acht Personenschützern begleitet. Bayern hat ungefähr zwölf Millionen Einwohner. Angeblich strebt Seehofer an, jedem Bayern acht Sicherheitsleute zuzuordnen – Moment, lassen Sie mich rechnen – nein, das wird zu teuer! Das schaffen wir auch mit den vielen hochqualifizierten Flüchtlingen nicht. Eintausendachthundert Polizeibeamte werden im nächsten Haushalt zusätzlich ausgewiesen. Versprach der bayerische Horst. Allein diese Ankündigung lässt die Knie der Selbstmordattentäter schlottern.

Wenn die Islamisten meinen, sie könnten uns einschüchtern, dann haben sie nicht mit dem Seehofer und unseren Werten gerechnet. Wir wissen was wir an unserer Freiheit haben und die lassen wir uns durch terroristische Anschläge nicht nehmen! Im Gegenteil, wir schlagen mit dem großen Lauschangriff zurück! Meine Verbindungsdaten werden gespeichert? Gerne! Ich werde abgehört und überwacht? Bewegungsprofile von verdächtigen Personen werden erstellt? Selbstverständlich bin ich damit einverstanden, auch wenn ich die verdächtige Person bin. Weiß ich, zu was ich fähig bin? Wenn es um meine Freiheit geht, ist mir jedes Mittel recht, sie zu schützen. Ich habe nichts zu verbergen. Mein Konsumverhalten wird längst genauestens analysiert, von meiner Frau und von Google. Das hat nur Vorteile für mich. Es erleichtert den Einkauf und hilft mir, mich richtig zu entscheiden. Ich kaufe nur, was mir die Werbung empfiehlt.

Das Bargeld soll abgeschafft werden? Ja, warum denn nicht! Ist ja sowieso nur wertloses Papier. Es geht darum, den international operierenden Terroristen das Handwerk zu legen. Natürlich, Kriminelle zahlen nur in bar. Wer mit Karte zahlt, hinterlässt eine Spur, die genau nachvollziehen lässt, wo und wann Geld ausgegeben wurde. Um die Freiheit effektiv verteidigen zu können, müssen wir sie schmälern. Ich bitte Sie, das ist doch logisch.

Ich persönlich schätze den Wert der Freiheit sehr. Dieser Wert muss für alle Menschen gelten, und zwar nicht nur hier bei uns, sondern überall auf der Welt. Es gibt aber immer noch Staaten, die weitgehend ohne unsere westlichen Werte zurechtkommen. Im Iran zum Beispiel glauben die Machthaber, sie könnten eigene, von den westlichen stark abweichende Werte zur Grundlage ihres Zusammenlebens erklären. Ich bin gespannt, wie lange wir uns das noch bieten lassen?

Ob wir auf Dauer in dieser Frage mit Diplomatie weiterkommen, wage ich zu bezweifeln. Wenn ich an die Statements unseres Außenministers denke, komme ich vom Zweifeln ins Verzweifeln. Was der Steinmeier an leeren Worten hintereinanderweg sagen kann, überrascht mich immer wieder. Der Mann hat ein Talent für die Phrase! »Wir dürfen die Hoffnung nicht aufgeben«, verkündet er. Wenn ich ihm noch länger zuhöre, wird mir nichts anderes übrigbleiben! »Wir müssen die Gesprächskanäle offenhalten«, und er hält sie offen, »nur in Abstimmung mit unseren Partnern«, selbstverständlich, aber, irgendwann werden wir vielleicht andere Saiten aufziehen müssen! Das sagt der Steinmeier natürlich nicht. Aber denken wird er es sich schon manchmal. Und wenn nicht, dann kriegt er es von »unseren amerikanischen Freunden« vorgedacht.

Machen wir uns nichts vor, Diplomatie hin oder her, am wirkungsvollsten ist am Ende eine militärische Befreiungsaktion, wie sie die USA als führende Menschenrechtsnation schon einige Male mit großem Erfolg durchgeführt haben! Zuletzt im Irak. Dort wurde der oberste westliche Wert eingeführt, die Demokratie. Es gibt jetzt freie Wahlen, es gibt Parteien, es gibt demokratische Freiheiten und Gefängnisse mit Waterboarding und anderen modernen Foltermethoden zur Wahrung der Menschenrechte. Es gibt die Möglichkeit zur Bestechung und zur Korruption, es ist alles da, was nötig ist, um ein geregeltes demokratisches Zusammenleben zu organisieren. Die Menschen im Irak sind begeistert.

Die Amerikaner, hat Barack Obama gesagt, erwarten zukünftig »mehr Engagement von den Europäern« bei der weltweiten Verbreitung der westlichen Werte. Ich verstehe »unsere amerikanischen Freunde«. Sie wollen nicht immer allein die Befreier sein, sie wollen auch einmal uns die Chance dazu geben. Wir haben eine gut ausgebildete Friedensarmee – das ist den Amerikanern nicht verborgen geblieben –, die können wir nicht nur im Innern einsetzen, die Soldatinnen und Soldaten von der Bundeswehr wollen auch mal im Ausland zeigen was sie können.

»Wir Deutschen müssen auch international mehr Verantwortung übernehmen!« Diesen Satz habe ich schon öfter vernommen. Unsere Ministerin für internationale Verantwortung, Ursula von der Leyen, hat schon ein paar Mal auf diese »internationale deutsche Verantwortung« hingewiesen.

Das hat übrigens auch etwas mit dem Wertewandel zu tun, wenn eine Frau an der Spitze des Verteidigungsministeriums steht und zur internationalen Verantwortung bläst. Und sie wird nicht aufhören damit, bis wir es alle kapiert haben, dass wir Deutschen »Verantwortung in der Welt« übernehmen müssen.

Die deutsche Verantwortungsübernahme für die Weltordnung hat der amerikanische Präsident mehrmals angemahnt. Zuletzt in Hannover, als er zusammen mit der Kanzlerin eine Messe eröffnete. Bei dieser Gelegenheit präzisierte die Kanzlerin die deutsche Verantwortung in Nordafrika. »Wir müssen jetzt in Libyen einen ordentlichen Staat einrichten«, teilte sie mit.

Ich könnte mir vorstellen, dass die Freude darüber in Libyen riesig war. Die Libyer werden gejubelt haben. Oh wie schön, wir bekommen einen Staat nach deutschem Vorbild! Allahu akbar! Gott ist groß, Merkel ist groß! Im Kanzleramt kopieren sie bereits das deutsche Grundgesetz in arabischer Schrift, damit die Libyer sich schon mal einlesen können in die deutschen Grundrechte.

Lidl, Aldi und Edeka übernehmen die Lebensmittelversorgung. Die neuen Wirtschaftsstrukturen für die libysche Wirtschaft werden in Sigmar Gabriels Wirtschaftsministerium erarbeitet. Seehofer bringt Söder als ersten libyschen Ministerpräsidenten ins Spiel. Die SPD würde Sigmar Gabriel für diese schwere Aufgabe opfern. Die Grünen plädieren für Toni Hofreiter, der auch dazu bereit wäre. Als erste Maßnahme würde er in Libyen die Steuern erhöhen und eine Energiewende einleiten.

Es ist eine Menge zu tun, um die Zukunft des Westens und Deutschlands in Libyen zu sichern. Die Erfahrung jedenfalls lehrt, dass sich solche Anstrengungen für uns immer lohnen. Mittelfristig arbeiten wir an der kompletten *Verwestung* des Ostens bis der Osten eines Tages als Himmelsrichtung komplett wegfällt. Die Amerikaner haben als Fernziel ausgegeben, langfristig die Sonne im Westen aufgehen zu lassen. Viel fehlt nicht mehr! China wird dann nicht mehr das »Reich der aufgehenden Sonne« sein können. Die Chinesen sind jetzt schon auf einem guten Weg, weil sie sich schon weitgehend von unseren westlichen Werten leiten lassen. Ausbeutung, Profitmaximierung und Kinderarbeit genießen eine hohe Wertschätzung in China.

Der Vollständigkeit halber weise ich auch noch auf einen Spezialfall von Werten hin, die regelmäßig in Brüssel beschworen werden, die »europäischen Werte«. Dabei gibt die Schar der Heiligen der letzten Tage den Ton an. Jean Claude Junker und Martin Schulz feiern sich täglich als große Europäer und rufen zwischendurch immer wieder: »Europa ist eine Wertegemeinschaft!« Und all »unsere europäischen Freunde« stimmen ein in den vielstimmigen Chor: »Europa ist eine Wertegemeinschaft«. Und alle Europafreunde wollen rein, in diese europäische Gemeinschaft.

Bis vor Kurzem war das zumindest so, bis die Briten auf die Idee kamen, einen europäischen Grundwert, nämlich den der Demokratie, mal richtig ernst zu nehmen und sich mehrheitlich für den Austritt aus der Wertegemeinschaft EU entschieden. Damit hat niemand gerechnet, dass ein europäisches Volk einen europäischen Grundwert ernsthaft anwendet. Das Gejammer ist seitdem groß, es gibt »führende Europäer«, die behaupten, so war das nicht abgesprochen! Aber ich bin mir sicher, dass unsere führenden Europäer bereits daran arbeiten, die Briten zu überzeugen, dass es keinen Wert hat, sich an das Referendum zu halten. Irgendeine Ausnahmeregelung wird der europäische Wertekanon schon beinhalten, damit die Briten doch noch in der EU bleiben können.

In letzter Zeit mehren sich kritische Geister, die hartnäckig fragen, ob es diese europäischen Werte überhaupt gibt? Es gibt den Wert der Vertragstreue in Europa, den jeder auf seine Weise interpretieren kann. Darüber gibt es keinen Zweifel. Es gibt daneben auch den Wert des Vertragsbruchs, an den sich alle konsequent halten. Was diesen Wert angeht, verhalten sich alle solidarisch.

Die Solidarität fällt auch unter die zentralen europäischen Werte, an die sich alle Mitglieder mehr oder weniger gebunden fühlen. Je nachdem, um was es geht. Flüchtlinge *oder* Schulden. Die Flüchtlingssolidarität ist enorm unter den Mitgliedstaaten. Die Deutschen nehmen die meisten Flüchtlinge auf und die anderen drücken uns die Daumen. In der Staatsschuldenfrage zeigen sich die Mitgliedsstaaten ebenfalls sehr solidarisch. Unsere europäischen Freunde geben uns Deutschen Gelegenheit, für ihre Schulden zu bürgen.

Es gibt immer mehr Europäer, die es gerecht finden, die Schulden anderer EU-Staaten zu vergemeinschaften. Der italienische Ministerpräsident fordert sogar eine Vergemeinschaftung der Renten und meint damit, dass deutsche Rentenbeitragszahler italienische Renten finanzieren. Die deutschen Beitragszahler reagierten auf diesen Vorschlag zunächst verstört. Nachdem man ihnen aber erklärt hatte, dass Deutschland mehr als alle anderen von Europa profitiere, waren sie total begeistert. Es gibt zwar noch Skeptiker, die fragen, ob das gerecht sei, sie werden aber immer sofort mit dem Hinweis zum Schweigen gebracht, sie seien europafeindlich und rechts.

Womit wir bei einem weiteren europäischen Grundwert angekommen sind, der Gerechtigkeit. Obwohl schon seit über zweitausend Jahren über sie nachgedacht wird, können wir immer noch nicht abschließend sagen, worin ihr Wesen tatsächlich besteht. Die einen sagen so, die anderen so. Sozialisten finden in der Gerechtigkeitsfrage andere Antworten als Liberale. Wenn wir eine klare Vorstellung davon hätten, bräuchten wir nicht immer wieder zu fragen, was gerecht ist. Viele von uns wissen immer sofort was ungerecht ist. Die Ungerechtigkeit scheint leichter zu erkennen zu sein als die Gerechtigkeit. Meistens geht es ums Geld. Ganz allgemein gilt, wenn einer mehr hat als alle anderen, empfinden die meisten von denen, die weniger haben, diesen Zustand als ungerecht. Alle Menschen sind gleich! Vor Gott und den Gesetzen. Aber eben nicht vor den Menschen. Deshalb ist es ungerecht, dass manche so viel haben und immer mehr so wenig. Nur, was ist gerecht? Wenn alle von allem gleich viel haben? Schwierige Fragen sind das, die, je nachdem aus welchem Blickwinkel man die Lage beurteilt, verschiedene Antworten hervorbringen. Die Erbschaftssteuer? Für die einen ist sie ungerecht. Für die anderen gehört sie abgeschafft. Die Vermögenssteuer? – Die Meinungen gehen auseinander. Vermögensabgabe? Enteignung? Gerecht ist, was dem Staat nützt! Das sind Ideale, die nicht jedem zugänglich sind.

So ist das halt mit den Werten immer schon gewesen, selten herrschte Einigkeit. Manche hielten sich länger, andere verschwanden relativ schnell wieder. Werte sind relativ! Es gibt einige Anhaltspunkte dafür, dass Werte nicht für die Ewigkeit geschaffen sind. Es kommt darauf an, welcher Grad an Aufklärung gerade in einer Gesellschaft vorherrscht. Der Wertecodex des Hammurabi, der in Mesopotamien um 1800 v. Chr. eine gewisse Gültigkeit besaß, gilt heute nicht mehr. Wenn zu seiner Zeit einer gelogen hatte, wurde ihm die Zunge rausgerissen. Diese Strafe wurde unter Hammurabi als gerecht empfunden. Irgendwann hat man das gelassen, weil sich das Gerechtigkeitsempfinden wandelte.

Es gab auch bei uns schon mal Zeiten, da durfte man Heiden, ohne ein schlechtes Gewissen haben zu müssen, töten, weil es keine richtigen Menschen waren. Erst durch die Taufe wurden sie zu einem Gottesgeschöpf. Es war damals noch das »relative Naturrecht« in Kraft, das die ungetauften Geschöpfe den Tieren gleichstellte, weil sie nicht christlich getauft waren. Deshalb hatten sie kein grundsätzliches Recht auf Leben. Der Völkermord an den Indianern Nordamerikas war damit rechtlich einwandfrei. Bis weit ins 19. Jahrhundert hinein galt dieses eingeschränkte Naturrecht, das nur gegen den erbitterten Widerstand der christlichen Kirchen abgeschafft werden konnte.

Die Frage, warum manche Menschen ein Recht auf Leben haben und andere nicht, ist eine uralte Menschheitsfrage. Von Anfang an, wann immer das war, gab es Völker, die anderen Völkern das Recht auf Leben absprachen. Und immer durften sie sich von höchster Stelle dazu legitimiert fühlen. Es gibt sogar Belege dafür, dass sie dazu von ihrem obersten Herrn beauftragt wurden. Beispiel aus dem Alten Testament: »Aber in den Städten dieser Völker (in Kanaan), die dir der Herr, dein Gott, zum Erbe gegeben hat, sollst du nichts leben lassen, was Odem hat …« (5. Mose 20,16) Die konnten nicht anders, die mussten, andernfalls wäre es Befehlsverweigerung gewesen. Völkermord wurde immer schon von ganz oben angeordnet. Das nenne ich Orientierung!

Die Werte, an denen wir unser Handeln ausrichten, waren und sind immer oberste Werte, die Moses direkt vom

Herrn bezogen hat. Moses war leidenschaftlicher Berg-
steiger und der Herr hatte eine Schwäche für Nebel. Er
saß gern in der Wolke und verbarg sein Antlitz. Soviel ich
weiß, hat ihn der Moses nie zu Gesicht bekommen. Aber
er war auf Hörweite. So kam es zu den Zehn Geboten, von
denen alle Werte abgeleitet werden können. Vielleicht haben Moses und der Herr die Werte zuerst diskutiert und
als sie sich einig waren, hat Moses die Gesetztafeln mit
den Zehn Geboten vom Berg Sinai mitgebracht. Als er
vom Wertegipfel zurückkam, war unten im Volk grade
eine wilde Party im Gange, mit Table Dance, mit nackten
Leibern auf und unter den Tischen, schmutzigem Sex, super Stimmung also, da war der Wertebringer Moses dermaßen sauer, dass er von einem heiligen Zorn befallen
wurde und die Tafeln mit den Zehn Geboten zerstörte.
Die Geschichte der westlichen Werte begann im Nahen
Osten mit einem Totalschaden.

Titel sind wichtig

Ich hatte eine Titelliste geschrieben. In den oberen Regionen dieser Sammlung befand sich einer meiner Favoriten:
»Jetzt sind wir mal die Guten.« Es war die Zeit, als viele
gute Menschen zu den Bahnhöfen eilten, um ankommen-
den Flüchtlingen Applaus zu spenden. Es kam eine Men-
schenfreundlichkeit auf, die uns viele nicht zugetraut hatten. Wer hatte denn auch ahnen können, dass wir noch
einmal so menschlich werden? Wir Deutschen waren vor
allem pünktlich, gründlich, zwanghaft, analfixiert und
immer noch Nazis – eben deutsch.
   Die Kanzlerin staunte und gab zu Protokoll, ihr sei der

Atem gestockt bei den Szenen, die sich in München, Frankfurt und anderswo an den Bahnsteigen abgespielt hätten. Was wollte sie uns mit stockendem Atem mitteilen? Wann stockt einem Menschen der Atem? In Momenten der Panik oder, etwas weniger dramatisch, der Angst. Befiel die Kanzlerin Angst angesichts der Bilder applaudierender Bürger, die ankommende Flüchtlinge mit Champagner begrüßten? Es war eine Hilfsbereitschaft, die niemand erwartet hatte. Die Münchner Metzgerinnung war nur schwer davon abzubringen, die Flüchtlinge mit Leberkäs-Semmeln zu empfangen. Ich übertreibe. Das stimmt natürlich gar nicht. Wie kam es zu diesen spontanen Solidaritätsbekundungen dieser vielen guten Menschen, die zeigen mussten, wie gut, hilfsbereit und menschlich sie sein können? War der entscheidende Anstoß bei den Menschen vielleicht ein verborgener Narzissmus? Ein autonomes Ego-Streicheln? Oder war es die reine Selbstlosigkeit und Menschenliebe, die viele zu den Bahnhöfen trieb, um eine Gelegenheit zur Selbstdarstellung zu nutzen? Um einmal der Weltöffentlichkeit demonstrieren zu können, wie gut der deutsche Mensch sich inzwischen entwickelt hat?

Kann es sein, dass unserer guten Frau im Kanzleramt deshalb der Atem stockte, weil sie erwartet hatte, wir Deutschen würden den Flüchtlingen die Tür vor der Nase zuschlagen? Hatte sie damit gerechnet, dass wir unserem weltweiten Ruf gerecht würden, kalte, herzlose Nationalisten zu sein, die nur an ihr eigenes Wohl denken? – Vielleicht. Sie hat sich aber ziemlich schnell wieder gefangen, unsere oberste Mutti, Gott sei Dank, sonst wäre sie uns am Ende noch erstickt, die Gute. Inzwischen kriegt sie wieder ausreichend Luft. Obwohl man immer wieder hört, die Luft sei in den Regionen, in denen sie sich bewege, dünn und werde immer dünner. »In luftigen Höhen« wäre vielleicht auch noch ein Titel gewesen? Ist mir aber damals nicht eingefallen.

Ursprünglich sollte das Buch einmal »Gemeine Werte schaffen« heißen, weil mir das permanente Gerede von den europäischen Werten auf die Nerven ging und ich den Eindruck nicht mehr loswurde, dass unter dem Deckmantel dieser angeblich europäischen Werte jeder Staat in Europa seine nationalen Eigeninteressen nach Lust und Laune befriedigt.

Inzwischen wurden wir und werden tagtäglich immer wieder eines Besseren belehrt. Es gibt sie tatsächlich, diese europäischen Werte. Sie schippern in Schlauchbooten über die Ägäis, sie zelten im Matsch vor Calais, sie rütteln an Zäunen und warten geduldig auf die Weiterreise in die griechischen Hotspots, und wir Deutschen sind die Einzigen, die in der Lage sind, sie hochzuhalten.

Gemeine Werte schaffen? – Nicht so schlecht, hörte ich einen Titelexperten räsonieren, aber da fällt Ihnen noch etwas Besseres ein, der Titel klingt ein wenig belehrend, zu moralisch, zu viel Zeigefinger, nicht witzig genug, nicht böse sein, Herr Jonas, er transportiert eine Klage, zwar eine verborgene, aber immerhin, doch ich weiß nicht, er ist nicht originell genug! Wenngleich Sie natürlich recht haben mit Ihrer Anspielung auf die hohle Phrase der europäischen Werte. Freiheit, Gleichheit, Solidarität. Jeder versteht darunter etwas anderes. Selbstverständlich habe ich recht. Und es schmeichelt mir auch, wenn ich recht habe. Denn ich habe einfach gern recht.

Der Buchmarkt ist »hart umkämpft«, mit den gemeinen Werten gewinnen wir keinen Blumentopf!

Natürlich hat niemand aus dem Verlag so mit mir geredet. Diese Gedanken fanden nur in meinem Kopf statt.

Ich bin ein skeptischer Mensch, und meine Skepsis wendet sich am Ende immer gegen mich selbst. Ich selbst war von meinem Titelvorschlag nicht ganz überzeugt. Nur jetzt, wo es zu spät ist, liebäugle ich wieder mit ihm.

Ich hatte eine ganze Reihe von Titeln zusammenfantasiert, sie untereinandergeschrieben und schließlich auf drei DIN-A4-Seiten ausgedruckt. Ganz oben stand »Voller Ernst trifft dumme Kuh«.

Jetzt frage ich mich, wen ich wohl mit dummer Kuh gemeint haben könnte? Mir fallen auf Anhieb ein paar Politikerinnen ein, deren Namen ich aber besser für mich behalte. Sonst kommt noch einer auf die Idee, mich für einen »Chauvi-Arsch« zu halten. Außerdem laufen in der Politik kaum dumme Kühe herum. Dumme Gänse hingegen schon. Insofern wäre »Voller Ernst trifft dumme Gans« schon passend gewesen. Was soll's? Der Titel schaffte es nicht mal in die engere Wahl.

Bei »Schmutzelhase sucht Anschluss« habe man in der Runde sehr gelacht. Und auch der Untertitel fand Zustimmung: »Wechselseitige Beleidigungen bei erwiesener Abneigung nicht ausgeschlossen.«

»Da haben wir sehr gelacht, Herr Jonas.« Konnte sich aber auch nicht durchsetzen. Die Perspektive sei zu eng gefasst. Außerdem sei die Anspielung auf Seehofers Bemerkung zu Söders Qualifikation für das Ministerpräsidentenamt zu speziell und sicherlich schon in Vergessenheit geraten. Ich schlug daraufhin den Titel vor »Das geheime Leben der Politiker« in Anlehnung an den Bestseller jenes Försters, der die Leserschaft mit Erkenntnissen über die Kommunikationswege der Bäume in den Bann zog. Die Titelexperten meines Verlags lachten auch darüber: »Aber Herr Jonas, für das Buch, das Sie vorhaben, passt der Titel eher nicht, wenn wir recht informiert sind.« Ach, dachte ich, die sind schon recht informiert über das, was ich vorhabe.

Was habe ich vor?, fragte ich mich. Ich wusste es nicht genau. Denn zu diesem Zeitpunkt hatte ich nur vor, mir zu überlegen, was ich vorhaben könnte. Mein Vorhaben war noch ziemlich vage, denn ich hatte noch keine einzige Zeile des Buches geschrieben. Ich hatte also etwas vor, von dem ich bis dahin keine Ahnung hatte. Das ist normal, teilte man mir mit, das geht allen Autoren so. Und das beruhigte mich. Verleger haben feine Antennen für die Absichten ihrer Autoren!

»Kälte tut dem Wahnsinn gut!«, fiel mir spontan ein, und ich schlug den Titel auch gleich vor. Zu absurd. Versteht kein Mensch! Zur Erklärung: Man hatte im 19. Jahrhundert psychisch Kranke in Wien in den sogenannten Narrenturm verbracht, um sie dort in Räumen bei offenen Fenstern, genauer gesagt in Zellen, frieren zu lassen, weil man glaubte, Kälte halte die Schizophrenie in Schach. Und tatsächlich haben einige die Kälte nicht überlebt. Ich wollte diese Therapie grundsätzlicher verstehen und auf den Klimawandel und seine Auswirkungen auf Pflanzen, Menschen und Tiere beziehen.

»Herr Jonas, ja schon, das ist löblich, aber der Titel geht nicht, zu spitzfindig.«

Außerdem schlug ich vor: »Intelligenz hilft da nicht« – zu intellektuell, »Irrsinnig – aber vernünftig!« – zu doppeldeutig, »Ins Hirn geschissen!« – zu fäkal, »Bist deppert!« – zu österreichisch, »Totalschaden« – zu ... perfekt! Zustimmung. »Totalschaden«! Ja, das war er, der Titel, Begeisterung auf Verlagsebene! Der Totalschaden war es also, wonach wir gesucht hatten und von dem ich inzwischen glaube, dass ich ihn erlitten habe, nachdem ich mich bereit erklärte, ein Buch mit diesem Titel zu schreiben.